U0856995

宏观经济学

孙斌艺 著

上海人民出版社

目　　录

前　　言

量入为出对于保证一个家庭正常的、可持续的生存是非常重要的，可是对于政府支出人们在刹那间变换为另一种思路：赤字财政可以使国民收入多倍增加，政府支出少量增加可以使国民收入多倍增加，从而提高人们的整体生活水平。如果从单个人或家庭角度而言是不合理的、寅吃卯粮的决策，那么从整个国民经济的角度看不可能是合理的。但是，就是这样一个简单的逻辑在经济分析中经常被有意无意地忽视，从而出台大量的看上去有道理但实质伤害整个经济的政策。

典型的就是在经济衰退时期利用政府支出来增加需求的理论谬误。当政府支出增加后，确实会增加总需求，那么由于支出的乘数效应，会带来国民收入的多倍增加。这是我们从政府支出中能够看得到的直接效应，但是人们往往忘记了政府支出的间接效应。也就是说，政府支出的资金来源，不管其来源于何处，其融资来源最终会归于税收或隐性的税收。那么，为增加政府支出必须增加税收，而税收会对人们的消费需求、企业的投资需求产生抑制，经过乘数效应的作用，会带来国民收入多倍减少。假定政府支出的效率与私人消费和投资支出的效率是相同的，那么利用政府支出所增加的总需求充其量与税收导致的总需求减少量正好相抵，不会产生增加总需求的净效应。

考虑到以下几种情况，政府支出的净效应一定是负的。其一，政府支出的效率必然低于私人支出。众所周知，为别人花别人的钱是多么的漫不经心，我们可以寄希望于圣人解决这个问题，但核心问题在于圣人太少了，不足以解决大范围的政府支出决策问题。这会造成第一种损失，这是一种效率损失，社会资源被用于缺乏效率的用途，从而导致整个社会总产品和劳务的总量净下降。

其二，劳动力资源过多配置于政府部门造成的浪费和效率损失。一旦由政府执行的各种支出项目增加，必须在政府部门配置更多的劳动力。相对而言，由于政府部门的工作稳定，竞争压力较弱，同等水平下公务员岗位的吸引力明显大于私人部门。那么，当这些高于社会平均水平的劳动力配置到政府部门时，我们运用这些劳动力可能生产出来的产品和劳务便没有了，同时还要耗费大量的资源养活多出来的公务员，不啻为社会增加的一大负担。这是非公共物品政府支出的第二种损失。

其三，外在监管的低效率。当我们增加政府支出时，无法利用私人投资内在的激励机制，无法有效地运用内在激励避免错误、提高投资效率，那么就需要叠床架屋地设计各种监管机制，但是其中的一个重大问题在于：谁来监管监管部门？这样势必造成严重的低效率问题，最终导致社会的又一重损失。这是第三种损失。

上述分析均是宏观经济学这门课程要涉及的核心内容，就宏观经济学来说，这种现象或问题比比皆是，凯恩斯主义理论的隐含前提在于我们对于经济现象了如指掌，我们可以取政策之利，而不会受到政策带来的消极后果的影响。事实上，我们对经济现象的理解可谓刚刚入门，所以仔细权衡政策之短期和长期效应、直接和间接效应才是正确的道路，也是学习宏观经济学应当严肃对待的。因此，如果要真正理解各种经济现象的直接和间接、短期和长期效果，就必须掌握现有的经济学基本理论，在此基础上深入观察，小心求证，才能使我们更好地理解经济社会的内在运作机理，行为处事也才能更加客观理性。

本书是经济学教材的其中一部，讲述的是宏观经济学，描述和分析似乎离我们生活很远但又时时左右着我们的涉及国民经济总体的宏观问题。为便于学生理解和学习，本书按照宏观经济学的基本逻辑体系进行写作。我个人将宏观经济学归纳为五个词、十个字，即“核算、决定、变动、问题和政策”。其中，“核算”是指国民收入核算，这部分内容可以视为宏观经济学的预备知识，主要说明衡量宏观经济总量的基本方法，以及各个经济总量之间的基本核算关系，这些内容构成了本书的第二章。“决定”是指国民收入决定，这是宏观经济学理论的核心部分，是分析各种宏观经济现象和问题的基本理论框架，主要由收入支出模型、产品市场和货币市场同时均衡模型以及总需求和总供给模型构成。本书的第三章到第八章阐述这些理论模型。“变动”是指宏观经济的短期波动和长期变动，短期波动研究经济周期问题，长期变动研究经济增长问题，本书第十一章和第十二章对这些问题进行了分析。“问题”是指宏观经济中存在的两大经济病症，即通货膨胀和失业，这构成了本书的第九章。“政策”是指宏观经济政策，构成本书的第十章。可以毫不夸张地说，宏观经济政策是宏观经济学的落脚点，前面的分析都与它密切相关，是为政策运用提供理论支撑的。

本书写作中考虑到教师实际教学的需要。一般而言，教材难度较高时，教师比较容易取舍，可以根据学生的层次有选择地讲授某些内容。因此，本书采取了

“就高”的写作定位，即整个难度比通常本科生的教学要求高一些，不少地方运用了数学模型推导的方法，以期反映宏观经济学的一些前沿内容，教师在具体讲授过程中可以适当调整，删减一些难度较大的部分。此外，现代信息技术发展越来越快，网络中蕴藏着大量的宏观经济实际信息，教师可以结合相关章节内容，从网络上获取实际资料，将其运用到教学中，这样可以使学生能够更好地将理论与实践联系起来。

虽然老套但还是要说明一下，在本书写作期间，得到华东师范大学商学院众多同事的支持和帮助，同时我的家庭也给予巨大的理解和支持，在此对他们表示由衷的谢意。

本书一定还存在许多错误，恳请读者多提宝贵意见，以便修订再版时改进。我的电子邮件地址是：bysun@dbm.ecnu.edu.cn。

孙斌艺

2013 年 8 月 16 日

第一章
导　论

看似一群群人杂乱无章地散布各处，可从直升飞机上看却是一幅美妙的图画，每个人都成为这幅图画的构成部分。单个人微不足道的但又不可或缺，个体的独特与整体的和谐恰成对比。这就是宏观和微观之分野。

——题记

学 习 目 标

通过本章的学习，你应当能够：

1. 理解宏观经济学的研究对象及其与微观经济学的区别和联系；
2. 了解宏观经济学的基本理论框架；
3. 熟悉国内生产总值、通货膨胀、通货紧缩、失业和失业率等基本宏观经济学概念；
4. 了解学习和研究宏观经济学对个人职业生涯与企业经营管理的意义。

正如题记中描述的那样，宏观经济学（Macroeconomics）侧重于从经济整体的角度出发分析经济变量的决定与变化的问题。本章主要阐述宏观经济学的基本研究对象、逻辑框架和主要宏观经济问题，在此基础上说明学习和研究宏观经济学的意义。

第一节　宏观经济学的涵义

一、宏观经济学的研究对象

从字面上来看，所谓宏观就是“大而观之”、“总体上考察”的意思。经济学涉及在资源稀缺的情况下如何有效地配置资源，作出资源使用的最佳决策。从微观上考察时，我们可以把考察重点放在一个典型的消费者或生产者身上，假定其他人的行为是给定①的，不考虑或较少考虑消费者或生产者作为总体的影响。概言之，微观经济学考察资源总量给定条件下，这些资源如何被分配用于各种不同用途，研究一个经济社会生产什么产品、每种产品生产多少，以及它们的相对价格如何决定，单个消费者依什么原则决定自己的收入用于不同产品的数量，单个生产者按什么原则决定生产什么产品，等等。而宏观经济学的视角从单个消费者、单个生产者和单个市场转移到整个国民经济活动，将经济社会视为一个整体进行分析。如果下一个一般性定义，那么宏观经济学就是以国民经济的总体活动作为考察对象，研究各种总体经济变量的决定、变动及其相互关系，分析和解决就业、失业、通货膨胀、经济周期、经济增长、政府收支、国际收支等整体经济问题的经济学分支体系。

著名经济学家德恩伯格（T.Dernburg）在其《宏观经济学》中指出："宏观经济学研究诸如总产量、总就业与失业、价格的总水平与变动率、经济增长等总体问题。宏观经济学家所提出的问题涉及广泛的总量——与单个居民户支出决策的决定因素相对的所有消费者支出的决定；什么决定了所有厂商共同的资本支出，而不是单个厂商建立一个新厂的决定；与某个人为什么失业相对，决定经济中总失业水平的是什么。宏观经济学衡量整个经济活动；它分析宏观经济政策的决定；它预测未来的经济活动；并且力图提出旨在使预测与生产，就业与价格的目标值相一致的政策反应。"

由此可见，在某种程度上宏观经济学跳出了分析经济体系中单个细胞的"近视"框架，使经济学分析能够从全局上把握经济形势的发展变化，从而为政府采取相关的宏观经济政策提供了较为充分的理论基础。

二、宏观经济学的理论体系

不少学者认为宏观经济学体系庞杂，是由各类宏观经济模型堆积而成的模型集，缺乏一以贯之的理论逻辑。以新古典主义（理性预期学派，如卢卡斯、萨金特等人）为代表的许多学者致力于为宏观经济学提供理论基础，建立内在逻辑一致的经济学体系。这也是当前宏观经济学研究的重点领域之一。不过，尽管对于当前主流宏观经济学的理论体系众说纷纭，还是可以概括出如下图 1.1 所示

---

① "给定"一词应当从两个角度理解，其一是"不变"，即当一个经济主体作出相关决策时，其他行为主体不会作出因应对策。例如，当人们对苹果更加偏爱时，会增加对其的需求，这时并不考虑人们对苹果与其他水果间的相对偏好关系；其二是"行为方式确定"，即当一个经济主体的某种行为会引致其他行为主体确定的反应。微观经济学中古诺模型中的"产量假定"就是"行为方式确定"的例子。

的基本理论逻辑体系。

归纳而言，当前主流宏观经济学可以概括为五个大的方面，即国民经济核算、国民收入决定、国民收入变动、宏观经济问题和宏观经济政策。国民经济核算可以看作是宏观经济学的预备知识，主要是说明相关宏观经济总量，尤其是国内生产总值(Gross Domestic Product，GDP)是如何核算出来的，在宏观经济学研究中如何运用国民经济统计中获得的相关数据，本书第二章将详细介绍这方面的内容。

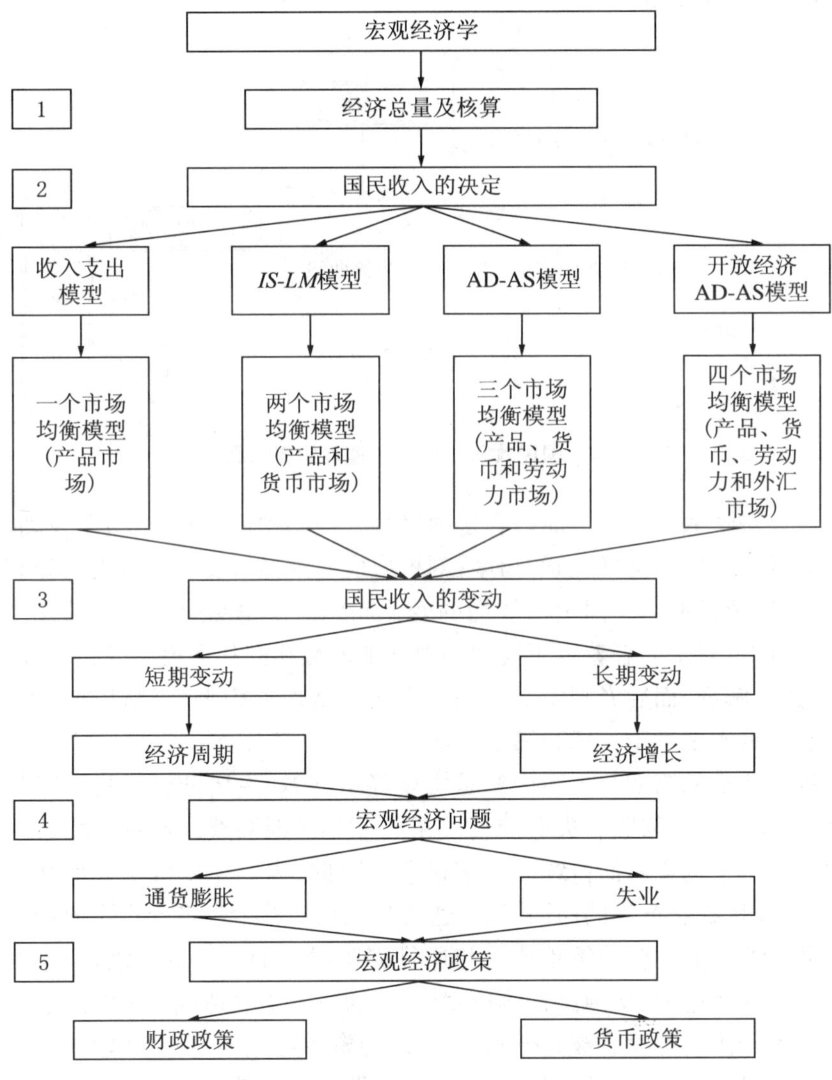

图 1.1　宏观经济学的理论体系

宏观经济学的第二个方面的主要内容涉及国民收入的决定理论，这是宏观经济学要解决的核心问题，是其他内容赖以成立的基础。这一部分主要由四个层次的理论模型构成，从简单到复杂大致可归纳为收入—支出模型、产品市场和货币市场同时均衡模型（*IS-LM* 模型）、总需求总供给模型（AD-AS 模型）以及开放经济条件下的总供求模型（AD-AS-BP 模型）。这四个层次模型的逻辑联系如图 1.2所示。本书分别第三章至第八章和第十五章详细介绍这些宏观经济模型。

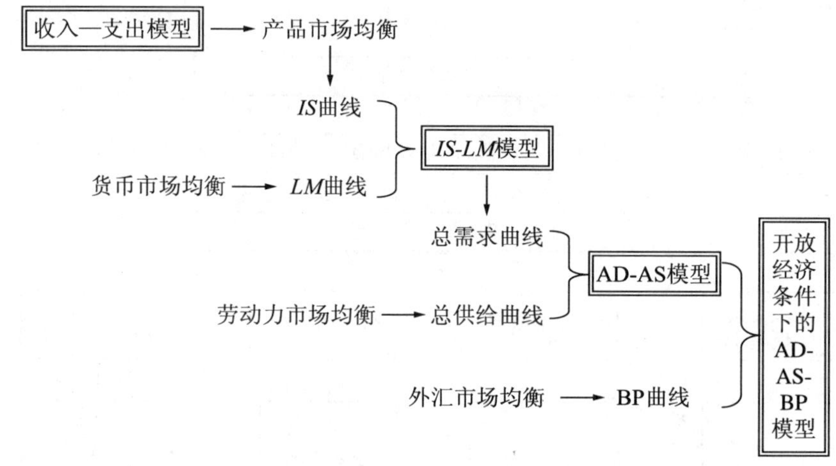

图 1.2　国民收入决定理论模型的逻辑联系

宏观经济学的第三个方面内容是国民收入变动理论，分别从短期波动（经济周期）和长期变动（经济增长）的角度，剖析造成宏观经济交替出现繁荣和衰退的主要原因，以及长期内一国生产能力的变化问题。本书结合这方面的几个重要模型进行分析，对于前者着重于运用乘数和加速数相互作用模型（汉森—萨缪尔森模型）进行解释，而后者则主要运用新古典经济增长模型（索洛模型）来说明。详细内容参见本书第十一章和第十二章。

宏观经济学的第四个方面内容是宏观经济问题，主要分析通货膨胀和失业问题，以及反映通货膨胀和失业交替关系的菲利普斯曲线。通货膨胀表现为一国一般物价水平的普遍而持续的上涨过程，这部分内容主要说明如何衡量一般物价水平，通货膨胀产生的原因，发生通货膨胀后对社会经济会产生何种影响以及应对通货膨胀的主要政策手段。与通货膨胀对应的是通货紧缩，即一般物价水平持续下跌的过程，从国民整体角度而言，通货紧缩会造成更大的问题。失业反映了一国经济资源没有被充分利用，劳动力资源运用不足，对此宏观经济学中主要分析造成失业的主要原因。早期菲利普斯曲线是政府解决失业和通货膨胀问题的一项重要的政策指南，但在 20 世纪 70 年代以后菲利普斯曲线所反映的通货膨胀和失业间的交替关系发生了重要的变化，政府实施政策变得日益困难。本书将在第九和十章分析这些问题。

宏观经济政策是宏观经济学的最终落脚点，毫不夸张地说，前述四个方面的内容都是为宏观经济政策服务的。国民收入决定理论解释了各宏观经济总量之间的相互影响关系，也说明了影响国民收入的主要因素，国民收入变动理论阐述了在不同条件下国民收入的短期波动和长期增长因素，而宏观经济问题则剖析了哪些原因造成了宏观经济在运行过程出现“障碍”。宏观经济政策就是在上述理论的基础上解决各类宏观经济问题，促进整体经济稳定、健康地运行。

第二节　宏观经济学的一些基本概念①

一、国内生产总值

国内生产总值(Gross Domestic Product，GDP)是指一个经济社会(一个国家)在一定时期内(通常是指一年)所生产的全部最终产品和劳务的市场价格总和。它是衡量一个国家在一定时期内生产出来可供人们享用的各种有形和无形产品的总体度量指标。GDP 可以运用直接或间接的方法进行度量，本书第二章详细介绍度量 GDP 的收入法和支出法的基本理论依据以及具体项目。在此，从最直观的意义上来看，GDP 可以理解为一个经济社会所生产的最终产品和劳务的数量与其当前价格乘积之和。举例来说，假如某国生产的最终产品的数量和当前价格如下表 1.1 所示，那么，该国该年的 GDP 就是：

$$GDP = 100 \times 3\,358 + 125 \times 4\,500 + 460 \times 398 = 1\,081\,380$$

表 1.1　某国某年生产的最终产品的数量和价格

最终产品	A	B	C
价　　格	100	125	460
数　　量	3 358	4 500	398

以字母表示就是：

$$GDP = P_A \cdot Q_A + P_B \cdot Q_B + P_C \cdot Q_C \qquad (式 1.1)$$

上述是该国只有三种产品的情形，如果该国的全部最终产品和劳务的种类

① 本节介绍的相关重要宏观经济学概念，在后续章节都有详细的说明，本处是为方便其后的理解，先期进行的一些简要介绍。

为 n 时，则 GDP 为：

$$GDP = P_1 \cdot Q_1 + P_2 \cdot Q_2 + \cdots + P_n \cdot Q_n = \sum_{i=1}^{n} P_i \cdot Q_i \qquad \text{(式 1.2)}$$

其中，$i = 1, 2, \cdots, n$。

二、通货膨胀和通货紧缩

通货膨胀(Inflation)是指社会一般物价水平普遍的持续上涨过程，或者可以理解为货币购买力持续下降的过程。通货膨胀一词相当形象，发生通货膨胀的情况下，表现为对既定的物品，我们需要更多的名义货币来购买，物品数量没有变化，而支出了更多的货币，通货(流通中的货币)发生了“膨胀”。那么，对应地，通货紧缩(Deflation)是指全社会一般物价水平普遍的持续下跌过程，也就是货币购买力持续上升。通货膨胀和通货紧缩可以使用一般物价水平(一般价格水平)、通货膨胀率和通货紧缩率来衡量。

一般价格水平(P)或称价格指数，价格水平是一个与时间密切相关的相对概念，是指全社会总的平均价格。由于不同商品和劳务在经济生活中的重要程度不同，因而计算一般价格水平时，通常需要按不同商品和劳务的相对重要性加权。通过加权平均可以计算出当期的一般价格水平，然后将该价格水平与基期进行比较即可计算出。

根据加权方法的不同，有如下三种价格指数。

1. 销售额比例加权指数

在选择权重时，这种价格指数一般按每种商品和劳务的销售额在整个社会销售总额中所占的比例来确定。下面举例说明。

设某经济社会只生产三种商品，各自在 2013 年的价格和数量如表 1.2 所示。

表 1.2　某国 2013 年三种产品的数量和价格

商品各类	A	B	C
价　　格	P_A	P_B	P_C
数　　量	Q_A	Q_B	Q_C

则该国 2004 年的销售总额为：

$$S_T = P_A \cdot Q_A + P_B \cdot Q_B + P_C \cdot Q_C,$$

三种商品占销售总额的比例分别为：

$$S_1=\frac{P_A \cdot Q_A}{P_A \cdot Q_A+P_B \cdot Q_B+P_C \cdot Q_C}$$

$$S_2=\frac{P_B \cdot Q_B}{P_A \cdot Q_A+P_B \cdot Q_B+P_C \cdot Q_C}$$

$$S_3=\frac{P_C \cdot Q_C}{P_A \cdot Q_A+P_B \cdot Q_B+P_C \cdot Q_C}$$

那么,2013 年该国的加权平均价格为:

$$P_{2013}=S_1 \cdot P_A+S_2 \cdot P_B+S_3 \cdot P_C \qquad \text{(式 1.3)}$$

同理,可以计算出该国 2014 年的加权平均价格,设为 P_{2014},如果以 2013 年作为基期,则其价格指数为 $PI_{2013}=\frac{P_{2013}}{P_{2013}}\times 100=100$,2014 年的价格指数就是:

$$PI_{2014}=\frac{P_{2014}}{P_{2013}}\times 100$$

假如计算出 2014 年的价格指数为 125,意味着与 2013 年相比,一般物价水平上升了 25%。

上述第 1 种指数从逻辑上看比较顺理成章,不过计算相对较为复杂,需要多步计算,中间计算出的加权平均价格有量纲(单位为相应的货币单位)。国际上较为通用的加权指数,主要是由德国统计学家拉斯佩耶斯(Laspeyres)和帕舍(Pascke)在 19 世纪提出的加权体系,即拉氏指数和帕氏指数。

2. 拉氏指数

拉氏指数(Laspeyres Index)反映的是购买基期同样数量的商品在本期的总支出变化情况,是一种基期加权指数体系,后面章节中介绍的消费物价指数(CPI)就是以拉氏指数方式构造的。其相邻两期拉氏指数的基本公式是:

$$L_P=\frac{\sum_{i=1}^{n} P_i^t Q_i^{t-1}}{\sum_{i=1}^{n} P_i^{t-1} Q_i^{t-1}} \qquad \text{(式 1.4)}$$

式中:

L_P——拉氏指数;

P_i^t——第 i 种商品在 t 时期的价格;

P_i^{t-1}——第 i 种商品在 $t-1$ 时期的价格;

Q_i^{t-1}——第 i 种商品在 $t-1$ 时期的数量;

n——商品的种类数。

以上述公式计算出来的指数通常是一个小数，为方便起见，往往乘以100，以习惯的指数方式表示，假如某年计算出来的指数为121.5，则表明与基期相比，购买同样数量的商品，本期要多支出21.5%。

如果报告期与本期相隔不止一期，则拉氏指数的基本公式是：

$$L_P=\frac{\sum_{i=1}^{n}P_i^tQ_i^0}{\sum_{i=1}^{n}P_i^0Q_i^0} \quad \text{（式 1.5）}$$

式中：

L_P——拉氏指数；

P_i^t——第 i 种商品在 t 时期的价格；

P_i^0——第 i 种商品在0时期的价格；

Q_i^0——第 i 种商品在0时期的数量；

n——商品的种类数。

拉氏指数是一种基期数量加权指数，以基期固定不变的商品数量作为权数，只要在本期收集相关价格信息，便可迅速计算出相关指数，这在人们的消费结构或经济社会的产品结构较为稳定时是相当方便的。当产品结构发生较大变化时，拉氏指数便无法真实反映价格的变动情况。此外，拉氏指数也没有反映价格变动的收入效应和替代效应，即当某种商品价格提高后，正常品的替代效应和收入效应的共同影响促使消费者减少这种商品的购买量，而拉氏指数中的数量并未相应变化，由此，拉氏指数会高估价格提高的商品的影响，夸大物价水平的上涨幅度，存在高估的倾向。

3. 帕氏指数

与拉氏指数不同，帕氏指数(Pascke Index)以本期商品数量作为权数，即反映购买本期同样数量商品在两期的总支出的变化情况，是一种本期加权指数体系，衡量全社会总体物价变动状况的国内生产总值物价平减指数(GDP Deflator)采用的就是帕氏加权指数体系。其相邻两期指数的基本计算公式是：

$$P_P=\frac{\sum_{i=1}^{n}P_i^tQ_i^t}{\sum_{i=1}^{n}P_i^{t-1}Q_i^t} \quad \text{（式 1.6）}$$

式中：

L_P——拉氏指数；

P_i^t——第 i 种商品在 t 时期的价格；

P_i^{t-1}——第 i 种商品在 $t-1$ 时期的价格；

Q_i^t——第 i 种商品在 t 时期的数量；

n——商品的种类数。

帕氏指数在报告期与本期相隔不止一期时，其基本计算公式是：

$$P_P=\frac{\sum_{i=1}^{n}P_i^tQ_i^t}{\sum_{i=1}^{n}P_i^0Q_i^t} \quad \text{（式 1.7）}$$

式中：

L_P——拉氏指数；

P_i^t——第 i 种商品在 t 时期的价格；

P_i^0——第 i 种商品在 0 时期的价格；

Q_i^t——第 i 种商品在 t 时期的数量；

n——商品的种类数。

帕氏指数弥补了拉氏指数的不足，能够反映产品结构变化的影响，但也带来了新的问题。相对而言，帕氏指数加权体系赋予价格提高了的商品的权重偏小，而价格下降了的商品的权重又偏大，对物价水平有低估的倾向。

三、失业和失业率

一个经济社会的总人口可以分为劳动力和非劳动力。就业者和失业者的总和，称为劳动力，如下所示。

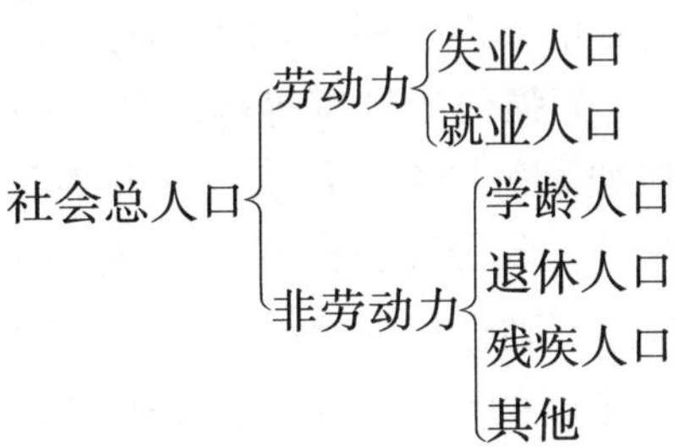

一般将社会总人口中劳动力的比率称为劳动力参与率，这在不同国家差异较大，通常妇女的劳动力参与率较高的国家，整体的劳动力参与率较高，如我国、美国等国。有些国家的妇女主要从事家务劳动，这些国家的劳动力参与率水平就较低。

失业（Unemployment）是指有劳动能力的人（劳动力）愿意按现行工资水平

就业，但找不到工作的情形。对失业衡量的主要指标是失业率（Unemployment rate），其定义为：

$$u=\frac{U}{L}=\frac{U}{N+U} \qquad \text{（式 1.8）}$$

其中，u 表示失业率，U 表示失业人口，N 表示就业人口，L 表示劳动力。

由于劳动力也是经济社会中稀缺资源，存在失业现象即意味着资源的浪费，另外还易引起社会动荡，因此解决失业问题是世界各国政府的首要问题。

第三节　学习和研究宏观经济学的意义

一、从微观到宏观

本章题记中形象地说明了微观和宏观视角的差异，从局部得到的印象与整体印象存在巨大不同。微观个体的最优并不必然得出全局最优的结论，人们行为的相互影响会产生抵消效应，或者将全局推向大家都不愿意接受的状态。这样效应促使我们既要从微观的角度研究人们的经济行为，也要从宏观的角度考察人们行为的总体效应。

合成谬误（Fallacy of composition）是指由于某一原因而对个体来说是正确的、最优的，便据此而认为对整体说来也是正确、最优，即犯了合成推理的谬误。从个体最优到整体最优并不存在必然的逻辑路径。

合成谬误有许多例证。例如，（1）当企业不控制污染时，企业可以节约控制污染的成本，对该企业是有利的。但是当所有的企业都这样做时，对整个经济会产生巨大的损失，对该企业也会造成损害，如无法获得合格的劳动力，要支出更多的医疗费用，引致政府更为强硬的管制等等。（2）一种行业产品的价格较高有利于该行业的厂商，但如果每样东西的买卖价格都同比例地上涨，就没有人能从中得益。例如，当所有的美元以日元计价，所有商品的标价都是原来的100余倍，美国国民非但得不到任何好处，可供其消费的商品和劳务并不会因此而增加，反倒是为了适应新的计价货币，企业的账簿要留出更多的空位，消费者的钱包要更大，交易过程中的计算量加大，无疑会增加经济活动的成本。（3）节俭的悖论。一般的观念认为个人多储蓄是一种美德，但是当全社会相当多的人增加储蓄时，最终会造成全社会的储蓄水平下降，这种现象称为节俭的悖论。其基本逻辑过程是：个人增加储蓄→有效需求降低→厂商的产品卖不出去→厂商能够提供的就业岗位减少，失业增加→居民收入减少→全社会储蓄总额降低。

由此来看，运用微观经济学研究微观个体的最优决策行为只反映了经济逻辑的一个侧面，要更好地理解个体行为的总体效应还要从宏观经济学的角度考察，从而才能更好地理解整体经济中的下述问题：扩张和衰退是如何决定的？我国在20世纪80年代和90年代的通货膨胀的成因如何？有何不同？近年的通货膨胀产生的原因是什么？通货膨胀会产生何种效应？为什么我国近年的失业状况如此严峻？是什么原因造成的？与其他国家的失业有何不同？对于这些整体问题，我们能够采取什么方法予以遏制？我们能否有所作为？我们采取了宏观经济政策以后会产生什么效果？如此等等。这是从微观经济学的角度无法很好解决的问题，也是学习和研究宏观经济学的重要意义所在。

二、宏观经济学与个人职业生涯发展和企业经营管理

宏观经济学研究的重点是国民经济总体，通常都与通货膨胀、失业、经济周期、经济增长、宏观经济政策联系在一起。在个人看来，这些都是国家的大政方针问题，与个人的联系很少，没有必要去关心宏观经济问题。这种观念是极其错误的，宏观经济学与个人职业生涯发展和企业经营管理有着密切的关系，其基本意义在于：

(1) 理解衡量宏观经济基本运行状况的各类指标，进而能够作出自己的判断，选择符合宏观经济运行轨迹的职业和产业。

(2) 理解政府宏观经济政策的意图，以及从这些意图出发判断政府对宏观经济状况的判断，根据政府政策的走向，适时调整个人资产组合和投资决策。

(3) 理解宏观经济中各种变量的相互关系，掌握分析整体经济的思维方式，更为有效地参与经济活动，趋利避害。

习题一

1. 宏观经济学的中心理论是(　　)。

A. 价格决定理论　　　　B. 工资决定理论

C. 国民收入决定理论　　　　D. 汇率决定理论

2. 表示一国居民在一定时期内生产的所有最终产品和劳务的市场价值总和的总量指标是(　　)。

A. 国民生产总值　　　　B. 国内生产总值

C. 国民生产净值　　　　D. 社会总产值

3. 实际 GDP 等于(　　)。

A. 价格水平除以名义 GDP　　B. 名义 GDP 乘以价格水平

C. 名义 GDP 除以价格水平　　D. 国内生产净值加上折旧

4. 为什么说从微观角度而言的最优,而从宏观角度看并不一定也是最优?宏观经济学的逻辑基础是什么?

5. 你认为宏观经济中哪些问题是重要的? 对个人生活会产生何种影响?

6. 有人认为只要个人努力、有一份好工作就可以了,至于宏观经济状况如何,对自己的影响不大。这种说法有何问题? 你的观点呢?

7. 有人认为单个人的行为或福利状态是无法加总的,因此宏观经济学的相关分析和结论是误导性的,你的观点呢?

8. 能否根据教材中提及的合成谬误的实例分析你了解的宏观经济政策,你认为从这一原理出发该项宏观经济政策存在什么问题?

第二章
国民收入核算

有人说，增加国民收入很容易，你只要派一群人去挖坑，再派另一群人去填上，你就两次增加了国民收入。人们真的由此就变得更为富有了吗？

——题记

学 习 目 标

通过本章的学习，你应当能够：

1. 掌握国内生产总值概念的定义；
2. 掌握与国内生产总值概念相关的几组概念的关系；
3. 掌握国内生产总值核算的收入法和支出法的基本思路；
4. 了解国民经济中的其他主要经济总量及其相互关系；
5. 熟悉国民收入核算中的基本恒等关系。

宏观经济学研究一个经济社会整体运行的状况及其相互关系，而衡量整体经济状况的重要指标就是国内生产总值指标体系。这也是研究其他宏观经济问题的起点。本章主要介绍国内生产总值的概念、核算方法，以及围绕国内生产总值的一系列总量指标。

第一节　国内生产总值

一、国内生产总值的定义

在日常经济生活中人们通常提及的是国民收入概念，一般而言对国民收入的用法分为广义和狭义两种，在没有特别强调的情况下，通常是指其广义的概念，大致可以与国内生产总值概念可以互换使用。而狭义的国民收入是指一国生产要素所获得的报酬总和，英语中称为 National Income(NI)。

国内生产总值是指一个经济社会(一个国家)在某一给定时期内由一国拥有的生产要素所生产的全部最终产品和劳务的市场价值的总和。对于理解这个定义需要区别以下六对概念：名义国内生产总值(Nominal GDP)和实际国内生产总值(Real GDP)；最终产品(Final Goods)和中间产品(Intermediate Goods)；当前生产(Current Produce)和销售(Sales)；存量(Stock Variable)和流量(Flow Variable)；国内生产总值和国民生产总值(Gross National Product, GNP)；市场活动(Market Activity)和非市场活动(Non-market Activity)。

二、名义 GDP 和实际 GDP

国内生产总值是按当前市场价格计算得出一个经济社会所生产的最终产品和劳务的市场价值，在数值上等于每种产品和劳务的产量和价格的乘积之和，当产量或价格其中之一发生变动，都会引起 GDP 变动。假如，2013 年我国的 GDP 为 50 万亿元，2014 年为 55 万亿元，那么增长率为 $\frac{55-50}{50}\times 100\% = 10\%$，又假设 2013 年到 2014 年物价上涨了 10%，那么两年间 GDP 的增长完全是由价格上涨带来的，真实产量并未增加。当价格水平提高时，GDP 会高估实际产量的增长，而当价格水平下降时，GDP 又会出现低估。因此，如果要准确衡量一个经济社会实际产量的变化情况，必须将价格变动的因素剔除掉，从而引出名义 GDP 和实际 GDP 概念。

名义 GDP 是所生产的最终产品和劳务的产量乘以其各自当期(即生产这些最终产品和劳务的时期)价格的总和。实践中，名义 GDP 通常处于上升态势，主要是因为年复一年，一个经济社会生产的产品和劳务问题确实增加了，另外一个重要原因是许多产品和劳务的价格水平也提高了，虽然不乏产品价格下降的情况，但上涨情形较为常见。

计算实际 GDP 的主要方法有三种，即不变价格、可比价格和环比价格(链式加权价格)，下面分别举例说明。

假如，某经济社会只生产一种最终产品，例如平板电脑，假设数据如表 2.1 所示。

表 2.1　某经济社会平板电脑数量、价格和名义 GDP 的假设数据

年　份	平板电脑数量(台)	平板电脑价格(元)	名义 GDP(元)
2013 年	120	6 000	720 000
2014 年	240	8 000	1 920 000
2015 年	390	10 000	3 900 000

从表 2.1 的数据可知，该经济社会 2014 年名义 GDP 为 192 万元，比 2013 年增长了 166.7%，2015 年 390 万，增长了 103.1%，增长速度惊人，但我们同时观察到平板电脑价格从 6 000 元提高到 8 000 元，再到 2015 年提高到 10 000 元，分别上涨了 33.4%和 25%。

在该社会只有一种最终产品的情形下，隐含的实际 GDP 及其增长率可以直接用平板电脑数量来表示，从 2013 年到 2015 年分别增长了 100%和 62.5%。如果我们以 2014 年作为基期，即以 2014 年平板电脑的价格计算，则 2013 年的实际 GDP 为 120 × 8 000 = 960 000 元，比其名义 GDP 增加了，2014 年的实际 GDP 为 240×8 000=1 920 000 元，与名义 GDP 相同，2015 年的实际 GDP 为 390 × 8 000 = 3 120 000 元，这一数值小于该年的名义 GDP，如图 2.1 所示。

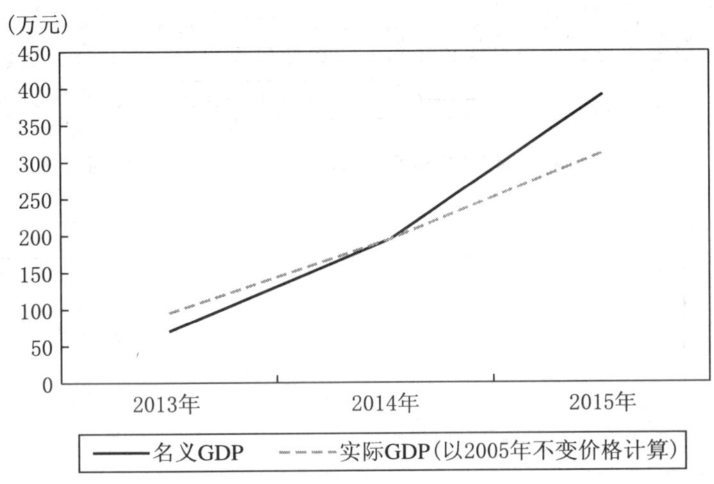

图 2.1　假设例子的实际 GDP 和名义 GDP

基期(本处为 2014 年)的实际和名义 GDP 的值是相同的，在图上交于一点。由于 2015 年价格水平较高，该年的实际 GDP 小于名义 GDP，进一步来看，由于 2013 年的实际 GDP 是以 2014 年较高的价格来计算的，因此该年的实际 GDP 高于名义 GDP。由此可见，所谓实际 GDP 是相对于基期来说的，基期不同，实际 GDP 的值就是不同的，实际 GDP 只是相对剔除了基期到本期的价格变动因素。图 2.2 和图 2.3 给出了美国 1929 年到 2012 年的实际 GDP 和名义 GDP 的变动情况，其中图 2.2 是按 GDP 的美元绝对数值度量的，图 2.3 是按 GDP 的自然对数值度量的。要说明的一点是，以自然对数来度量可以消除绝对数值带来的视觉上的偏差，能够比较真实地反映 GDP 的变化情况，不会出现绝对度量反映的 GDP 急剧增加的状况。此外，自然对数度量得出的曲线上每一点的斜率就是相应年份的经济增长率,从图中可以明显看到美国 80 余年经济增长状况的变化。

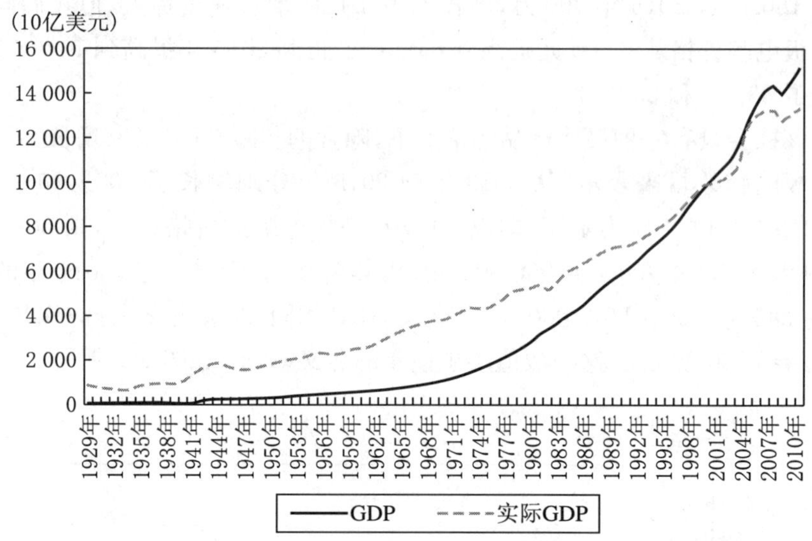

图 2.2　美国的实际 GDP 和名义 GDP(1929—2010 年,绝对度量)

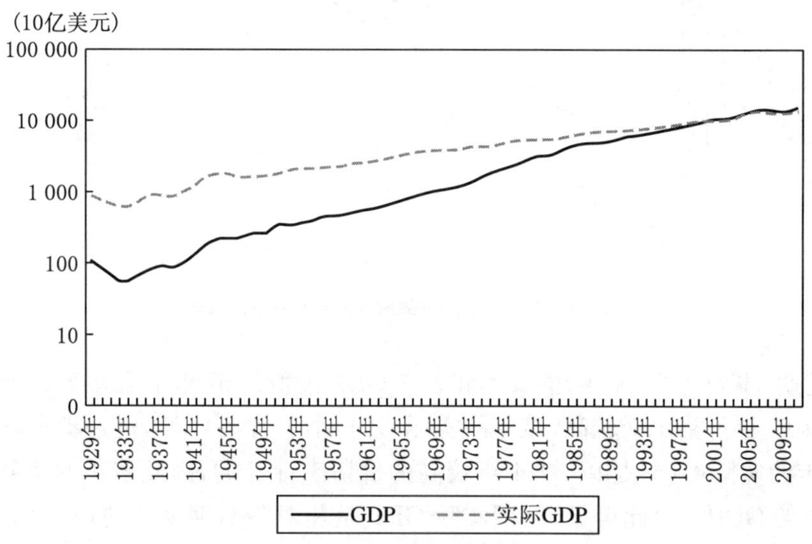

图 2.3　美国的实际 GDP 和名义 GDP(1929—2009 年,对数度量)

在只有单一最终产品,且该产品始终保持不变时,以不变价格计算实际 GDP 较为简单直观,但是当产品各类繁多时也存在几个致命的缺陷,而且衡量涉及的时期越长,出现的偏差越大。一是基期的产品结构与本期往往是不同的,基期的某些产品到本期已经不生产了,例如晶体管收音机现在已在市场上销声匿迹了。另一方面，本期的某些产品在基期并不存在，如目前的电脑在20世纪60年代以前还未出现，本期产品缺乏在基期对应的价格。这样，在核算实际GDP时存在较大的困难。二是虽然基期和本期均存在某种产品，例如20世纪90年代和现在均存在电脑这种产品，但其内在的品质和功能已经发生了巨大的变化，无法用20世纪90年代电脑价格来衡量当前电脑的真实价值。

由于上述原因，通常不变价格只能在相对接近、产品结构变化较小的时期应用，当基期和本期相距较远、产品结构发生较大变化时，往往要使用可比价格来核算实际GDP。针对上述第一个因素，通常要虚构一个在基期并不存在的产品的价格，以此来估算实际GDP。而对第二个因素，则要根据品质和功能的变化情况对基期价格进行适当修正，例如，当某种产品的功能增加了10%，则其价格如果上升了10%，即可认为其实际价格并未提高。但是这种修正方法涉及许多人为的修正，并不精确，同时对于内在品质和功能如何进行修正并没有统一的方法，有可能使对实际GDP的度量失去意义。为解决这些问题，许多国家采取定期或不定期调整基期的方法来修正，但并未从根本上解决问题。从1995年开始，美国主要采取链式加权的办法构造环比价格，从而较好地解决了上述两种问题。下面举实例予以说明。

假如某经济社会2013年、2014年和2015年生产两种产品——电脑和面包，基本数据如表2.2所示。

表2.2　按链式加权方法计算实际GDP的假设数据

	2013年		
	数量	价格(元)	市场价值(元)
面包	10 000个	1.00	10 000.00
电脑	500台	8 000.00	4 000 000.00
名义GDP			**4 010 000.00**
	2014年		
	数量	价格(元)	市场价值(元)
面包	10 500个	1.50	18 000.00
电脑	520台	8 500.00	5 100 000.00
名义GDP			**5 118 000.00**
	2015年		
	数量	价格(元)	市场价值(元)
面包	11 000个	1.60	22 400.00
电脑	550台	8 000.00	6 400 000.00
名义GDP			**6 422 400.00**

链式加权构造实际 GDP 经过下述三个步骤：

(1) 将相邻两年的平均价格作为计算实际 GDP 年度变化率的共同价格。计算表 2.2 中 2013 年到 2014 年实际 GDP 变化率时，先计算各年的实际 GDP，计算时均采取两年的平均价格。两年间面包的平均价格为 1.25 元，电脑的平均价格为 8 250 元，则 2013 年的实际 GDP 为 $10\ 000 \times 1.25 + 500 \times 8\ 250 = 4\ 137\ 500$ 元，2014 年的实际 GDP 为 $10\ 500 \times 1.25 + 520 \times 8\ 250 = 4\ 303\ 125$。这样，2013 年到 2014 年实际 GDP 的增长率就是 $\frac{4\ 303\ 125 - 4\ 137\ 500}{4\ 137\ 500} \times 100\% = 4.03\%$。以此类推，我们可以计算出从 2014 年到 2015 年的实际 GDP 变化率为 5.77%。

(2) 将各年构造的 GDP 变化率通过链式方法构造实际 GDP 水平的指数。将任意一年的指数设为 1，下年实际 GDP 的增长率为 $x\%$ 时，则下年的指数就是 $(1+x\%)$，第三年实际 GDP 的增长率为 $y\%$ 时，则该年的指数就是 $(1+x\%)(1+y\%)$，以此类推。表示成指数方式时，可在这些值上乘以 100。在本例中，设 2013 年的指数为 1，则 2014 年指数为 $1+0.040\ 3=1.040\ 3$，2015 年的指数为 $1.040\ 3 \times (1+0.057\ 7)=1.1$。以习惯的指数表示，各年的指数值即为 100、104.03 和 110。

(3) 链式加权指数构造完毕后，将该指数与每期的名义 GDP 相乘，即可得到“以链式加权的基期表示的实际 GDP”。在本例中，2013 年的实际 GDP 为 401 万元，2014 年为 $401 \times 1.040\ 3=417.160\ 3$ 万元，2015 年为 $401 \times 1.1=441.1$ 万元。

三、最终产品和中间产品

在国内生产总值的定义中强调了核算时只计入最终产品和劳务，而不计入中间产品。其中劳务的生产过程和消费过程是同步的，在生产的过程中就被消费掉了，不存在中间产品的问题。对于有形的物质产品只能计算最终进入消费和投资领域的部分，如果将各种中间投入品也计入，会出现大量的重复计算，生产的迂回过程越长，被重复计算的中间产品值就会越大。

例如，生产汽车的过程中，要投入轮胎、钢铁、玻璃等中间产品，如果将轮胎、钢铁、玻璃、汽车的价值一并加总起来，轮胎等中间产品就会重复计算一次，造成国内生产总值虚增。表 2.3 以生产汽车为例说明如何核算国内生产总值以及如何区别中间产品和最终产品，假设生产天然橡胶不需要中间投入品。

表 2.3　汽车生产过程中的中间产品、最终产品和 GDP　　单位:元

项目＼生产阶段	天然橡胶	轮胎	其他投入品（玻璃、钢铁等）	汽　车
中间投入品价值	0	1 000	70 000	100 000
生产阶段的增值	500	500	80 000	19 000
产品销售价格	500	1 500	150 000	100 000

表 2.3 表示，天然橡胶生产出来后，轮胎厂作为原料购入，再配合其他要素投入生产出轮胎，然后再卖给汽车装配厂，汽车装配厂将轮胎和其他投入品组合起来生产出汽车。如果将天然橡胶、轮胎、其他投入品和汽车不加区分，一起加总起来，总值为 252 000 元，天然橡胶和轮胎都有重复计算，轮胎被重复计入一次，而天然橡胶事实上被重复计算了两次，另一次是作为轮胎的中间投入品。其他投入品的情况也与此类似。

为避免重复计算，一种方法是只将所有生产阶段的增值加总起来，上例中可得：500＋500＋80 000＋19 000＝100 000 元，汽车作为最终产品的价格也是 100 000元。这样就避免了重复计算。另一种方法是直接计算最终产品，而将其他中间投入品剔除出去。

不过，这样就会面临另一问题，什么产品属于最终产品？如何区分最终产品和中间产品？简单地说，中间产品是生产其他物品中使用的物品。区分最终产品和中间产品的关键不在于其具体物质形态如何，而在于这种产品在生产过程中的作用。一般可以按其是否被重复出售来区分，当面粉作为面包店生产面包的投入品时，面粉是中间产品，而消费者购买自行加工面条时，面粉就是最终产品，它进入了最终消费过程。一种较难区别的情形是工厂中购买的机器设备是最终产品还是中间产品，根据机器设备在生产过程中的作用，它属于最终产品。我们可以将产品从一个主体到另一个主体的转移分为两个方面，一方面是价值转移，另一方面是实体转移。判断是否为中间产品时，如果价值和实体同时发生转移，那么这种产品就是中间产品，如果只有价值转移则为最终产品。例如，汽车加工过程中所用的车床，在生产过程中其价值逐渐转移到所生产的汽车上，实体不会附加到汽车上。而汽车装配中的雨刷器，其转移既是价值转移同时实体也发生了转移，属于中间产品。

四、存量和流量

存量是时间点概念，是指某变量在一定时点上的值，如总人口、国民财富、资本、资产、货币量等。流量则是时间段概念，是指某变量在某一期间内的值，如人

口出生数、收入、投资、国内生产总值、利润等,如图 2.4 所示。

图 2.4　存量和流量概念的区别

当我们考察某一经济变量在时刻 t_3 时的值,得出的就是存量值,而在考察时刻 t_2 到 t_3 某经济变量的值时,得出的就是流量值。在实际经济生活中,人们常常会看到各类会计报表,其中资产负债表中的值都是存量,表示到某一时点,固定资产、流动资产、银行存款、长期负债、所有者权益等的值。收益表中都是流量,表示在某一会计年度内成本、费用、收益和利润等的情况。

由于国内生产总值表达的是一个国家在一定时期内所生产出来的全部最终产品和劳务的市场价值总和,因而也是一个流量概念,通常按日历年度核算。例如,2014 年的国内生产总值计算的是 2014 年 1 月 1 日至 12 月 31 日期间的总产出。

五、当前生产和销售

由于国内生产总值是一个流量概念,是其在两个时点间发生的值,这样当年(当期)所出售的产品的价值有一部分是上一核算年度生产出来的,而当年生产出来的产品有一部分并未在当年销售,是在以后年度出售的。因此,当前生产的量与当年销售的量并不同步。实践中往往要利用销售数据来核算国内生产总值,因此需要在销售数据基础上进行两项调整。第一项调整是减去以前期间生产而在当期销售出去的产品,第二项调整是加上本期生产而在以后时期销售出去的产品。前者称为期初库存,后者称为期末库存。

当前生产和销售的关系如下式所示:

$$
\begin{aligned}
\text{当前生产} &= \text{销售额} - \text{期初库存} + \text{期末库存} \\
&= \text{销售额} - (\text{期初库存} - \text{期末库存}) \\
&= \text{销售额} - \text{净库存}
\end{aligned}
$$

当净库存为正时,当前生产量大于销售额;反之,当净库存为负时,当前生产量小于销售额。当净库存为零时,当前生产量等于销售额。不过,要注意当前生产量有时等于销售额,并不意味着可以直接用销售额替代当前生产量,二者的含义是不同的,即国内生产总值强调是当前生产出来的最终产品量,而不管这些产品是否销售出去。

六、国内生产总值和国民生产总值

国内生产总值是地域（地理）概念，只要生产活动发生于一国法律意义的国境范围以内，就应计入国内生产总值。与之对应的国民生产总值则是国民概念，它是从生产要素所有权角度来核算的，即指一国所拥有的生产要素在一定时期内所生产出来的全部最终产品和劳务的市场价值总和，而不管这种生产发生于何地。

如下图 2.5 所示，两个圆圈分别表示 GDP 和 GNP，中间重合部分表明要素所有权属于本国国民，同时生产发生于本国国境以内，如本国企业在本国生产；左边月牙形属于 GDP 但不属于 GNP，表明要素所有权属于外国，但在本国国境内生产，如美国企业在我国生产；右边月牙形属于 GNP 但不属于 GDP，表明要素所有权属于本国，但在本国国境以外生产，如我国企业在美国生产。

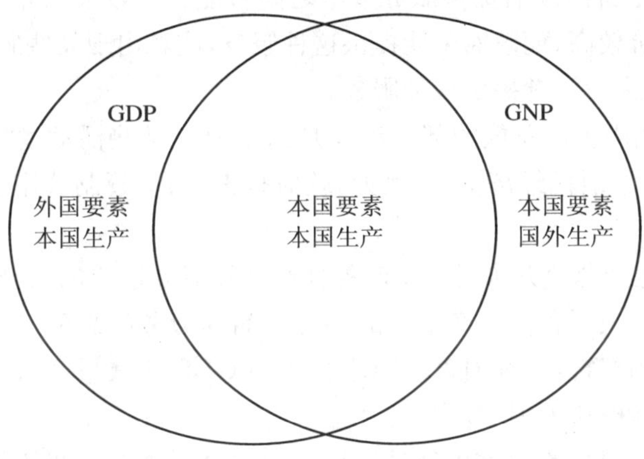

图 2.5　国内生产总值和国民生产总值的关系

核算得出 GDP 或 GNP，可以通过国外要素净收入或向国外要素的净支付的调整得到 GNP 或 GDP。其基本关系是：

$$
\begin{aligned}
GNP &= GDP - \text{国外要素从本国获得的收入} + \text{本国要素从国外获得的收入} \\
&= GDP + (\text{本国要素从国外获得的收入} - \text{国外要素从本国获得的收入}) \\
&= GDP + \text{本国要素净收入}
\end{aligned}
$$

七、市场活动与非市场活动

国内生产总值是度量一国一定时期内所生产的全部最终产品和劳务的市场价值总和，这里强调了是为市场而生产的产品和劳务，还有相当一部分产品和劳务由于并不经过市场进行交易，因而虽然是一国当期生产出来的，但并不计入GDP。例如，农民生产出来供自己食用的粮食和蔬菜，家庭内部的家务劳动等。主要原因在于非市场活动难以统计，也缺乏客观的市场价格。

八、国内生产总值指标存在的若干问题

国内生产总值是当前衡量一国经济活动水平、经济总产出的最重要、最全面的指标，但由于种种原因，国内生产总值并不是对经济产量或福利的完美度量，只是部分反映了经济活动状况。归纳而言，主要存在以下几个问题：

(1) 如前所述，GDP 没有包括非市场活动生产的产品和劳务。

(2) GDP 没有计入处于非法状态的地下经济活动，如黑市交易活动、毒品贩卖、走私等活动。

(3) 政府提供的服务是以其提供成本来计算的，而不是真实市场价格的反映，这样，市场定价与政府提供服务成本之间可能存在较大的差异，或者出现某些服务市场定价较高，而政府未能提供这种服务，或者出现某些服务市场定价较低，但政府耗费大量资源提供该种服务。

(4) 计入国内生产总值的部分活动是出于避免某些活动，实际上并不增加经济福利，反而要消耗经济资源，例如，政府打击走私、管制公用事业企业、防治污染等。

(5) 国内生产总值并未对为生产各种产品和劳务造成的污染进行调整。国内生产总值只反映了我们生产出来的各种产品和劳务的总值，但是在生产过程中会造成环境的损害，这种损害实际应当作为 GDP 的减量，但在现行的国民收入核算中并未考虑这种因素。

(6) GDP 核算中无法准确衡量产品质量改进和内在功能增加。例如，同样是汽车，20 世纪 60 年代与目前无法相比，很难估价目前汽车中增加防抱死刹车系统(ABS)和卫星定位系统的真实价值，GDP 核算并没有准确反映出来。

第二节　国内生产总值核算的基本方法

一、总产出、总收入与总支出

核算一国在一定时期内的总产出(国内生产总值)的方法可以分为两大类：一类是直接方法，即直接将各种产品和劳务的数量与其价格相乘再加总起来，这是从生产的一方出发来核算的。另一类是间接方法，其一从人们获得收入的角度入手，称为收入法；其二是人们对当期生产出来的产品和劳务的支出入手，称

为支出法。

从理论上来说，上述三种方法是等价的，即三种方法得到的数值在理论上是相等的，但在实际经济生活中三种方法得到的 GDP 总存在一定差异，这是由于数据来源不同，可能存在某些重复计算、遗漏甚至是错误，一般以支出法为主，其后运用收入法进行修正。

理解这三种方法的等价性，需要说明总产出与总收入和总支出的恒等关系。

1. 总产出 ≡ 总收入

考虑下述例子，假定某经济社会有两家企业，其中一家生产电脑芯片，另一家生产电脑。芯片生产商投入劳动力和机器设备生产电脑芯片，然后将芯片卖给电脑制造商，电脑制造商投入劳动力和机器设备生产电脑，最后卖给消费者。两家企业的数据如表 2.4 所示。

表 2.4　电脑芯片生产商和电脑制造商的假设数据　　单位:元

电脑芯片生产商	
销售收入	500
工资支出	150
利息	50
租金	100
利润	200
电脑制造商	
销售收入	1 000
工资支出	250
利息	50
租金	100
中间投入品支出(芯片)	500
利润	100

这时最终产品是电脑，其价值为 1 000 元，在这个假设的例子中，GDP 就是 1 000 元。电脑芯片生产商的销售收入分解为四部分，向劳动者支付的工资 150 元、利息 50 元、租金 100 元以及获得的 200 元利润。电脑制造商的销售收入分解为五部分，向劳动者支付的工资 250 元，利息 50 元，租金 100 元，向电脑芯片生产商购买芯片支付 500 元，利润 100 元。这个假设社会的总收入为所有的工资和利润之和，为 150＋50＋100＋200＋250＋50＋100＋100＝1 000 元，与最终产品价值是相同的，总收入等于总产出。当生产环节以及产品种类更多时，中间产品价值总可以分解成为生产要素所获得的报酬，将这些报酬加总起来形成

的总收入就是国内生产总值。

总产出与总收入的恒等关系的关键，在于企业销售收入扣除其支付的工资、利息和租金之后的所有剩余都称为利润，利润是一种剩余物或平衡项，自然总产出和总收入二者之间就是恒等关系。上述说明可表示如下：

利润＝销售收入（产品价格×产品数量）－工资－利息－租金

因此，有：

销售收入（产品价格×产品数量）＝利润＋工资＋利息＋租金

2. 总产出 ≡ 总支出

从人们对当期生产的产品的支出角度看，企业销售产品和劳务的总销售收入必然等于人们的总支出水平。不过，需要注意一点，在国内生产总值核算中，通常把期末厂商的库存看作是企业自己销售给自己的，称为存货投资（后文会详细说明）。存货投资实际上也起着平衡项的作用，能够保证总产出与总支出之间保持恒等关系。

二、收入法

按收入法核算国内生产总值是将所有生产要素收入，包括工资、利息、租金和利润加总起来，由于从企业的角度来看，是生产产品和劳务的成本支出，因此收入法也称为要素成本法。进一步，国内生产总值是市场价值概念，还有一些影响市场价格的因素，如间接税、折旧等，也要计入按收入法核算的国内生产总值。具体来说，收入法应当计入如下项目：

1. 广义的工资、利息和租金

工资是指劳动者提供劳动所获得的所有报酬的总和，包括各类补贴和福利收入，例如劳动者要缴纳的养老保险金、公积金、所得税等。利息是指人们储蓄在本期的净利息收入。经济生活中产生的利息主要表现在三个方面：一是消费者之间的相互借贷产生的利息；二是政府向国债的购买者支付的利息；三是企业向消费者借入资金而支付的利息。在国内生产总值核算中只计入最后一种，前面两种利息视为转移支付，如果计入会造成重复计算。这是因为，消费者之间借贷产生的利息表现为一方之所得正是另一方之所失，从国民经济总体角度来看是收入在消费者之间的转移，并不是因为提供了相关的产品和劳务而形成的。政府公债利息性质与此类似，是依靠税收来筹集资金支付公债利息的，即政府从一部分人和组织手中无偿获得资金转移到购买公债者的手中，纯粹是收入在国民间的流转，也不是因为提供了相关的产品和劳务。租金包括个人出租土地、房屋等租赁收入。注意在租金中包括一部分估算收入（imputation income），即个人自有自住住房要按市场水平估算租金，并计入按收入法核算的国内生产总值。计入估算租金的主要理由是，自有住房可以为住户在较长时间内提供居住服务，是人们收入的一个源泉，如果没有自有住房也需要在市场租赁，计入该项能够较确切地反映各种要素所获得的收入。

2. 非公司企业收入

非公司企业收入是指合伙企业和个人经营企业的收入，例如个人从事农业的收入，合伙经营律师事务所、会计师事务所、诊所、杂货店以及个体工商户等等。之所以将非公司企业单列一项进行核算，主要是为了节约核算成本。非公司企业收入往往是多种收入混合在一起，既有业主自己提供劳动应得的工资，也有自己提供资金应获得的利息，提供经营场所应获得的租金，还有作为所有者能够得到的利润。在实际核算中，如果将这些收入按四项收入类别分解开来会十分困难，因此一般将之单列一项计算。

3. 公司税前利润

公司税前利润包括公司利润税(所得税)、社会保险税、股东红利及公司未分配利润等。由于公司利润税和社会保险税是对公司利润无偿扣除部分，是公司经营活动中产生的利润的一部分。

4. 间接税和统计误差

间接税(indirect tax)指对产品和劳务征收的税收，是与直接税(direct tax)相对的。间接税是对成本的一种征税，企业可以通过产品加价的形式全部或部分转嫁给消费者，即付税人(直接支付税收者，通常在间接税时由企业代收代缴)和税负人(承担税收方，在间接税情形下一般是消费者承受的)不一致。而直接税是直接对个人和企业的净收入征收的税收，个人和企业不能向外转嫁，付税人和税负人是一致的。由于间接税直接造成产品价格水平提高，而GDP又是市场价值概念，因此按收入法核算时必须将这一项加入。实际经济生活中的间接税形式主要有，货物税或销售税、流转税、营业税及其附加、增值税等。

5. 资本折旧

资本折旧是企业从销售收入中预先提取出来以补偿资产损耗的收入部分，在国内生产总值的计算中也应当视为一种成本。

上述前面三项归纳一下就是四种要素收入:工资、利息、租金和利润，这些项目是生产要素所有者获得的净要素收入。由于GDP是总值(Gross，也可译为“毛值”，意为未扣除损耗)，那么在四项要素收入基础上加上间接税和折旧，就可以得到国内生产总值。

表2.5列出了美国2000年和2012年的国民收入构成状况。

表 2.5　美国 2000 年和 2012 年的国民收入构成(收入法)　单位:10 亿美元

序号		2000 年	2012 年
1	国民收入	**8 938.9**	……
2	雇员报酬	**5 788.8**	**8 565.7**
3	工资和薪金	4 827.7	6 880.6
4	政府	779.7	1 201.5
5	其他	4 048.0	5 679.2
6	工资和薪金补充	961.2	1 685.1
7	雇主为雇员缴纳的年金和保险基金	615.9	1 172.1
8	雇主缴纳的政府社会保险	345.2	512.9
9	非公司企业收入	**817.5**	**1 202.5**
10	农场	29.6	56.3
11	非农场	787.8	1 146.2
12	个人租金收入	**215.3**	**463.1**
13	公司利润	**819.2**	……
14	公司利润税	265.1	……
15	税后利润	554.1	……
16	净股利	377.9	779.2
17	未分配利润	176.3	……
18	净利息和杂项收入	**539.3**	**503.2**
19	间接税	**708.6**	**1 130.4**
20	减去:补贴	**45.8**	**60.9**
21	企业当前转移支付(净值)	**87.0**	**127.9**
22	向个人(净值)	42.4	45.9
23	向政府(净值)	43.6	84.4
24	向国外(净值)	1.0	−2.5
25	政府企业当前盈余	**9.1**	**−34.0**

资料来源:美国商务部经济分析局,www.bea.gov。

三、支出法

用支出法核算国内生产总值,就是通过核算在一定时期内整个经济社会购买最终产品和劳务的总支出来计量 GDP。对最终产品和劳务的支出者,除了居民消费,还有企业投资、政府购买以及净出口。这样,使用支出法核算 GDP 就是核算经济社会(一个国家或地区)在一定时期内消费、投资、政府购买及净出口几方面支出的总量。

1. 个人消费(Consumption, C)

个人消费是指人们用于各类消费品的支出,主要包括三类支出即耐用品(如空调、汽车)、非耐用品(如食品、饮料)、劳务(如餐饮服务、医疗服务)。个人消费支出部分在按支出法核算的 GDP 中占有重要的地位,一般要占到 GDP 的三分之二到四分之三。各国在不同历史时期消费占 GDP 的比例有所不同,图 2.6 是我国 1978 年到 2010 年消费在 GDP 中份额的变化情况,近几年有逐渐下降的趋势。

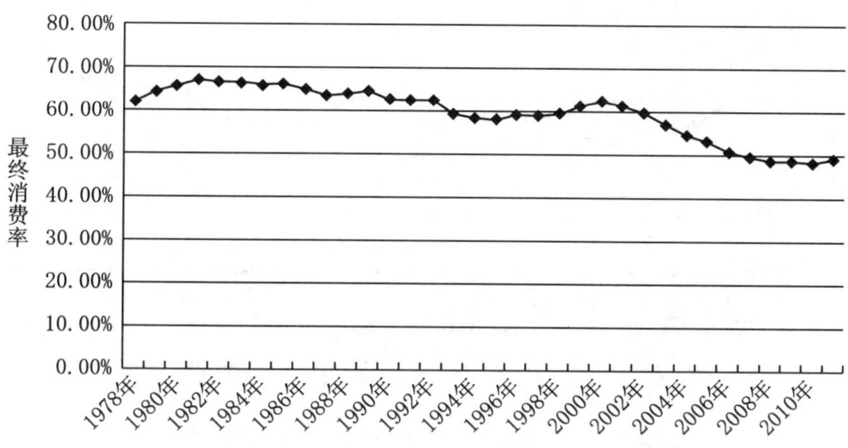

图 2.6　中国消费支出占 GDP 的份额(1978—2010 年)

2. 投资(Investment, I)

投资是指资本资产的增加或替换,是一国在一年内建筑物、机器设备及存货等资本存量的增加或替换部分。其中资本存量的净增加部分称为净投资(Net Investment),而资本存量的替换部分为折旧(Depreciation),即补偿资本存量因生产而损耗的部分,或者衡量的是一年内已经消耗掉的资本额。折旧也称为重置投资(Replacement Investment),即为保证原有生产能力不变的投资部分。净投资和重置投资(折旧)之和称为总投资(Gross Investment),支出法核算 GDP 中投资是指总投资。

设本期资本存量为 K_t,上期资本存量为 K_{t-1},折旧率为 δ,折旧(重置投资)为 $D_t=\delta K_{t-1}$,总投资为 I_{gt},则有如下关系:

$$K_t=K_{t-1}+I_{gt}-\delta K_{t-1}$$

那么,净投资 $I_{nt}=K_t-K_{t-1}=I_{gt}-\delta K_{t-1}$,即净投资等于总投资减去重置投资。

投资按其具体形式也可分为固定资产投资(Fixed Investment)和存货投资(Inventory Investment)。前者包括企业用来增加新厂房、新设备、营业用建筑物即非住宅建筑物以及住宅建筑物的支出。存货投资指的是企业持有的存货价值的变化,存货投资可正可负,当存货增加时,存货投资为正,反之则为负。存货投资在 GDP 中所占比重较小,但其变化与整个经济周期性变动有着密切的关系,通常将其作为判断国民经济变化的重要先行指标。图 2.7 显示我国投资占 GDP 的比重一直处于较高水平,这与我国的经济政策有着直接的关系。

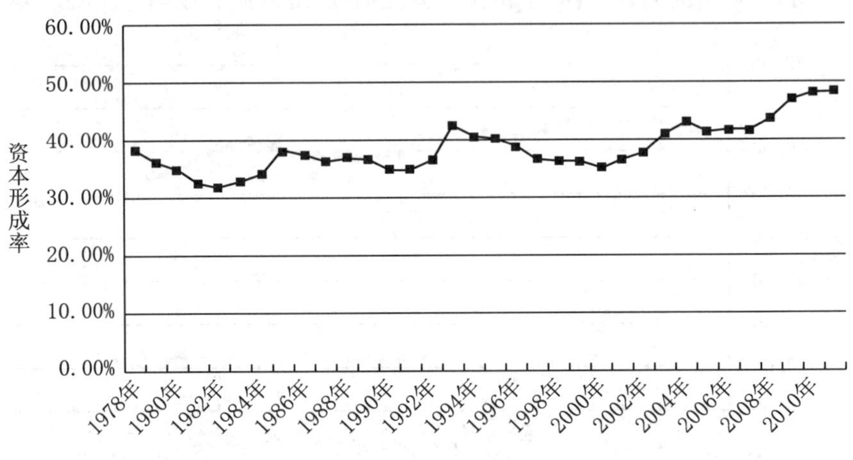

图 2.7　中国投资占 GDP 的份额(1978—2010 年)

3. *政府购买*(Government Expenditure, G)

政府购买是指一国各级政府对商品和劳务的购买支出,其中既包括政府的消费支出,也包括投资支出。例如政府为军队购买消费品,雇用公务员,进行公共投资,建设道路、桥梁、隧道等。由于政府提供的服务通常并不在市场上出售,因此衡量政府对 GDP 的贡献,是根据政府提供这些服务所耗费的成本来计量的。在这里需要注意一个问题,政府支出不等于政府购买,政府支出总额中还有一部分属于转移支出。转移支付(Transfer Payments)是指政府对个人的一种支付,这种支付并不是因为得到支付方提供产品和劳务,只是把收入从一个人或一个组织转移到另一个人或另一个组织,如失业保险金、抚恤金、老年人和残疾人的补助金等。

注意,在考察某个项目是否包括在 GDP 核算中,首先需要明确使用何种方法进行核算,是收入法还是支出法。例如,有人认为政府向公务员支付薪金计入 GDP,而公务员用薪金购买消费品又计入了消费支出,同时作为人们的工资收入计入了 GDP,因而出现了多次重复计算。实际上,这种理解是错误的。首先是混淆了两种不同的核算方法。其次,支出法衡量的是人们对当年生产出来的最终产品和劳务的支出,而不需要考虑这种支出是来自私人企业、国外汇款还是政

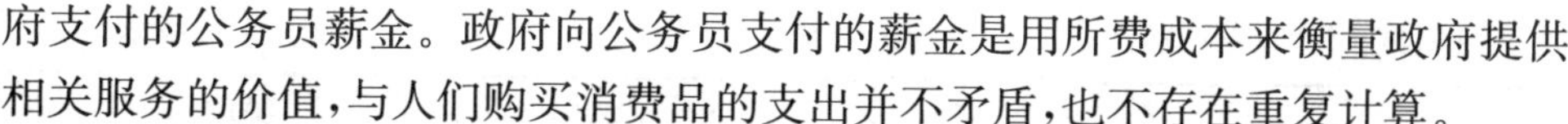

府支付的公务员薪金。政府向公务员支付的薪金是用所费成本来衡量政府提供相关服务的价值，与人们购买消费品的支出并不矛盾，也不存在重复计算。

4. 净出口(Net Export，NX)

当一个经济社会是完全的封闭经济(Closed Economy)时，上述三个项目就是按支出法核算的 GDP。但现实中一国与其他国家之间不断进行着产品和劳务的交换活动，是开放经济(Open Economy)。这样前三个项目实际上存在着一定的重复计算和遗漏，需要进行调整。首先从消费支出来看，人们对各种耐用品、非耐用口和劳务的支出中有一部分来自国外，是其他国家生产出来的，应当减去。其次从投资支出来看，企业购买的新机器设备有一部分是国外生产的，也应当减去。再次政府购买中也有一部分来自国外，如政府部门购买的国外先进计算机设备，同样要减去。一般我们将本国从国外购买的产品和劳务部分称为进口(Import，M)。与此同时，本国生产出来但是被国外消费者、企业和政府购买的产品和劳务并未包括在前三项中，需要把这部分加回来，一般将国外从本国购买的产品和劳务部分称为出口(Export，X)。经过上述两项调整，应当计入 GDP 的就是进口与出口的净额，定义出口减去进口为净出口($NX = X - M$)。

总结上述分析，按支出法核算国内生产总值就是消费、投资、政府购买和净出口之和，即：$GDP = C + I + G + (X - M)$。

表 2.6　美国 2000 年和 2012 年的国内生产总值(支出法)　单位：10 亿美元

	2000 年	2012 年
国内生产总值	**9 951.5**	**15 681.5**
个人消费支出	**6 830.4**	**11 120.9**
耐用品	915.8	1 219.1
非耐用品	1 543.4	2 564.2
劳务	4 371.2	7 337.6
私人国内总投资	**1 772.2**	**2 058.6**
固定资产投资	1 717.7	2 000.9
非住宅建筑物	1 268.7	1 618.0
建筑物	318.1	460.5
设备和软件	950.5	1 157.6
住宅建筑物	449.0	382.8
私人存货变化	54.5	57.7
产品和劳务净出口	**−382.1**	**−560.8**
出口	1 093.2	2 182.6
产品	784.3	1 542.3
劳务	308.9	640.2
进口	1 475.3	2 743.3

（续表）

	2000 年	2012 年
产品	1 246.5	2 291.6
劳务	228.8	451.8
政府消费支出和总投资	**1 731.0**	**3 062.9**
联邦政府	576.1	1 214.3
国防开支	371.0	809.2
非国防开支	205.0	405.1
州和地方政府	1 154.9	1 848.6

资料来源：美国商务部经济分析局，www.bea.gov。

第三节　国民经济中的其他主要经济总量指标

GDP 是世界各国运用最广泛的总量指标。不过，GDP 指标应当被看作是一种指标体系，除了 GDP 以外，还有其他几个与之密切相关的总量指标。

一、国民生产总值

前面已经指出国内生产总值和国民生产总值之间的关系，在 GDP 的基础上加上本国从国外获得的要素收入，再减去国外从本国获得的要素收入，即可得到 GNP，即：

$$GNP = GDP + \text{本国要素净收入}$$

类似地，我们写出如下几个等价的表达公式：

$$GNP = GDP - \text{国外要素净收入}$$
$$GNP = GDP - \text{本国要素净支付}$$
$$GNP = GDP + \text{国外要素净支付}$$

二、国内生产净值

按支出法核算 GDP 时，投资是指总投资，那么在此基础上扣除折旧（重置投资）部分，即可得国内生产净值（Net Domestic Product，NDP），是指一国在一年内所生产的全部最终产品和劳务的净增加值。其用公式表示就是：

$$NDP = GDP - \text{折旧}$$

三、国民生产净值

与国内生产净值的计算类似，在得到国民生产总值后，再减去折旧，就可以得到国民生产净值(Net National Product，NNP)。其用公式表示就是：

$$NNP = GNP - \text{折旧}$$

四、国民收入

这里所称的国民收入(National Income)即狭义的国民收入，是一国生产要素在一定时期内提供服务所获得的报酬的总和，即工资、利息、租金和利润的总和。在GNP的基础上扣除折旧和企业间接税即可得到NI。之所以扣除折旧，是因为狭义的国民收入表示一国生产要素所有者获得的净收入，折旧是在生产中已经消耗的资本量，而扣除企业间接税是因为，间接税提高的产品的最终销售价格，并不是一国要素创造的收入，因此应当减去。可用公式表示如下：

$$NI = GNP - \text{折旧} - \text{企业间接税}$$

五、个人收入

个人收入(Personal Income，PI)指个人得到的实际收入总和。狭义的国民收入不完全形成个人收入，一方面国民收入中有三个项目不会成为个人收入，即公司未分配利润、公司所得税和社会保险税；另一方面政府转移支付(包括公债利息)虽然不属于国民收入(生产要素报酬)，却会成为个人收入。因此，从狭义国民收入中减去公司未分配利润、公司所得税和社会保险税，加上政府转移支付，即得个人收入。可用公式表示为：

$$\begin{aligned} PI &= GNP - \text{折旧} - \text{企业间接税} - \text{公司未分配利润} - \text{公司所得税} \\ &\quad - \text{社会保险税} + \text{政府转移支付} \\ &= NI - \text{公司未分配利润} - \text{公司所得税} - \text{社会保险税} + \text{政府转移支付} \end{aligned}$$

六、个人可支配收入

个人收入并不一定全部由个人支配，政府还要从中征收一定的税收，即个人所得税(收入所得税)，因此在个人收入的基础上减去个人所得税后就称为个人可支配收入(Personal Disposable Income，PDI)，即：

$$PDI = PI - \text{个人所得税}$$

上述总量间的关系可用图2.7表示。表2.7是美国2000年、2011年和2012

年上述总量的基本情况。

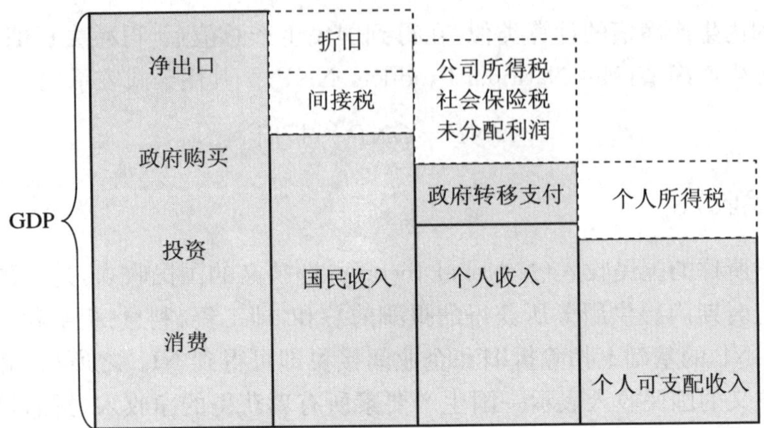

图 2.8　从 GDP 到个人可支配收入

表 2.7　美国的 GDP、NI、PI 和 PDI(2000 年、2011 年和 2012 年)

单位:10 亿美元

序号		2000 年	2011 年	2012 年
1	**国内生产总值**	**9 951.5**	**15 075.7**	**15 681.5**
2	加:本国来自国外的要素收入	380.5	783.7	……
3	减:本国向国外的要素支付	342.8	531.8	……
4	**等于:国民生产总值**	**9 989.2**	**15 327.5**	……
5	减:固定资产折旧	1 184.3	1 936.8	2 011.8
6	私人	986.8	1 587.4	1 647.8
7	国内企业	824.3	1 285.7	1 339.1
10	家庭和机构	162.5	301.7	308.8
11	政府	197.5	349.4	363.9
12	政府部门	166.8	291.0	302.3
13	政府企业	30.7	58.4	61.6
14	**等于:国民生产净值**	**8 804.9**	**13 390.8**	……
15	**减:统计误差**	**−134.0**	**31.9**	……
16	**等于:国民收入**	**8 938.9**	**13 358.9**	……
17	减:经存货价值和资本消耗调整后的公司利润	819.2	1 827.0	……
24	加:个人从资产获得的收入	1 360.7	1 685.1	1 747.3
25	个人当前转移收入	1 083.0	2 319.2	2 375.6
26	**等于:个人收入**	**8 559.4**	**12 947.3**	**13 405.9**

资料来源:美国商务部经济分析局,www.bea.gov。

第四节　国民收入核算中的恒等关系

一、两部门经济中的储蓄投资恒等式

从整个经济社会来看，一方面总产出既可以用于现期消费又可以用于将来消费(储蓄)，另一方面总产出还可以既用于消费也用于投资。投资是经济社会中最重要的活动之一，它增加了资本存量，使得未来的生产能力得以提升。这样投资活动必须经过储蓄来融资。这对于分析宏观经济行为有着重要的意义。从国民收入核算的角度来看，实际储蓄和实际投资始终保持相等，即所计算的储蓄正好等于所计量的投资，是一个恒等关系。下面，我们按从简单到复杂的顺序考察储蓄投资恒等式。

首先假定整个经济只存在两个部门，企业部门和家庭部门，这种经济称为两部门经济。这时，从支出的角度看，总产出可以分为消费和投资，从收入的流向上看，总产出可以分为消费和储蓄。因而存在下述关系：

$$GDP\text{(按支出法核算)} = C + I$$
$$GDP\text{(按收入法核算)} = C + S$$

由于收入法和支出法核算得到的 GDP 相等，于是有：

$$C + I = C + S$$

化简，得：

$$I = S$$

二、三部门经济中的储蓄投资恒等式

接下来，我们将政府部门考虑进来，整个经济社会就由家庭部门、企业部门和政府部门构成，称为三部门经济。那么，从支出的角度看，GDP 包括消费、投资和政府购买，而从收入流向的角度看，GDP 包括消费、储蓄和税收。于是，有如下关系：

$$GDP\text{(按支出法核算)} = C + I + G$$
$$GDP\text{(按收入法核算)} = C + S + T$$

同样，由于收入法和支出法核算得到的 GDP 相等，有：

$$C + I + G = C + S + T$$

化简，得：

$$I = S + (T - G)$$

由于有了政府部门，上式中 S 表示家庭和企业部门的储蓄，或者称为私人储蓄，用 S_P 表示。T 表示政府税收，也就是政府的收入，G 表示政府的支出，因此二者的差就是政府储蓄，用 S_G 表示。一般地，当 $T > G$，$S_P > 0$ 时，称为政府预算盈余，政府储蓄为正；当 $T < G$，$S_P < 0$ 时，称为政府预算赤字，政府储蓄为负；当 $T = G$，$S_P = 0$ 时，政府预算平衡。因此，$T - G$ 表示政府储蓄，上式仍是投资与储蓄的恒等关系，只不过三部门经济中的储蓄包括私人储蓄和政府储蓄两部分。

三、四部门经济中的储蓄投资恒等式

在开放经济条件下，我们还需要将对外贸易部门考虑进来，这时，经济中包括家庭、企业、政府和对外贸易部门，称为四部门经济。同样，从支出的角度看，GDP 包括消费、投资、政府购买和净出口，而从收入流向的角度看，GDP 包括消费、储蓄和税收。于是有如下关系：

$$GDP\text{（按支出法核算）} = C + I + G + X - M$$

$$GDP\text{（按收入法核算）} = C + S + T$$

同样，由于收入法和支出法核算得到的 GDP 相等，有：

$$C + I + G + X - M = C + S + T$$

化简，得：

$$I = S + (T - G) + (M - X)$$

M 是进口，表示国外向本国获得收入；X 是出口，表示本国从国外获得收入，因而 $M - X$ 表示国外储蓄，用 S_F 表示。一般地，当 $M > X$，称为对外贸易逆差，$S_F > 0$，国外储蓄为正；当 $M < X$，称为对外贸易顺差，$S_F < 0$，国外储蓄为负；当 $M = X$，称为对外贸易平衡，$S_F = 0$，国外储蓄为零。

上述储蓄和投资的恒等关系建立在国民收入核算定义的基础上，是定义性的恒等关系，其中的各个总量都是实际值，或称事后值，只要遵循相关收入账户的定义，储蓄和投资始终是恒等的。不过，需要注意的是，在国民收入决定理论中所用到的储蓄和投资等相关概念，是计划值、意愿值或称事前值，与国民收入核算中的概念是不同的。计划储蓄和计划投资通常是不一致的，是引起经济上下交替出现繁荣和衰退的重要原因，与本处所称的实际储蓄和实际投资始终相等的含义是不同的。

习题二

1. 下列哪一个经济变量属于流量？(　　)。

A. 国内生产总值　　　　　B. 国民财富

C. 固定资产量　　　　　　D. 负债总额

2. 在国内生产总值核算指标中，计入 GDP 的政府支出是指(　　)。

A. 政府购买产品的支出

B. 政府购买产品和劳务的支出

C. 政府购买产品和劳务的支出加上政府的转移支付

D. 公务员薪金加上各类社会保障支出

3. 下列哪一项是直接税？(　　)。

A. 销售税　　B. 营业税　　C. 所得税　　D. 增值税

4. 国内生产总值与国内生产净值的关系是(　　)。

A. 国内生产总值减间接税等于国内生产净值

B. 国内生产总值减折旧等于国内生产净值

C. 国内生产净值加直接税再加折旧等于国内生产总值

D. 国内生产净值加间接税再加折旧等于国内生产总值

5. GDP 物价平减指数定义为(　　)。

A. 名义 GDP/实际 GDP

B. 实际 GDP/名义 GDP

C. 名义 GDP 减去实际 GDP

D. 名义 GDP 加上实际 GDP

6. 在各国 GDP 总值中份额最大的项目一般是(　　)。

A. 政府支出　　B. 投资　　C. 净出口　　D. 消费

7. 国内生产总值核算体系中各个总量之间的关系是什么？

8. 为什么在国内生产总值核算体系中会有储蓄等于投资的恒等关系？为什么在核算中要构造这种恒等关系？

9. 假定某经济社会有甲、乙、丙三家企业，甲在 2014 年产值为 10 000 元，出售给乙、丙及消费者。其中乙购买量为 3 000 元，丙购买量为 2 000 元，其余卖给消费者。乙在 2014 年产值为 8 000 元，除 2 000 元卖给丙外，其余均卖给消费者。丙在 2014 年产值为 6 000 元，直接卖给消费者。假定投入在当年全部使用干净。试计算：(1)2014 年的价值增加额；(2)2014 年的 GDP。

10. 假设某国某年的国民经济统计资料如下表所示：

单位：元

项目	金额
折旧	400
工资和薪金	2 100
企业支付的利息	250
间接税	300
个人租金收入	50
公司利润	200
非公司企业收入	150
红利	80
社会保险税	280
个人所得税	420
消费者支付的利息	60
政府支付的利息	120
政府转移支付	350
个人消费支出	2 000

试计算国内生产总值、国内生产净值、国民收入、个人收入、个人可支配收入和个人储蓄。

第三章
消费和储蓄理论

故德行愈美，节俭之决心愈强，个人与国家之财政愈坚守正统办法，则当利率相对——相对于资本之边际效率——增加时，所得之减少愈大。

——凯恩斯，1936 年，《就业、利息和货币通论》

节俭是私人的美德，而消费促成了社会的和谐。短期内，我们的需求决定了生产物的多寡，促进消费也就是提高收入的主要途径。

——题记

学 习 目 标

通过本章的学习，你应当能够：

1. 理解影响消费支出的因素与消费支出间的基本关系；
2. 掌握消费函数表达的经济关系，尤其是线性消费函数的含义；
3. 掌握边际消费倾向和平均消费倾向概念及其经济意义；
4. 理解储蓄和储蓄函数，掌握边际储蓄倾向和平均储蓄倾向的含义；
5. 掌握消费函数和储蓄函数的关系；
6. 了解现代消费理论的发展，了解相对收入、持久收入和生命周期假说的含义及其对现实经济生活中消费支出状况的解释力。

从本章开始，我们研究一国的国民收入受哪些因素的影响，是如何决定的。由于决定一国总需求水平的重要因素是消费和投资，本章和下一章分别对这两个重要问题进行分析。

第一节　消费和消费函数

一、消费支出及其影响因素

消费指的是人们在最终产品和劳务方面的支出，通常消费支出在GDP中占有相当大的份额，例如美国最近10余年来消费约占GDP的70%，而占个人可支配收入的比重高达80%，同时可以看出消费支出中劳务所占比重呈逐年上升态势，见表3.1。

表3.1　美国消费的主要构成(2000年和2011年)　　单位：10亿美元

项　目	2000年	2011年
个人消费支出	6 830.4	10 729.0
产品	2 459.1	3 624.8
耐用品	915.8	1 146.4
汽车及配件	363.2	373.6
家具和家用设备	208.1	251.7
消遣物品和车辆	234.1	340.1
其他耐用品	110.4	181.0
非耐用品	1 543.4	2 478.4
食品饮料	537.5	810.2
服装和鞋	280.8	349.2
汽油和其他能源	188.8	428.3
其他非耐用品	536.2	890.7
劳务	4 371.2	7 104.2
家庭服务消费支出	4 205.9	6 812.3
住房和设备	1 198.6	1 929.9
保健	918.4	1 751.6
交通服务	262.3	302.0
娱乐服务	255.5	394.5
餐饮和旅馆服务	410.1	670.9
金融服务和保险	570.0	807.1
其他服务	591.1	956.2
非营利机构为家庭服务的最终消费支出	165.4	291.9

资料来源：美国商务部经济分析局，www.bea.gov。

在现实生活中，人们的消费支出水平是多种因素交织作用的结果，而且在不同经济社会各种因素的相对影响程度也有极大的不同。归纳而言，影响人们消费支出水平的因素有：收入水平、商品价格水平、利率水平、消费者偏好、家庭财产状况、消费信贷状况、收入分配状况、消费者年龄构成以及制度、文化和风俗习惯。

收入水平。就收入水平而言，收入水平与消费支出成正相关关系，即收入水平越高，消费支出的绝对值越高。图 3.1 是美国 1969 年到 2011 年国内生产总值、个人可支配收入与个人消费支出情况，从图中可明显看出收入水平与消费支出之间的正相关关系。

商品价格水平。在其他条件不变时，商品价格水平与消费支出也呈现同方向变化的关系，人们为了保证一定的生活水平，或者购买的商品数量不变时，商品价格水平越高，消费支出的绝对量也越高。

利率水平。利率水平越高，消费支出水平越低。在人们收入给定时，要么用于现期消费，要么用于将来消费(即储蓄)。当利率水平提高时，人们现期消费的代价就越大，储蓄可以获得更高的收益，人们更加愿意储蓄，而在收入水平既定不变或短期内变化不大的情况下，储蓄的增加意味着消费水平的下降。

消费者偏好。消费者偏好是指消费者在消费心理上的差别，即某些消费者愿意更多地将收入用于现期消费，而有些消费者则愿意将收入用于将来消费。当一国偏好现期消费的消费者数量较多时，一国的消费支出水平就会较高，反之则较低。

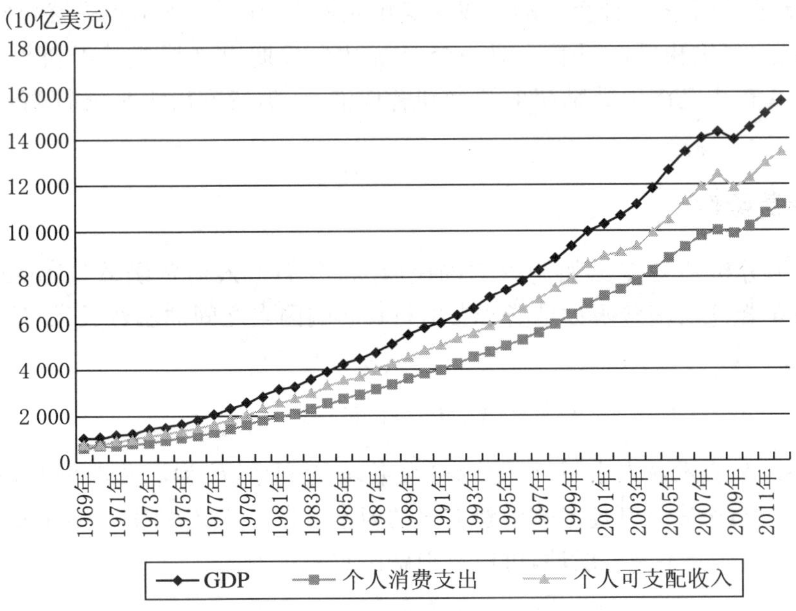

图 3.1　美国 1969—2011 年的 GDP、个人消费支出和个人可支配收入

资料来源：美国商务部经济分析局，www.bea.gov。

家庭财产状况。当家庭财产状况较好时，各类消费品的档次一般较高，从而使消费支出提高。即使收入水平出现暂时性下降，这类家庭也可以将过去积累的资产转而用于当前的消费。反之，家庭财产状况较差时，消费支出水平一般较低，当收入暂时下降时，由于过去积累的资产数量较少，消费支出会出现较大幅度的下降。

消费信贷状况。消费信贷状况越发达，其机制越完善，消费者比较容易获得信贷支持，提供消费信贷者的风险较小，还贷有保障时，消费支出水平就越高；反之，消费支出水平就越低。例如，相对而言，美国的消费支出水平就高于我国，这与两国消费信贷状况有着一定的关系。

收入分配状况。一般而言，一国收入分配状况越平均，消费支出水平就越高。因为在收入分配状况比较平均的情况下，个人收入水平越低，收入总量中用于消费的部分就较高，从整个社会的水平来看，消费支出就越高。相反，在收入分配状况不平均时，个人收入水平相差较大，尽管社会上绝大多数的低收入人群的消费占其收入的比重较高，但对于一部分高收入阶层来说，用于消费支出的部分占收入的比重较低，由此造成整个社会的消费水平与收入分配平均的国家相比较低。

消费者年龄构成。一个经济社会中消费者年龄构成越低，消费支出水平就越高，一方面是由于年轻人的消费习惯，另一方面则是由于年轻人处于消费的高峰期；反之，一个经济社会年龄构成中老年人较多，则消费支出水平就越低。

制度、文化和风俗习惯。即一个经济社会长期以来形成的经济活动方式及习惯。有些经济中鼓励超前消费和奢侈消费，消费支出水平就较高，反之则较低。

二、消费函数

为了分析消费支出如何影响国民收入，我们引入消费函数（Consumption Function）概念。消费函数是消费支出与其影响因素之间的函数关系，用公式表示就是：

$$C=f(Y,\ P,\ r,\ F,\ W,\ \cdots) \quad \text{（式 3.1）}$$

式中，Y 表示收入水平，P 为价格水平，r 为利率，F 为消费者偏好，W 为家庭财产状况，…表示其他影响消费支出的因素。在上述这些因素中，最重要的因素是收入水平。不失一般性，可以将消费函数表示为：

$$C=C(Y) \quad \text{（式 3.2）}$$

凯恩斯认为对消费支出有决定性意义的就是家庭收入。就此，他提出一条极为重要的称为凯恩斯主义三大心理规律之一的边际消费倾向递减规律:随着收入的增加,消费也会增加,但消费的增加不及收入增加的多。即随着收入的增加,消费的绝对量也会增加,但其相对量却在下降。

凯恩斯的基本思想可以用表 3.2 和图 3.2 表示。图 3.2 中横轴表示收入,纵轴表示消费,随着收入水平逐渐提高,消费的绝对量也在增加,但增加的趋势越来越慢,意味着消费在收入中的比重在逐渐下降。

表 3.2　消费和可支配收入的假设数据

序号	可支配收入	消费	储蓄
A	200	300	−100
B	500	580	−80
C	800	800	0
D	1 200	1 100	100
E	1 800	1 500	300
F	2 400	1 800	600
G	3 000	2 200	800
H	4 000	2 500	1 500

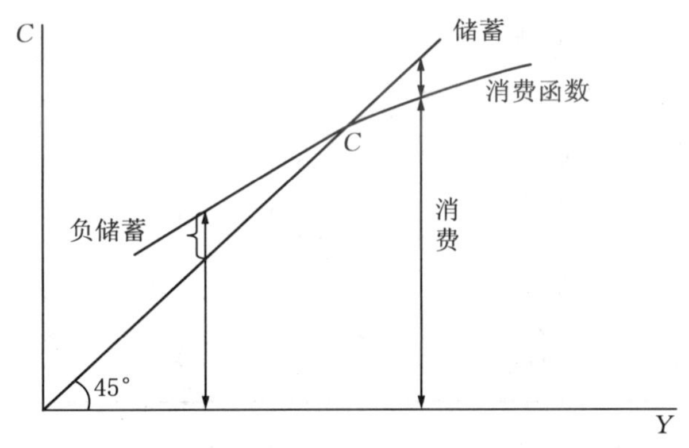

图 3.2　消费函数

从图 3.2 中可见,在 C 点以前(收入为 800 元),消费大于收入,消费者处于负储蓄状态,即消耗以前的储蓄,在 C 点以后,收入大于消费,消费者有正储蓄。

对于随着收入变化消费支出的变化情况,宏观经济学中用边际消费倾向和平均消费倾向来说明。所谓边际消费倾向(Marginal Propensity to Consume, MPC),是指当收入增量消费支出增量所占的比例,若分别用 ΔC 和 ΔY 表示消费增量与收入增量，则 *MPC* 可以表示为：

$$MPC=\frac{\Delta C}{\Delta Y} \quad (式 3.3)$$

与边际消费倾向对应，宏观经济学中还用平均消费倾向（Average Propensity to Consume，APC）表示与每一收入水平相对应的消费支出量。其计算公式是：

$$APC=\frac{C}{Y} \quad (式 3.4)$$

根据定义，我们可以计算表 3.2 假设数据情况下的边际消费倾向和平均消费倾向的状况。

表 3.3　消费和可支配收入的假设数据

序号	可支配收入	消费	边际消费倾向(MPC)	平均消费倾向(APC)
A	200	300		1.500
			0.933	
B	500	580		1.160
			0.733	
C	800	800		1.000
			0.750	
D	1 200	1 100		0.917
			0.667	
E	1 800	1 500		0.833
			0.583	
F	2 400	1 850		0.771
			0.417	
G	3 000	2 100		0.700
			0.400	
H	4 000	2 500		0.625

当收入变化量趋向于零时，MPC 还可以表示为：

$$MPC=\lim_{\Delta Y\to 0}\frac{\Delta C}{\Delta Y}=\frac{\mathrm{d}C}{\mathrm{d}Y} \quad (式 3.5)$$

即通过对消费函数求关于收入的一阶导数，就可以得到边际消费倾向。根据边际值与总值、平均值与总值的基本关系，可知，消费曲线上任何一点切线的斜率，就是与这一点相应的边际消费倾向。而消费曲线上任一点与原点相联而成的射线的斜率，则是与这一点相对应的平均消费倾向。当消费函数曲线为非线性时，边际消费倾向递减意味着随着收入水平增加，消费函数曲线越来越平缓，曲线上点的斜率越来越小。

在通常宏观经济学教学中，把消费支出和收入之间看作为简单的线性关系，消费函数可表示为：

$$C = a + bY \tag{式 3.6}$$

其中，a 称为自发性消费，其经济含义在于，即使人们的收入为零，但为了维持基本的生存需要，也要有一部分消费支出，当然这部分消费可能来源于以往的储蓄，也可能来源于向其他人的借贷。从这一意义出发，可知 a 在短期情况下一般为正。此外，在线性消费函数的情况下，参数 a 实际上反映了除了收入以外其他因素对消费支出的影响。当其他因素发生变化时，消费函数曲线会出现向上或向下移动。

线性消费函数情况下，b 就是边际消费倾向，这时是一个常数，由于消费增量不可能超过收入增量，因此 b 是一个小于 1 的正值，即 $0 < b < 1$。假设收入为 Y_1 时，消费支出为 C_1，收入为 Y_2 时，消费支出为 C_2，则有如下关系：

$$C_1 = a + bY_1$$
$$C_2 = a + bY_2$$

两式上下相减，可得：

$$\Delta C = C_2 - C_1 = a + bY_2 - a - bY_1 = b(Y_2 - Y_1) = b \cdot \Delta Y$$

因此，有：

$$MPC = \frac{\Delta C}{\Delta Y} = b$$

线性消费函数中，bY 称为引致消费，其经济含义是当收入增加 1 单位时，消费增加 b 单位，b 单位消费支出的增量是由收入所“引致”出来的。

三、国民消费函数

以上的分析表明，决定消费支出的最重要因素是可支配收入，二者之间的关系相当密切。国民经济中个人收入与总消费支出之间呈现非常稳定的关系。图 3.3 给出了美国 1969 年到 2012 年个人收入与消费支出关系的曲线，非常近似于线性。回归方程为 $C = -143.17 + 0.833Y$，边际消费倾向即回归曲线的斜率为 0.833，相关系数 $R^2 = 0.999\,2$，调整后 $R^2 = 0.999\,1$，表明个人收入能够很好地解释消费支出水平，是决定消费支出的最重要的变量。

由家庭消费函数得出国民消费函数，最直接的办法是将各个家庭的消费函数加总起来，从整个国民经济的角度看，这样做是相当合理的，能够反映出一个国家总的个人收入与消费支出之间的关系。虽然各个家庭的消费函数存在较大的差异，在不同时期面临的相关因素也不尽相同，但加总时，这些细节要素会相互抵消，整个国民消费函数会呈现相当稳定的关系。当然，需要注意的是，当一个国家内不同家庭消费函数状况的变异性较大时，例如收入分配非常不平均，税收政策发生较大变化时，简单加总会出现一些问题。不过，对分析整体经济状况的影响不会太大。此外，如果某些因素对国民整体产生系统性影响时，不会造成国民消费函数发生较大偏离，我们仍可以通过简单加总获得国民消费函数。

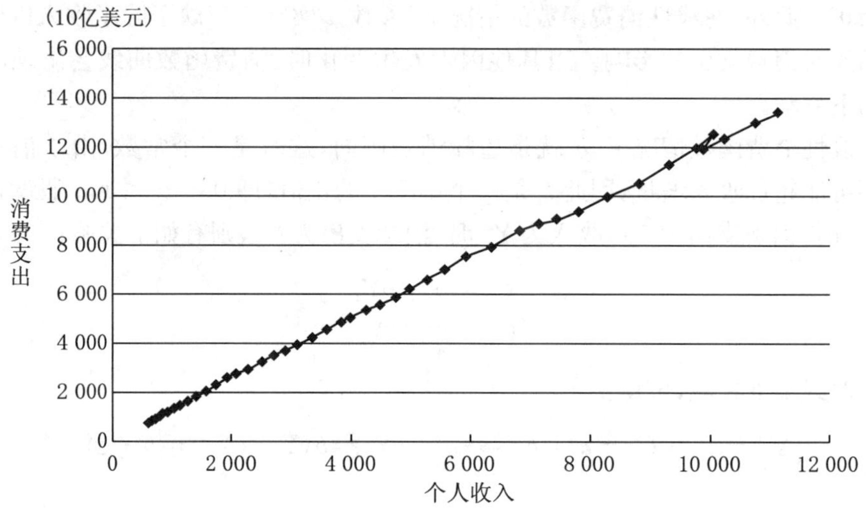

图 3.3　美国个人收入与消费支出的关系(1995—2012 年)

资料来源：美国商务部经济分析局，www.bea.gov。

第二节　储蓄和储蓄函数

一、储蓄函数

收入、消费和储蓄是三个相互联系的概念，宏观经济学中将储蓄定义为收入中没有用于消费的部分，用 S 表示储蓄，有如下关系：

$$S = Y - C \qquad (式 3.7)$$

在上述关系中，Y 表示收入，而消费 C 又是关于收入的函数，因此，储蓄也是收入的函数。不失一般性，我们将储蓄函数定义为：

$$S = S(Y) \qquad (式 3.8)$$

由于收入为消费和储蓄之和，则在图形上，消费函数与储蓄函数是对应的，见下图 3.4。图 3.4 可由图 3.2 得到，即将每一给定收入下，消费函数曲线与45°线的垂直距离绘在图上，正储蓄部分绘在第一象限，负储蓄部分绘在第四象限，由此就可以得到储蓄曲线。

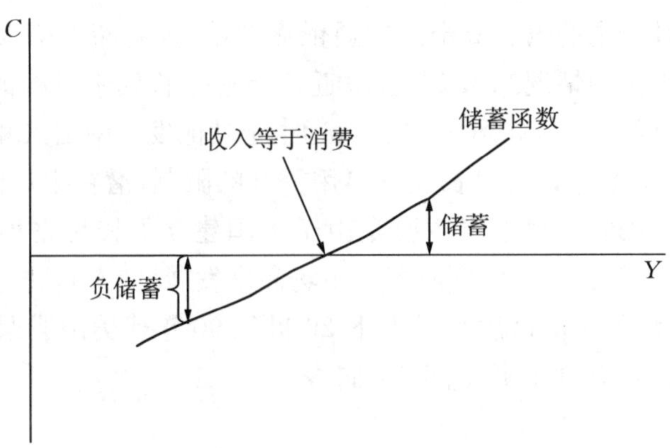

图 3.4　储蓄函数

前面在分析消费曲线时，我们指出随着收入增加，消费曲线越来越平缓，对应地，储蓄曲线则表现为越来越陡直。对此，可以用边际储蓄倾向（Marginal Propensity to Save，MPS）和平均储蓄倾向（Average Propensity to Save，APS）说明。与 MPC 的定义类似，MPS 定义为收入增量中储蓄的比例，其用公式表示为：

$$MPS = \frac{\Delta S}{\Delta Y} \qquad (式 3.9)$$

同样，当 ΔY 趋向于零时，MPS 还可表示为：

$$MPS = \lim_{\Delta Y \to 0} \frac{\Delta S}{\Delta Y} = \frac{dS}{dY}$$

APS 定义为每一收入相对应的储蓄量，即：

$$APS = \frac{S}{Y}$$

当消费函数为线性函数时，根据储蓄的定义，储蓄函数也是线性函数，有：

$$S = Y - C = Y - a - bY = -a + (1-b)Y$$

可知，线性储蓄函数情况下，边际储蓄倾向 $MPS=1-b$。储蓄函数的纵截距为 $-a$，其经济含义也十分明显，当自发性消费 a 为正值时，只可能来自过去的储蓄或他人的借贷，是储蓄的减量。

与前面的分析类似，边际储蓄倾向也是储蓄曲线每点的斜率，平均储蓄倾向是储蓄曲线上对应点与原点边线的斜率。根据斜率的变化可知，当边际消费倾向递减时，边际储蓄倾向是递增的。

由于经济社会中的投资资金的融通依靠储蓄，因此储蓄率水平受到经济学家的关注。从美国的情况来看，储蓄率近几年来一直处于下降的趋势，2003 年的总储蓄率只有约 15%，如图 3.5 所示，远小于其他发展中国家和发达国家。当储蓄率降低时，资本存量的增长受到可用资金的限制，潜在生产能力趋于下降。经济学界认为美国储蓄率下降主要是由于美国建立了较为完善的社会保障体系，降低了人们的储蓄意愿。同时资本市场高度发展，使人们进行跨时期调整消费更为容易，也降低了储蓄意愿。此外，20 世纪 90 年代美国股票市场的高度繁荣所产生的财富效应也促使人们减少储蓄。

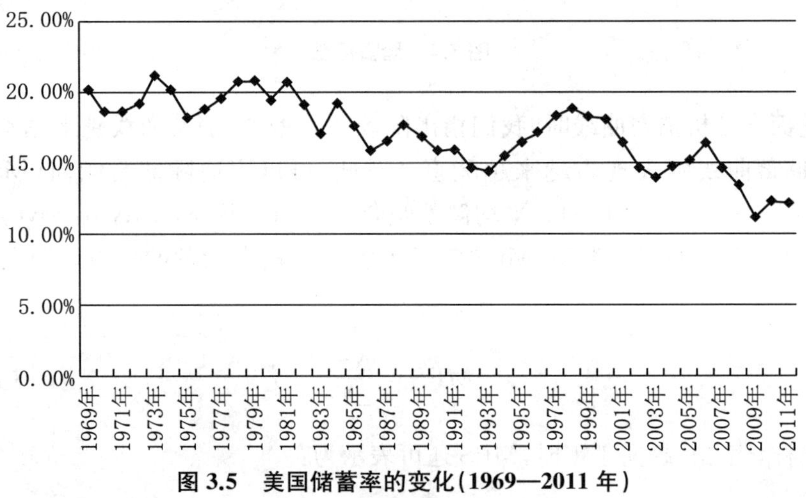

图 3.5　美国储蓄率的变化(1969—2011 年)

资料来源：美国商务部经济分析局，www.bea.gov。

二、消费函数和储蓄函数的关系

从前面关于消费函数与储蓄函数的分析出发，我们可以得到二者之间的三个重要关系。

(1) 消费函数和储蓄函数互为补数，二者之和等于总收入。

这一关系实际上是储蓄定义的同义反复，当两个函数均为线性的情况下，可以得出如下关系：

$$C+S=a+bY+[-a+(1-b)Y]=Y$$

从图形上看，消费曲线与45°线之间的垂直距离就等于相应的储蓄量，如图3.6所示。消费曲线与45°线相交点对应于储蓄曲线与收入轴的交点，表明这时收入等于消费，储蓄为零。在该点之前，消费曲线位于45°线上方，消费大于收入，储蓄为负，在该点之后，消费曲线位于45°线下方，收入大于消费，储蓄为正。消费曲线与45°线的垂直距离等于储蓄曲线与横轴的垂直距离。

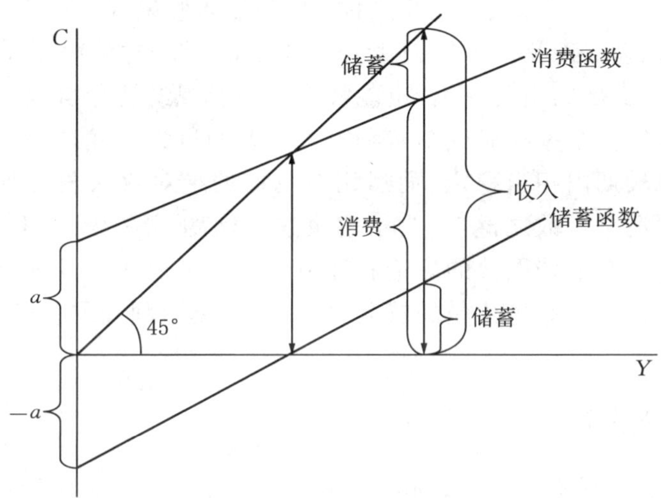

图 3.6　消费函数和储蓄函数的关系

(2) APC 和 MPC 都随着收入增加而递减，但 $APC>MPC$。APS 和 MPS 都随收入增加而递增，但 $APS<MPS$。为简单起见，我们使用线性消费函数和储蓄函数证明如下：

由于 a、b、Y 均为正值，有：

$$APC=\frac{C}{Y}=\frac{a+bY}{Y}=\frac{a}{Y}+b>b=MPC$$

$$APS=\frac{S}{Y}=\frac{-a+(1-b)Y}{Y}=\frac{-a}{Y}+(1-b)<1-b=MPS$$

(3) MPC 和 MPS 互为补数，APC 和 APS 也互为补数，即 $MPC+MPS=1$、$APC+APS=1$。证明如下：

由 $\Delta Y=\Delta C+\Delta S$ 及 $Y=C+S$，得：

$$MPC + MPS = \frac{\Delta C}{\Delta Y} + \frac{\Delta S}{\Delta Y} = \frac{\Delta C + \Delta S}{\Delta Y} = \frac{\Delta Y}{\Delta Y} = 1$$

$$APC + APS = \frac{C}{Y} + \frac{S}{Y} = \frac{C + S}{Y} = \frac{Y}{Y} = 1$$

第三节　现代消费理论及其发展

上述关于消费支出与收入的关系是在凯恩斯《就业、利息和货币通论》的基础上建立起来的，后来的学者将之称为绝对收入假说，即消费支出取决于收入的绝对量。这一假说在解释国民经济总体的行为时偏离不是很大，足以反映影响消费支出的主要原因，也能够为相关宏观经济分析提供理论依据。但是，后来的经济学家在研究消费和收入关系的过程中发现，消费在短期内波动较大，但长期内相当稳定，而运用凯恩斯的绝对收入假说难以解释，经济学界称为“消费函数之谜”。为了解决这一问题，不少经济学家投身于消费函数的研究，对消费函数的理论和经验研究的重要代表性观点有：杜森贝里的相对收入假说、弗里德曼的持久收入假说、莫迪利安尼和安多的生命周期假说。

一、相对收入假说

相对收入假说(Relative-income Hypothesis)是由美国哈佛大学的詹姆斯·杜森贝里(James. S. Duesenberry)提出来的。他认为正统理论中对消费者的两个基本假设存在错误，凯恩斯理论中隐含的第一个假设是消费者是以个人自身最大化决策为基础的，不受其他个人或家庭的影响，即消费者不考虑与其他个人或家庭的横向关系。第二个假设是收入变化后，消费支出可以迅速改变。杜森贝里指出存在两种重要的效应，即示范效应和棘轮效应，使得消费者的消费支出水平在长期内保持相对稳定的状况。

示范效应。示范效应也称为攀比效应，是指一个家庭在决定其消费支出水平时，要参考与其处于同等收入水平、同一社会阶层家庭的消费水平和结构。这种效应是一种水平的、横向的效应。消费者不会偏离同一社会阶层平均的消费支出水平太远。换言之，某家庭的收入增长速度超过同一社会阶层的平均增长速度时，消费支出水平增长速度就会低于同一社会阶层的平均消费增长速度；反之，某家庭的收入增长速度低于同一社会阶层的平均增长速度时，消费支出水平增长速度则会高于同阶层的平均消费增长速度。因此，一个家庭的消费支出受到同一阶层消费水平的制约，是同一阶层平均消费水平的函数。例如，中等收入家庭往往不会经常出入高档消费场所，既是收入所限，同时也受所处社会阶层一般的消费模式的限制。消费者在作出与其所处阶层不相适应的消费决策时，会受到自身及周围家庭无形的压力，这种因素限制了消费者脱离所处阶层“既定轨道”的动力。

棘轮效应①。棘轮效应是指消费支出不仅受当前收入的影响，还要受过去收入和消费水平的影响。杜森贝里指出人们的消费决策基于五个方面的考虑，一是完全出于生理上的需要，即为了活下去或满足起码的享受；二是便于参与适应本人所属文化习俗系统的活动；三是为了便于获取其他物品；四是为了取得或维持社会地位；五是为了享乐。由于消费决策是以学习、社会常规、个人习惯为基础的，过去的经验成为消费者当前消费决策的重要因素。当消费者的收入水平提高时，消费支出水平会逐渐进行调整，但这一调整过程是相当缓慢的。当实际收入突然大幅度增加时，消费者会增加消费，但增加程度要小一些。反之，当实际收入突然大幅度下降时，消费者的消费支出水平会维持在原有消费水平一段时间，只有在收入下降持续较长时期时，消费支出水平才会缓慢地向下调整。

无论是示范效应还是棘轮效应，都使得消费者的消费支出水平的波动性小于收入的波动性，存在某种黏性，在一定程度上解释了“消费函数之谜”。

二、持久收入假说

持久收入假说（Permanent-income Hypothesis）是由美国芝加哥大学的米尔顿·弗里德曼（Milton Friedman）在1957年出版的《消费函数理论》一书中提出来的。弗里德曼对凯恩斯的论证提出了质疑，他指出人们对于预期内的收入和意外的、没有预料的收入，其支出方式是不同的。在“鲁滨逊经济”中，如果鲁滨逊只生产一种易腐、难以保存的产品时，当期的生产量决定了他当期的消费量，鲁滨逊无法进行消费的跨时期调整，即不可能通过减少当期消费、增加储蓄而使未来消费增加。在现代社会中，由于消费者人数众多，许多产品容易在较长时期保存，再加上资本市场较为完善，消费者通过借贷可以使当期消费超过收入，也可以通过储蓄将收入留在以后时期消费。弗里德曼认为当期消费取决于“正常”收入或个人预计一生中所能获得的平均收入。他将这种正常收入或平均收入称为持久收入，即理性的消费者对其预期的收入形成一种想法，并据此作出消费决策，即使在某一时期收入出现意外增加，消费支出水平也保持不变或增加

---

① 参见[美]詹姆斯·K.加尔布雷思、小威廉·戴瑞提：《宏观经济学》，孙鸿敞、刘建洲译，经济科学出版社1997年版，第100—102页。

较少。弗里德曼认为收入的持久性变动对消费有重要的影响，而暂时性变动的影响是微不足道的，只有持久收入变化时，消费支出才会变化。

根据持久收入假说，弗里德曼提出下列理论模型。他将收入分为两部分，持久性收入和暂时性收入。人们在安排自己的消费支出时不是根据短期的收入，而是根据持久的收入。即理性的消费者为了实现效用最大化，是根据长期中能维持的收入水平作出消费决策。暂时性收入变动只有在能影响持久性收入时才会影响消费支出水平。则消费函数可表示为：

$$C_t = a + bY_t^P + cY_t^T \qquad \text{（式 3.10）}$$

其中，C_t 为现期消费支出，b 为持久收入的边际消费倾向，c 为暂时性收入的边际消费倾向，Y_t^P 为现期持久收入，Y_t^T 表示现期暂时收入。

弗里德曼认为持久收入的边际消费倾向 b 相对较大，是决定消费支出的重要方面，而暂时性收入的边际消费倾向 c 则要小得多，消费者往往将暂时性收入的大部分作为储蓄积累起来而不是消费掉。

弗里德曼运用适应性预期的概念来说明消费者如何确定持久性收入。持久性收入是在较长期中可以维持的稳定的收入流量。一般情况下，人们是根据过去的持久收入水平与现期收入来估算自己的实际收入的。

$$Y_t^P = Y_{t-1} + \theta(Y_t - Y_{t-1}) = \theta Y_t + (1-\theta)Y_{t-1}, \ (0 < \theta < 1) \qquad \text{（式 3.11）}$$

其中，Y_t^P 为持久性收入，Y_t 为现期收入，Y_{t-1} 为前期收入，θ 为权数。

上式说明持久收入等于前期收入和两个时期收入变动的一定比率之和，即等于现期收入和前期收入的加权平均数。权数 θ 的大小取决于人们对未来收入的预期，这种预期是根据过去的经验进行修正的基础上得到的，称为适应性预期。如果人们认为前期与后期收入变动时间会较长，θ 就大；反之，如果认为前期与后期收入变动时间较短，θ 就小。不过，弗里德曼理论中存在一些缺陷，主要是预期形成的机制基于适应性预期，而不是理性预期。持久性收入是消费者对未来收入的预测和判断，而形成持久性收入又是过去经验的积累，是由过去收入决定的，对未来的判断并没有进入消费函数，从而限制了持久收入假说的说服力。

根据持久收入公式，可以得到如下消费函数：

$$\begin{aligned} C_t &= a + b[\theta Y_t + (1-\theta)Y_{t-1}] + cY_t^T \\ &= a + b\theta Y_t + b(1-\theta)Y_{t-1} + cY_t^T, \ (0 < \theta < 1) \end{aligned} \qquad \text{（式 3.12）}$$

这种消费函数既解释了消费函数的短期波动，又解释了长期消费函数的稳定性。在长期中，持久性收入是稳定的，因此消费函数是稳定的。暂时性收入变动通过对持久性收入变动的影响而影响消费，所以，短期中暂时性收入变动会引起消费波动。

三、生命周期假说

生命周期假说（Life Cycle Hypothesis）是美国麻省理工学院的弗兰科·莫迪利安尼（Franco Modigliani）和艾伯特·安多（Albert Ando）提出来的。生命周期假说的主要贡献是强调了消费支出与个人生命周期阶段之间的关系以及收入与财产积累之间的关系。莫迪利安尼和安多指出，人们的消费方式是根据整个生命周期来计划的，他们不仅支出当期的收入，也支出其过去积累的收入，人们是在收入波动较大的情况下，根据生命周期状况来平滑自己的消费，使其消费稳定。

如图 3.7 所示，可以将一个人的生命周期划分为三个大的阶段：幼年求学时期（指没有工作、没有收入的时期）、成年时期（指工作并获得较多收入的时期）、老年时期（指退休收入较少或者没有收入的时期）。从三个生命周期阶段的收入来看，经历了没有收入、有收入到少量收入的过程，波动较大。那么如果按照绝对收入假说，一个人只有在成年时期有收入才会有消费支出，显然这是荒谬的。对于个人来说，在整个生命周期中为了维持生存都需要消费，消费是持续发生的。在生命周期的第一阶段，消费者依靠借贷来满足消费需要。第二阶段有工作有收入以后，除了满足当期消费需求，一方面要偿还第一阶段的借贷，另一方面则要为以后退休生活谋划，留出足够的储蓄以满足退休时消费的需要。第三阶段，则是负储蓄阶段，消耗第二阶段积累的财富。

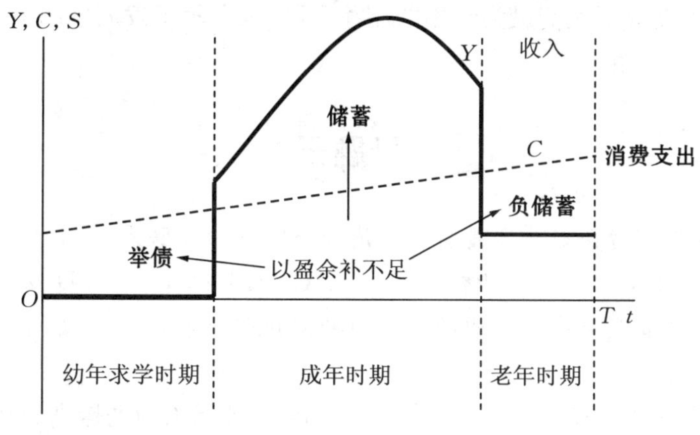

图 3.7　生命周期假说

当然，从现实经济中来看，第一阶段往往是由父母来供养，第二阶段的消费者则要供养已经处于老年阶段的父母，并养育下一代，以备将来自己处于老年阶段时子女供养自己。事实上，这种情形是在代际之间收入的平滑，供养父母相当于偿还幼年求学阶段的借贷，而抚养子女则是为了将来自身处于老年阶段的储蓄形式。

莫迪利安尼和安多认为，从整个经济社会来看，当期消费支出是依赖现期收入、预期未来收入还是以往储蓄，其相对重要性取决于人口的年龄构成与收入分配的性质。假设 T 为某消费者的预期寿命，N 为其全部工作年限，t 代表年龄，那么生命周期范围内的平均收入 $AY=\frac{C \cdot L}{N}$ 等于其平均消费支出量。W 代表积累的财富存量，是以往储蓄的积累，莫迪利安尼和安多提出如下的消费函数：

$$C_t = aW + cAY \tag{式 3.13}$$

其中，$a=\frac{1}{T-t}$，是消费者还可生存年数的倒数，例如预期寿命为 80 年，消费者现年 40 岁，则 $a=\frac{1}{80-40}=0.025$。$c=\frac{N-t}{T-t}$，是消费者还可工作的年数与其还可生存的年数之比，若某消费者 60 岁退休，现年 40 岁，那么，可得 $c=\frac{60-40}{80-40}=0.5$，当消费者已经退休时，$c=0$。

生命周期假说的理论意义在于，当出现收入的意外增加时，能够增加储蓄，积累财富，但并不会使消费产生多大的影响，即如果政府采取某些政策暂时性地增加人们的收入，对整个经济的推动作用可能并不大。生命周期理论也预示了在发展中国家，由于社会保障体系尚未建立，或者建立的时间较短，资本市场不发达，生儿育女成了人们最为常用的储蓄手段，也揭示了发展中国家人口较为快速增长的经济理由。

习题三

1. 凯恩斯消费函数主要是将家庭消费与(　　)相联系。

A. 当前收入　　B. 利率　　C. 未来收入　　D. 永久性收入

2. 莫迪利安尼和安多提出的生命周期假说强调在(　　)之间，储蓄使消费均匀化的作用。

A. 农业收成好坏　　B. 经济周期的高峰期和衰退期

C. 工作时期和退休时期　　D. 永久性收入和暂时性收入

3. 总消费支出随着当前收入的波动而波动的原因之一是( )。

A. 当前收入高时,家庭延迟购买耐用品

B. 当前收入低时,家庭更快地购买耐用品

C. 当前收入高时,家庭仅仅购买非耐用品

D. 当前收入低时,家庭延迟购买耐用品

4. 根据持久收入假说,当人们预期未来收入水平提高时,( )。

A. 增加其消费　　B. 对其消费的影响不确定

C. 对其消费没有影响　　D. 增加其储蓄

5. 边际消费倾向与边际储蓄倾向之和( )。

A. 大于1的正数　　B. 小于2的正数

C. 等于零　　D. 等于1

6. 影响消费支出的因素有哪些? 各因素与消费支出间的关系如何? 试结合日常家庭消费支出予以说明。

7. 一般而言,储蓄与利率呈反方向变动关系,那么如何解释我国有一段时期利率降低时储蓄水平反而节节升高的现象。

8. 试结合持久收入假说和生命周期假说,说明预期对人们消费支出的影响。

第四章

投资理论

持有一项资产像是拥有一棵摇钱树，这棵树每年能够源源不断地为你带来收入，比如每年100元，你愿意为它付多少钱？你会说，这棵树能活多少年（资产寿命）？树会生病吗（风险和不确定性）？每年要为树施肥、浇水吗（维持成本）？这正是企业在投资时要考虑的主要问题。

——题记

学习目标

通过本章的学习，你应当能够：

1. 理解宏观经济学中的投资概念，掌握决定投资的主要因素；
2. 理解资本边际效率概念，熟悉投资量的决定与资本边际效率的关系；
3. 掌握投资函数表达的经济关系；
4. 掌握投资的加速原理；
5. 了解固定资产投资和存货投资的基本特点。

投资支出是宏观经济学关注的最重要问题之一，主要是因为投资支出具有极强的易变性，是引起经济周期性波动的关键因素。投资支出也是一个经济社会长期生产能力得以提高的重要活动，同时也是政府采取政策影响宏观经济的关键环节。本章在介绍投资的基本概念的基础上，分析投资函数，进而研究收入变动造成投资大幅度变动的加速原理。

第一节　概　　述

一、宏观经济学中的投资概念

在实际经济生活中，投资往往既指购买金融资产的行为，也指购买实物资产的行为，而且一想到投资，人们通常将其与股票投资、债券投资联系起来。比如，我们常说某人“投资”购买了某某股票1万股，某人在国债市场上投资，等等。在宏观经济学中，投资涉及的是实物资本的变化，简单地说是指物质资本存量的增加或替换。

投资既然反映的是物质资本存量的变化，那么它就是一个流量的概念，反映的是一定时期内资本存量的变化状况。对于资本存量来说，现实经济生活中有三种类型，与此对应的就有三种投资类型：(1)决定一个社会生产能力的最重要的资本存量是经济中存在的厂房等居住建筑物和构筑物，机器设备等固定资本，与此对应的投资称为固定资产投资(Fixed Investment)；(2)第二种类型的资本存量是企业中的原材料、半成品和未销售的产品，即企业中的存货资本，对应的称为存货投资(Inventory Investment)；(3)第三种类型的资本存量是住宅建筑物，与此对应的投资称为住宅投资(Investment in Residential Structures)，如图4.1所示。

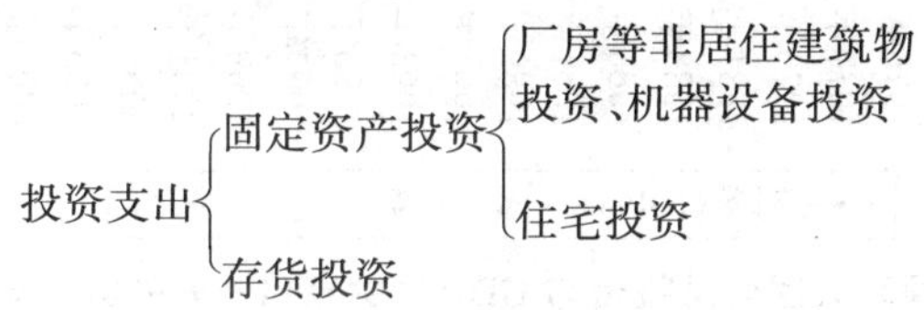

图4.1　投资支出的分类

现代消费理论指出消费支出是一个以人们的持久性收入为自变量，在家庭整个生命周期内的收入和财富为基础的，从长期来看是相当稳定的。而投资就显得有些动荡不定，短期内变化相当大。基于投资变量的这一特性，因此它普遍地被人们看作是引起经济周期波动的一个重要变量。图4.2绘出了以自然对数方式表示的美国从1969年到2011年私人国内总投资与GDP间关系的变化情况，左侧维度度量的是GDP的对数值，右边纵轴表示总投资的对数值。图中黑粗线为总投资随时间的变化，可见投资的波动性远大于GDP。根据对数度量的特点，图中黑粗线出现几处负斜率的阶段，表明这时的投资增长率为负，总投资是下降的。

图4.3给出了美国从1969年到2011年总投资、固定资产投资、住宅投资和存货投资占GDP百分比变化情况，从中可见各类投资的波动性非常大，而且都是顺周期的变量。

对于投资的波动性还可以通过与消费支出进行比较来分析，见图4.4。从图中可见，从1945年二战结束以后，消费占GDP的比例处于相当稳定的态势，均值65.4%，标准差为1.2%。而总投资占GDP的比例波动幅度则大得多，占GDP的比重最低点约2%，最高点约20%，均值为14.3%，标准差为7.7%。

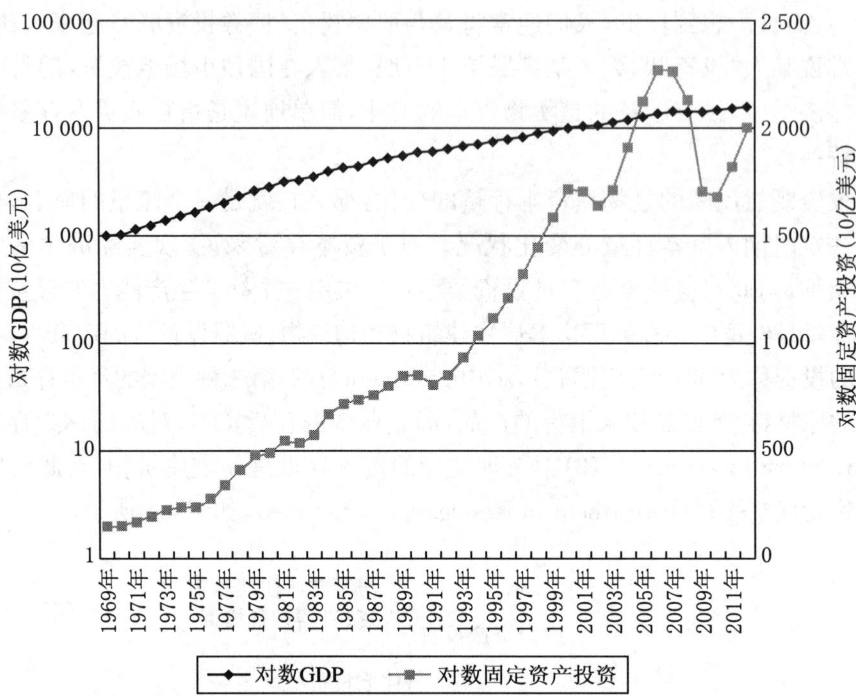

图 4.2 美国私人国内总投资与 GDP 的关系(1969—2011 年,对数度量)

资料来源:美国商务部经济分析局,www.bea.gov。

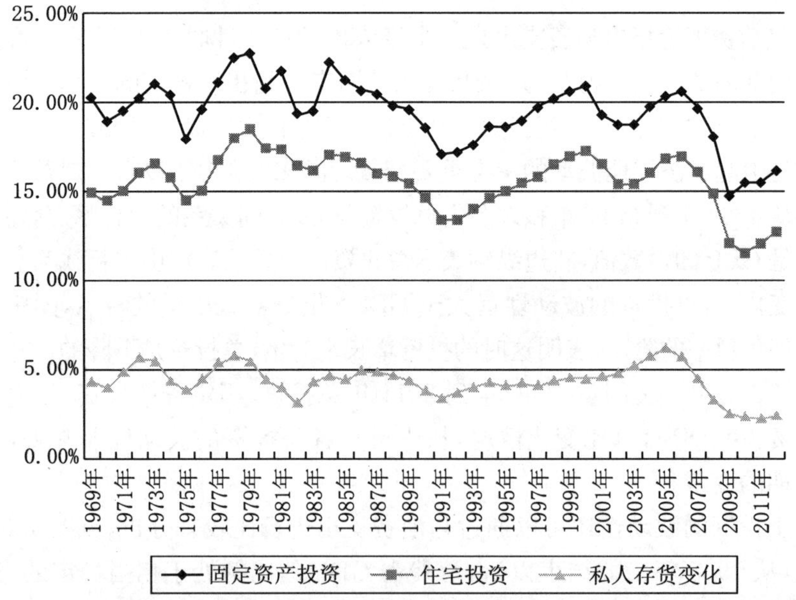

图 4.3 美国总投资、固定资产投资、住宅投资和存货投资占 GDP 百分比变化

资料来源:美国商务部经济分析局,www.bea.gov, 1969—2011 年。

从三种投资类型来看,存货投资的波动性比固定资产投资和住宅投资的波动性更大。其均值为0.55%,标准差为1.3%,固定资产投资均值为13.7%,标准差为0.4%,住宅投资均值为4.1%,标准差为0.16%。这种状况可以从图4.3和4.5中明显看出。

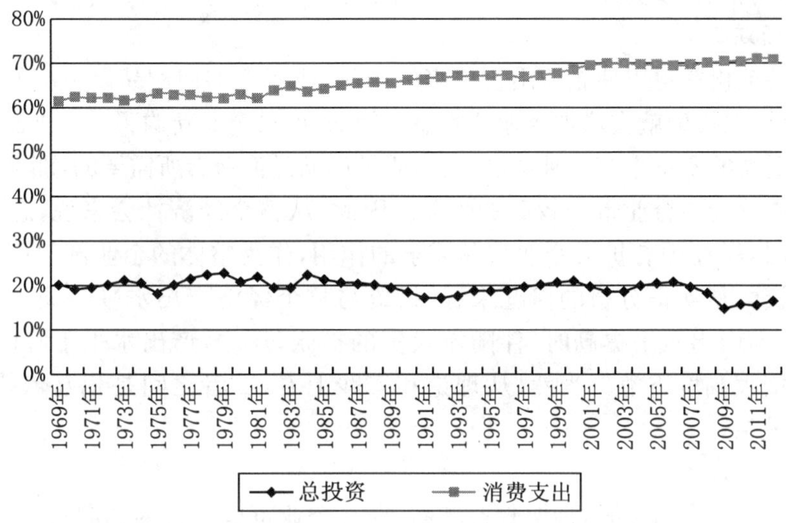

图4.4 美国消费支出和总投资占GDP百分比变化(1969—2011年)

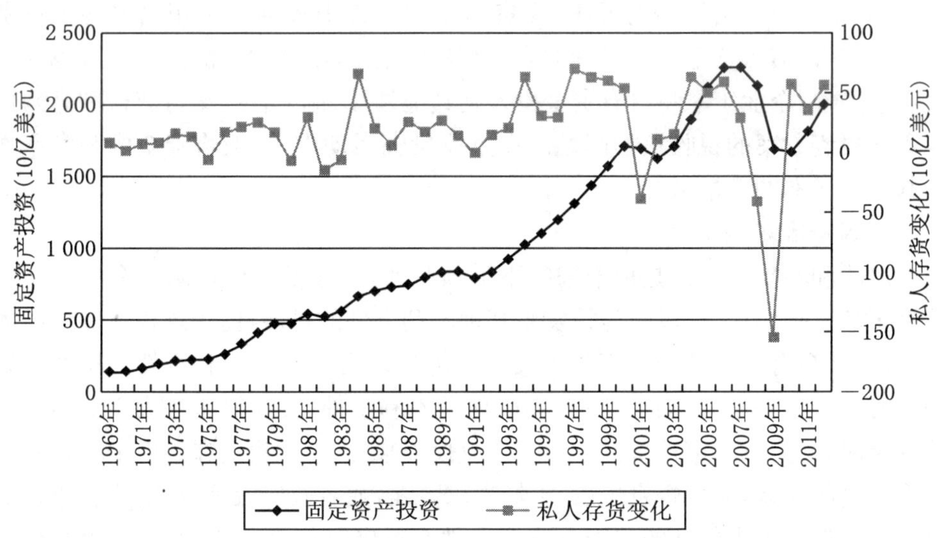

图4.5 美国固定资产投资和存货投资的变化(1969—2011年)

资料来源:美国商务部经济分析局,www.bea.gov。

二、决定投资的主要因素

企业进行投资的基本目的在于预期可以获得利润，只有在预期的收益大于其投资成本时，企业才会进行投资。因此，决定投资的主要因素不外乎以下三个方面：预期收益、投资成本、风险和不确定性。

1. 预期收益

当一项投资可以使企业出售更多的产品，或者能够使产品以更高的价格出售，那么该项投资就会增加企业的收益。例如，如果企业新购买一台机器能够使企业以更高的质量生产某种产品，而高质量产品是消费者所需要的，那么购买机器的投资就会为企业带来较高的收益。因此，从整个经济社会来说，总产出水平较高时，潜在地有扩大企业产品需求的作用，作为整体的企业部门就有动机增加投资。从实证分析的情况来看，投资与整个经济产出水平呈现十分密切的关系，当产出水平提高时，伴随着投资的扩张；反之，产出水平下降时，往往出现投资大幅度下滑。当然，从理论和实践上看，二者之间是相互依赖、相互作用的关系。

2. 投资成本

当投资成本给定时，预期收益越高，那么企业可以获得的利润水平越高，企业越愿意进行投资。由于投资是一项面向未来的活动，其成本的计算要复杂的多，企业不仅要付出初始的成本，在资本使用过程中还会发生相当多的维持费用，还要考虑借入资金进行投资的利息（从机会成本的角度看，自有资金也要考虑利息，否则企业宁愿将自有资金投入到其他领域，例如存在银行获得利息），以及不同投资方案的税收负担问题。在企业投资活动中，一般将资金的利息率作为其投资成本的度量指标。

3. 风险和不确定性

风险和不确定性都是指未来的不可预测性，到底发生何种结果在事先是无法确定的。具体而言，风险是指发生某种不利事件的可能性，当这种可能性越大时，意味着会有更大的概率遭受损失。经济学认为当发生不利事件的概率可以衡量时，称为风险事件，而当到底发生何种不利事件、发生概率的大小如何也无法确定时，称为不确定性事件。对于企业投资来说，一项投资在当前来看可能会带来较高的收益，但投资发生后，市场需求萎缩，或者政府政策改变，或者投资的维持成本超过预先估计的水平。这些事件在投资时都是无法确定的，由此会影响企业的投资意愿和投资水平。

第二节　资本边际效率与投资的决定

一、资本的未来收益贴现率与资产的现值

要理解投资，必须首先理解资本存量是如何决定的，而确定合意的资本存量又离不开对资本的未来收益贴现的分析。下面首先介绍资本的未来收益贴现的问题。直观上看，涉及未来收益时，人们对它的评价要低于当前的同等收益。其中的主要原因有三点，一是未来收益具有风险或不确定性，二是存在着利息因素，三是以货币来考虑，存在通货膨胀的可能性。这样同一单位的资本(或资金、货币等)在不同时点的价值是不同的，因而需要运用一定的方法进行调整，以使几种不同的投资方案间具有可比性。

人们拥有一项资产意味着可以在资产的寿命期内连续不断地获得一定的收入流，由于在未来获得一定的收入，需要等待一定的时间，不能马上满足当前的需要，因此，人们会要求对这种"等待"进行一定的补偿，或者说，人们对当前的收益赋予一个较大的权重，而对未来的收益赋予一个较小的权重，随着获取收益的时间越来越远，权重越来越小。这一现象反映了人们对于收入或货币的不同时间偏好，称之为货币的时间价值(time value of money)。

银行的利率水平反映了社会上一般的时间偏好状况，当利率水平低于人们的偏好水平时，人们就不愿意存款获取利息收入；反之，当利率水平高于人们的偏好水平时，人们就会愿意将货币存入银行以获取利息收入。例如，某人拥有100元的货币，存入银行，假设银行的存款利率为10%，一年后，该人可以获得本利和共110元，其中100元是本金，10元是利息，这10元利息就可以看作是该人让渡资金的使用权获得的收入，即为100元货币一年的时间价值。通常各项资产都是以货币来表示的，在资产使用中发生的成本、获得的收益等的时间价值都可以统称为货币的时间价值。运用货币的时间价值概念就可以把不同时点上的成本和收益折算到同一个时点上，便于进行投资决策分析。

理解货币的时间价值涉及两个概念，一个是未来值(future value，简称FV)，一个是现值(present value，简称PV)。一项资产或一笔货币的未来值有两种形式，一种是单利，另一种是复利。所谓单利每一个计息期末支付一笔利息，利息在下一个计息期不作为本金，即不再计算利息。因此，在单利情况下，每一个计息期支付的利息都是相同的。这一点可用表4.1来说明，表中本金为100元，利率为10%，4年中每年年末支付一次利息，本金和利息之和(简称本利和)见表中第4列。

表 4.1 计息期为 4 年、利率为 10%的单利 单位:元

期间	本金	利息	本利和
1	100	10	110
2	100	10	120
3	100	10	130
4	100	10	140

用 P 表示本金,r 表示利率,N 表示期间,F_N表示到第 N 年底的本利和,可以表示为:$F_N=P+r\cdot P\cdot N=P(1+rN)$。

复利是指每一个计息期计算一次利息,利息计入到本金中在下一个期间同样计算利息,随着计息期数的增加,利息是递增的。用上例中的数据,本金为 100 元,利率为 10%, 4 年中每年年末支付一次利息,本金和见表 4.2。

表 4.2 计息期为 4 年、利率为 10%的复利 单位:元

期间	本金	利息	本利和
1	100	10	110
2	110	11	121
3	121	12.1	133.1
4	133.1	13.31	146.41

用字母表示,就是:

第 1 年末本利和:$F_1=P+r\cdot P\cdot 1=P(1+r)$

第 2 年末本利和:$F_2=P(1+r)+r\cdot P(1+r)=P(1+r)^2$

第 3 年末本利和:$F_3=P(1+r)^2+r\cdot P(1+r)^2=P(1+r)^3$

第 4 年末本利和:$F_4=P(1+r)^3+r\cdot P(1+r)^3=P(1+r)^4$

因此,我们可以得出在初始本金和利率给定时,以复利计算若干期间末未来值的一般公式:$F_N=P(1+r)^N$。

上述公式中的系数$(1+r)^N$一次支付未来值系数(single payment compound amount factor)。当每期的利率不同时,上述公式就要变化为:

$$F_N=P(1+r_1)(1+r_2)\cdots(1+r_{N-1})(1+r_N)$$

式中,r_1, r_2, …, r_{N-1}, r_N 表示各期不同的利率。

未来值反映了在利率给定时,一定的初始本金在未来的数量,如果将这个过程反过来,我们又可以得到一个应用更为广泛的关于货币时间价值的概念,即现值概念。简言之,现值是指未来的一定的货币量(或收入量)的现在价值。

如果我们将以复利计算的未来值的一般公式的两边同除以 $(1+r)^N$,可得:

$$P=\frac{F_N}{(1+r)^N} \qquad \text{（式 4.1）}$$

式中，P 为现值，$\frac{1}{(1+r)^N}$ 称为一次支付现值系数(single payment compound present worth factor)，即当利率为 r 时，未来 N 期以后的每 1 元货币折算到当前的价值为 $\frac{1}{(1+r)^N}$。这里的利率 i 也可以称为折现率、贴现率，可以理解为预期收益率和预期回报率。

当各期的折现率不同时，一次支付的现值计算公式就要调整为：

$$P=\frac{F_N}{(1+r_1)(1+r_2)\cdots(1+r_{N-1})(1+r_N)} \qquad \text{（式 4.2）}$$

上述现值公式只反映了一次性货币收入的现值。在实践中，一项资产往往在较长的时间内使用，并连续不断地获取收益，该项资产的现值不仅仅涉及一期收入的折算，还要考虑未来多期的收入折算问题。对多期收入现值的折算有一个非常方便的工具，就是现金流量图。在现金流量图中，用一个向上的箭头表示一项现金流入(收入、收益)，一个向下的箭头表示一项现金流出(支出、成本)，用一条水平线代表时间变化，每一条箭线上注出收入或支出的款项，如图 4.6 所示。一般分析现金流量时采用期末惯例，即把每项收入或支出都看作是在一期的期末得到或付出。这是一种简化的假设，实际收入或支付可能发生在期初、期中或一期中的任何时点。当期间较短时，我们可以忽略其中的差别；而当期间较长时，可以运用一定的方法进行调整。例如，收入或支付较为均匀时，可以将收付视为发生在期中，当期间较长时，还可以将期间再行划分，划分为更短的期间来进行分析。这类简化并不影响投资分析的精确度。

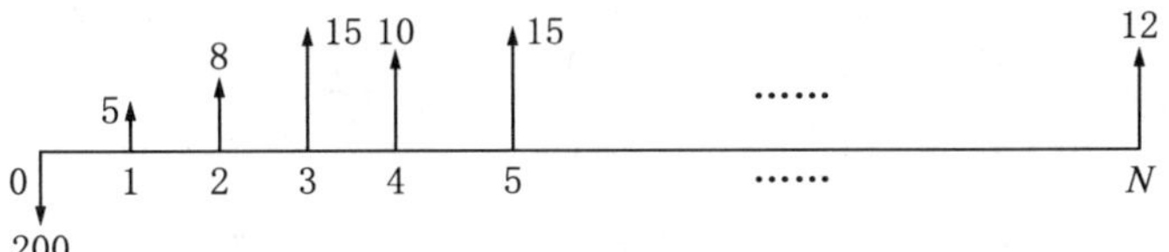

图 4.6　现金流量图

当一项资产有多期的收入或支出时，收入计为正的现金流，支出计为负的现金流，现值计算的最一般公式可以表示为：

$$P=\frac{A_1}{1+r_1}+\frac{A_2}{(1+r_1)(1+r_2)}+\frac{A_3}{(1+r_1)(1+r_2)(1+r_3)}+$$

$$\cdots+\frac{A_{N-1}}{(1+r_1)(1+r_2)\cdots(1+r_{N-1})}+\frac{A_N}{(1+r_1)(1+r_2)\cdots(1+r_N)}$$

（式 4.3）

式中，A_1，A_2，…，A_{N-1}，A_N 分别表示每一期获得的收入或支付的费用，r_1，r_2，…，r_{N-1}，r_N 表示各期的利率或折现率，不同的下标表示各期收付及折现率是不同的。例如，对于第 3 期的 A_3 收入折算的思路是，先把 A_3 收入按 i_3 折现率折算到第 2 期期末，然后按 i_2 折现率折算到第 1 期期末，再按 i_1 折现率折算到现在，因此，A_3 收入折算到现在的现值公式就是：

$$\frac{A_3}{(1+r_1)(1+r_2)(1+r_3)}$$

当每期收益或净收入以及利率 i 保持不变时，其现值的公式就是：

$$P=\frac{A}{1+r}+\frac{A}{(1+r)^2}+\cdots+\frac{A}{(1+r)^{N-1}}+\frac{A}{(1+r)^N}$$

$$=A\left[\frac{1}{1+r}+\frac{1}{(1+r)^2}+\cdots+\frac{1}{(1+r)^{N-1}}+\frac{1}{(1+r)^N}\right]$$

上式两边同乘以 $(1+r)$，可得：

$$(1+r)P=A\left[1+\frac{1}{(1+r)^1}+\cdots+\frac{1}{(1+r)^{N-2}}+\frac{1}{(1+r)^{N-1}}\right]$$

两式两边同时相减，可得：

$$(1+r)P-P=A\left[1-\frac{1}{(1+r)^N}\right]$$

$$rP=A\left[1-\frac{1}{(1+r)^N}\right]$$

$$P=\frac{A}{r}\left[1-\frac{1}{(1+r)^N}\right]$$

系数 $\frac{1}{r}\left[1-\frac{1}{(1+r)^N}\right]$ 称为等额序列支付现值系数。

例如，某厂商购买了一台机器，该机器可以使用 10 年，每年可以产生净收入 1 000 元，当折现率为 10%时的现值为多少？

解：代入公式 $P=\frac{A}{r}\left[1-\frac{1}{(1+r)^N}\right]$，

可得：$1\,000\times\frac{1}{10\%}\left[1-\frac{1}{(1+10\%)^{10}}\right]=6\,144.567$ 元

同样，如果将上述现值公式反转过来，可以求解出当现值为 P、折现率为 r 时，每期应产生的收入量 A 的大小。其计算公式就是：

$$A=\frac{rP}{\left[1-\frac{1}{(1+r)^N}\right]}=P\left[\frac{r(1+r)^N}{(1+r)^N-1}\right]$$

其中，系数 $\left[\frac{r(1+r)^N}{(1+r)^N-1}\right]$ 称为资金回收系数。在本息等额摊还的抵押贷款中，这一系数就是每贷款 1 元每期的还款额。例如，某人向银行申请 10 万元的抵押贷款，利率为 12%，贷款期为 10 年，则每月还款额为：

$$100\,000\times\left[\frac{\frac{12\%}{12}\left(1+\frac{12\%}{12}\right)^{10\times 12}}{\left(1+\frac{12\%}{12}\right)^{10\times 12}-1}\right]=1\,434.709\text{ 元}$$

二、资本边际效率

根据上述分析，若已知一项资产未来的收益，并已知贴现率，即可求出该项资产的现值。同样，若已知未来的收益及现值就可以求出贴现率，资本边际效率(Marginal Efficiency of Capital，MEC)就与资产未来收益的贴现率有关。

按照凯恩斯的定义，宏观经济学中的资本边际效率等于一个贴现率，用这个贴现率将该资本资产的未来收益折为现值，则该现值恰好等于该资本资产之供给价格。所谓供给价格并不是在市场上购置该资产所付之市场价格，而是能满足厂商增产该资产一新单位所需的价格，因而资本资产的供给价格，有时被称为资产的重置成本(Replacement Cost)。通俗地说，MEC 是指企业计划一项投资时预期利润按复利方法计算的利润率，它取决于预期的未来收益和购置资本资产的成本。

MEC 随着投资量的增加而递减，它是一条自左向右下方倾斜的曲线，如图 4.7 所示，其中 K 表示资本量。这是因为，随着投资的增加，资本存量增加，一方面资本资产的成本会增加，即生产的边际成本提高，生产同样一台机器的成本会递增；另一方面，随着资本存量增加，由该资本资产所生产的产品的供给增加，价格下降，从而预期收益会减少。凯恩斯认为，MEC 随投资增加而递减，在短期内主要由于资本物成本上升，在长期内主要在于资本存量的大量积累。

我们以一个数字例子来说明资本量是如何决定的。假定原有资本存量为 100 亿元，假设在整个投资项目寿命期内投资成本、收益和市场利率不变。企业面对 10 个投资项目，各项目投资总额、每万元投资的年收益、年市场利率(我们

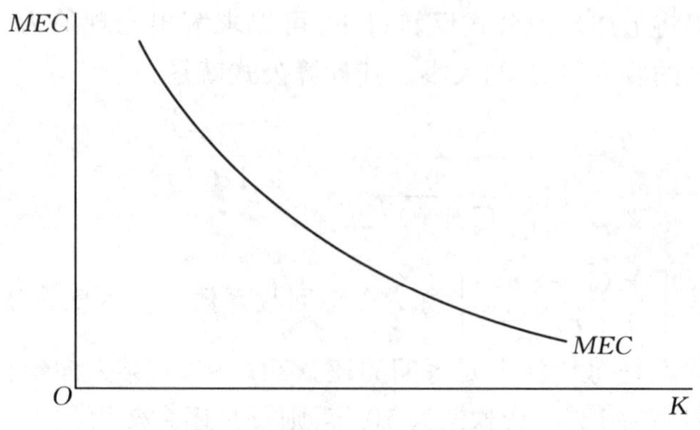

图 4.7　资本的边际效率曲线

假设 3 种市场利率水平，分别为 15%、10%和 5%）、项目的年预期利润和利润率如表 4.3 所示。

表 4.3　资本存量决定的假设例子　　单位：万元；%

投资项目	投资额	每万元投资年收益	每万元投资年成本			每万元投资年利润			每万元投资利润率		
			15%	10%	5%	15%	10%	5%	15%	10%	5%
A	200	600	1 500	1 000	500	−900	−400	100	−9.0%	−4.0%	**1.0%**
B	300	980	1 500	1 000	500	−520	−20	480	−5.2%	−0.2%	**4.8%**
C	500	1 100	1 500	1 000	500	−400	100	600	−4.0%	**1.0%**	**6.0%**
D	1 400	1 000	1 500	1 000	500	−500	0	500	−5.0%	**0.0%**	**5.0%**
E	2 100	1 200	1 500	1 000	500	−300	200	700	−3.0%	**2.0%**	**7.0%**
F	3 420	2 000	1 500	1 000	500	500	1 000	1 500	**5.0%**	**10.0%**	**15.0%**
G	800	1 600	1 500	1 000	500	100	600	1 100	**1.0%**	**6.0%**	**11.0%**
H	600	1 800	1 500	1 000	500	300	800	1 300	**3.0%**	**8.0%**	**13.0%**
I	900	2 300	1 500	1 000	500	800	1 300	1 800	**8.0%**	**13.0%**	**18.0%**
J	360	540	1 500	1 000	500	−960	−460	40	−9.6%	−4.6%	**0.4%**

为简化问题，上表没有直接计算资本的边际效率，而是计算净利润率，在这里资本的边际效率等于市场利率加上净利润率，这时的净利润率也可以称为投资杠杆率。从表中可以看到，当市场利率水平为 15%时，项目 F、G、H 和 I 的净利润率为正，即投资收益减去投资成本有正的利润，这些项目在年利率为 15%时会被企业选择，当投资资金受到限制时，企业会按净利润率从大到小选择投资项目。这里假定不存在投资资金受限的问题，那么企业会投资这些项目，总投资额为 5 720 万元。同样，当市场利率为 10%时，总投资额为 9 720 万元，只有 A、B、J 没有被选择，市场利率为 5%时，总投资额为 10 580 万元，所有 10 个

项目都会被投资。

由此可以得出如下结论：当某项目资本边际效率大于市场利率时，企业将进行该项目投资。投资量随着市场利率降低而增加，直到某一投资增量的 *MEC* 与利息率相等为止。

为进一步说明资本边际效率与资本存量决定问题，表 4.4 给出了按投资项目的资本边际效率从高到低排列表。表格第四列是如果对应投资项目投资后资本存量的累积量（没有考虑折旧问题），其含义是当市场利率高于 23%时，没有一个项目会被投资，当市场利率小于 23%大于 20%时，只有项目 I 会被投资，进一步当市场利率大于等于 10%时，项目 I、F、H、G、E、C 会被投资。而项目 D 处于投资与不投资无差别的临界点。因此，随着市场利率下降，纳入投资的项目会越来越多，从而累积的资本存量也会越来越大。上述分析可以用图 4.8 和图 4.9 表示。

表 4.4　资本边际效率与资本存量

投资项目	项目投资额	投资项目的资本边际效率	资本存量(亿元)
I	900	0.23	100.090
F	3 420	0.2	100.432
H	600	0.18	100.492
G	800	0.16	100.572
E	2 100	0.12	100.782
C	500	0.11	100.832
D	1 400	0.1	100.972
B	300	0.098	101.002
A	200	0.06	101.022
J	360	0.054	101.058

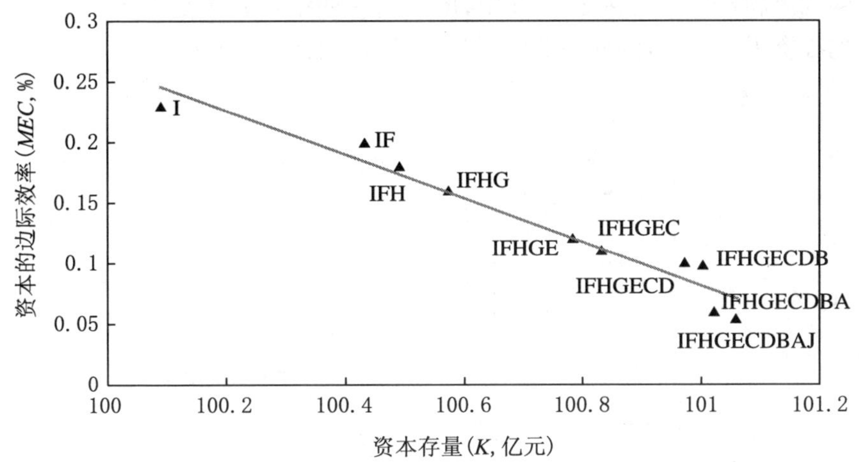

图 4.8　资本边际效率与资本存量关系图

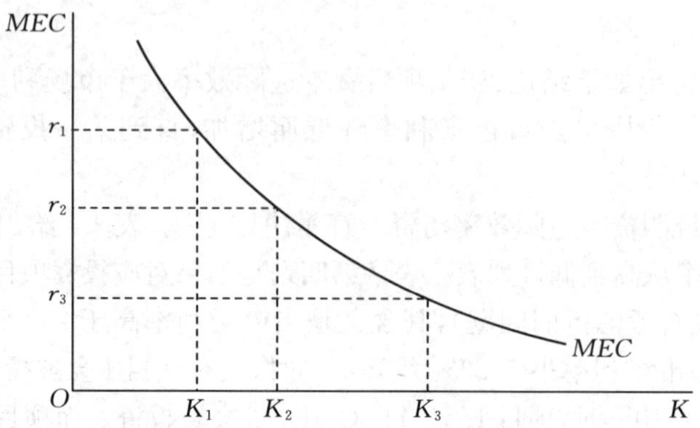

图 4.9　资本边际效率和资本存量的决定

一旦根据资本边际效率和市场利率决定了资本存量水平,那么给定期间的投资水平也就可以决定。对应的概念是投资边际效率(Marginal Efficiency of Investment, MEI),与资本边际效率概念相似,它也是一个贴现率,只不过对应于相应的投资流量。根据资本与投资的概念,设 K_t 为当期资本存量,K_{t-1} 为上一期资本存量,I_t 为当期投资,那么有如下关系:

$$K_t = K_{t-1} + I_t$$

$$I_t = K_t - K_{t-1}$$

由 $K_t = K_t(r)$、$K_{t-1} = K_{t-1}(r)$

那么有,$I_t = K_t - K_{t-1} = K_t(r) - K_{t-1}(r) = I_t(r)$,即投资也是利率的函数,给定一个市场利率水平,就可以得出相应的投资量,绘出投资边际效率曲线(MEI)。

在图 4.9 中,我们可以得到:利率为 r_1 时,资本量为 K_1,相应的投资量 $I_1 = K_1 - K_0$;当利率为 r_2 时,资本量为 K_2,投资量为 $I_2 = K_2 - K_1$,以此类推,将相应的利率和投资量绘在图 4.10 中,由于这一曲线反映了随着市场利率变化,企业的投资需求水平,因此该曲线就是投资需求曲线。

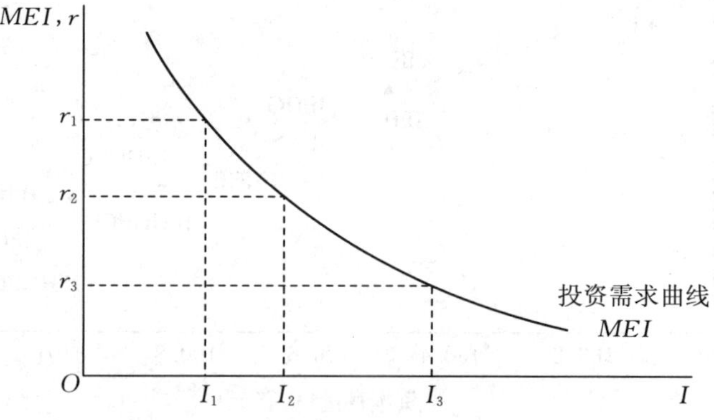

图 4.10　投资边际效率和投资量的决定

三、投资函数

根据前面的分析，投资量取决于投资边际效率与利息率，那么，在资本边际效率给定条件下，投资量取决于利率。投资函数记为 $I=I(r)$，两者呈反方向变化，利率越低，投资量越大。

在宏观经济学的一般分析中，为了简化通常将投资函数看作线性函数，其具体函数形式是：

$$I=e-dr \tag{式 4.4}$$

其中，e 表示自发性投资，即不依赖于利率的投资量；d 表示利率对投资的影响参数；负号表示利率与投资间的反方向变动关系。

e 的经济含义是相当明显的，因为影响投资的因素有很多，除了分析的预期收益、投资成本、风险和不确定性以外，还有折旧率、折旧方法、税法、通货膨胀率、企业家信心等因素。因此，e 实质上代表了除利率外所有影响投资的因素。例如，当企业家对未来的信心加强，则 e 值变大，表现为整条投资曲线向右上方移动，见图 4.11，投资曲线从 I_0 移动到 I_1。又如，如果目前税法不利于投资，将投资顺延一段时间有利可图时，会减少投资量，投资曲线向左下方移动，在图 4.11中从 I_0 移动到 I_2。

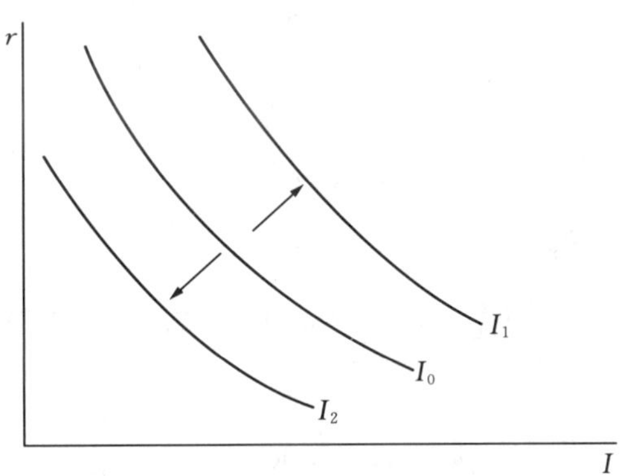

图 4.11　投资曲线的移动

d 值的经济含义是投资对利率变动的敏感程度，即当利率变化一个百分点，投资会变化 d 单位，d 值愈大，表明投资对利率越敏感；反之，则越不敏感。d 值的大小不同对政府采取宏观经济政策的效力会产生重大的影响。例如，d 较小时，政府采取的降低利率，促进投资的政策就不会奏效；反之，则会对经济产生较大的影响。

第三节　投资的加速原理

一、资本—产出比率

投资是经济中最为活跃的因素，它较小量的变化会引起均衡国民收入多倍的变化，这一点在后面章节关于乘数原理的分析中会详细介绍。另一方面，收入或销售额的较小变化同样会引起投资水平大幅度变化，而且只要收入增长速度放慢也会造成投资大幅度下滑。因此，研究投资与收入间的关系显得异常重要。这里首先介绍投资的加速原理。

当产品需求增加引致产品生产扩大时，为了增加产量，企业需要扩大生产能力，这样就要求企业进行投资，以补充资本存量的不足（当企业存在剩余生产能力时，则是充分利用其剩余生产能力），这样资本存量的变化即投资受到产量、收入或销售额变化的影响。为分析这一问题，宏观经济学提出了资本—产出比率概念。设 α 为资本—产出比率，K 为资本，Y 为产量、收入或销售额。则有：

$$\alpha=\frac{K}{Y}$$

在此基础上，我们定义加速数，如果产量变动引起资本存量变动一直保持不变，那么，可得：

$$K_{t-1}=\alpha Y_{t-1}$$

$$K_t=\alpha Y_t$$

两式上下相减，可得：

$$K_t-K_{t-1}=\alpha(Y_t-Y_{t-1})$$

这样，有：

$$I_t=\Delta K_t=K_t-K_{t-1}=\alpha\cdot\Delta Y_t \quad（式 4.5）$$

上式反映了当产量增加 ΔY_t 时，必须相应增加投资 I_t，α 表达了投资要按这一倍数与产量变化量的乘积增加，才能生产出相应的产量来。

在第二章中我们指出，当本期资本存量为 K_t，上期资本存量为 K_{t-1}，折旧率为 δ，折旧（重置投资）为 $D_t=\delta K_{t-1}$，总投资为 I_{gt}，则有如下关系：

$$K_t=K_{t-1}+I_{gt}-\delta K_{t-1} \quad（式 4.6）$$

那么，净投资 $I_{nt}=K_t-K_{t-1}=I_{gt}-\delta K_{t-1}$；

那么，总投资 I_{gt} 可以写成：$I_{gt}=I_{nt}+D_t=\alpha\cdot\Delta Y_t+\delta K_{t-1}$。

进一步，如果在考察的 t 时期还有剩余生产能力 X_t，则有：

$$I_{gt}=I_{nt}+D_t=\alpha\cdot\Delta Y_t+\delta K_{t-1}-X_t \qquad \text{(式 4.7)}$$

二、加速原理

下面分析加速原理，为简化起见，假定在考察的 t 时期没有剩余生产能力，即 $X_t=0$，而且假定技术水平稳定，加速数在各期保持不变。在此基础上，用表 4.5 的数字例子说明加速原理。

表 4.5 加速原理的数字例子

时期	产量	产量变化率	资本存量 $\alpha=1$	重置投资（折旧）	净投资	净投资变化率	总投资	总投资变化率
t_1	100	—	100	5	—	—	5	—
t_2	105	5.00%	105	5	5	0.00%	10	100.00%
t_3	125	19.05%	125	5	20	300.00%	25	150.00%
t_4	200	60.00%	200	5	75	275.00%	80	220.00%
t_5	280	40.00%	280	5	80	6.67%	85	6.25%
t_6	300	7.14%	300	5	20	−75.00%	25	−70.59%
t_7	300	0.00%	300	5	0	−100.00%	5	−80.00%
t_8	280	−6.67%	280	5	−20	—	0	−100.00%

表 4.5 中第 1 列表示时期，分别从 t_1 期到 t_8 期；第 2 列表示每期产量，从第 t_2 期产量开始增加(增加的具体原因在后面章节说明)；第 3 列是产量变化率；第 4 列为根据资本产出比率、加速数计算的资本存量，这里加速数为 1；第 5 列为重置投资，假定每期均为 5 单位；第 6 列为净投资，根据本期资本存量与上期存量的差异得到，即 $I_t=\alpha\cdot\Delta Y_t$；第 7 列为净投资变化率；第 8 列为总投资，等于重置投资加上净投资，即第 5 列加上第 6 列；第 9 列为总投资变化率。从表中可见，产量从 t_1 的 100 提高到 t_2 的 105，提高了 5%，总投资提高了 100%，进一步产量从 t_2 的 105 提高到 t_3 的 125，提高了 19.05%，总投资提高了 150%。而当产量从 t_4 的 200 提高到 t_5 的 280，产量提高幅度由上期的 60%下降到本期的 40%，总投资则从 220%的增长率下滑到仅增长 6.25%。在随后几期，产量增长率为正时，总投资增长率变成负值。图 4.12 绘出了产量、净投资和总投资变化的在各期的状况。从图 4.12 中可见，总投资和净投资的变化幅度明显要超过产量的变化率，这实际上就是加速原理的含义，即产量的少量变化会带来投资的大幅度变化。

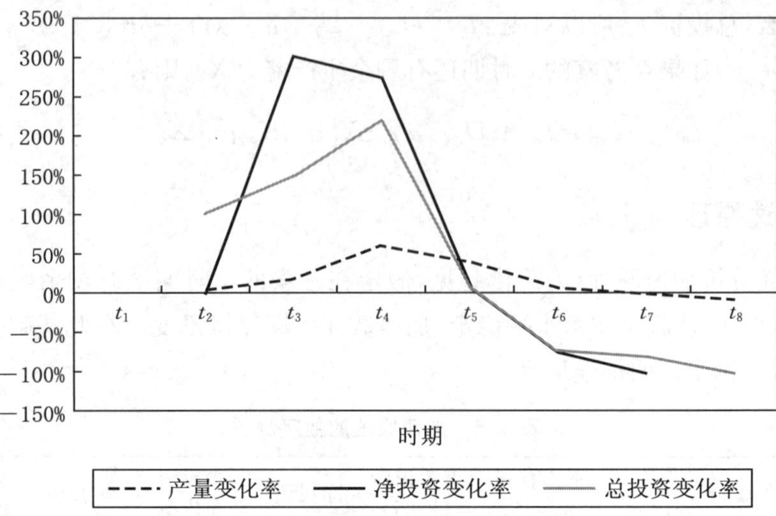

图 4.12　产量、净投资和总投资的变化

结合上面的数字例子，我们可以提出如下几点结论：

第一，投资不是产量或收入的绝对量的函数，而是产量或收入变化率的函数。即使产量增长率下降了，也会使投资增长率出现更大幅度的下降。

第二，投资的波幅大于产量的波幅，产量较小的变动会带来投资较大的变动。

第三，如果投资维持增长的态势，必须使产量以递增的速度增加，即增长率不断提高，否则也会造成投资增长率下降甚至变为负值，产生经济衰退。这也是现代经济周期理论中"增长性衰退"一词的主要含义。

第四，加速的含义是双重的，换言之，当产量增长时，投资加速增长，当产量减少时，投资也会出现加速减少。在图 4.12 中，t_5期以后，产量增长速度放慢，投资加速下降。

第五，上述模型并未考虑剩余生产能力问题，如果存在剩余生产能力，在产量增长时，企业会首先利用剩余生产能力，只有生产能力处于满负荷状态时，加速效应才会发生作用。

第四节　固定资产投资和存货投资

一、固定资产投资的新古典模型

研究企业固定资产投资的主要模型是新古典模型，主要是从企业拥有资本的收益和成本的角度来考察的，说明了投资水平或资本存量的变化与资本的边际产量和利率联系在一起。

为分析方便起见，一般假设企业通过租赁市场获得资本，考察资本租用成本与收益间的关系。当企业实际上是自行购买资本使用时，都能够用租用成本来度量企业持有资本的真实成本，原因是当自行拥有资本时，如果收益小于向外出租的收益，那么企业还不如将其租赁出去。这种做法相当于将资本品完全购置价格分解成为租赁价格，其实质还是一样的。

在这种情况下，企业固定资产投资决策是考虑增加一单位资本所生产的产品的价值(即资本的边际产品价值)是否超过资本的实际租用成本，企业将持续增加投资，直到资本的边际产品价值等于资本的实际租用成本为止。

对于资本的实际租用成本，假设企业以名义利率 r 借入资金，使用资本一期的真实成本就是名义利率减去名义资本收益。考虑到物价水平可能变化，那么借款的真实成本就是预期实际利率 $R = r - \pi^e$，其中 π^e 表示预期通货膨胀率。此外，资本在使用过程中会磨损，包括物质磨损和精神磨损两类。因此，上述成本中还要考虑折旧成本，设折旧率为 δ，则实际租用成本就是 $c = R + \delta = r - \pi^e + \delta$。

当劳动等其他投入要素固定时，资本边际产品是递减的，当产品市场价格给定时，资本边际产品价值也是递减的，因此，当资本的实际租用成本较高时，资本存量较低，或者说只有较高的资本边际产品价值才能使企业有利可图；反之，资本存量较高。图 4.13 中的曲线 MPK 向右下方倾斜，图中当实际租用成本为 c_1 时，合意的资本存量为 K_1，而当实际租用成本下降到 c_2 时，合意资本存量增加到 K_2。

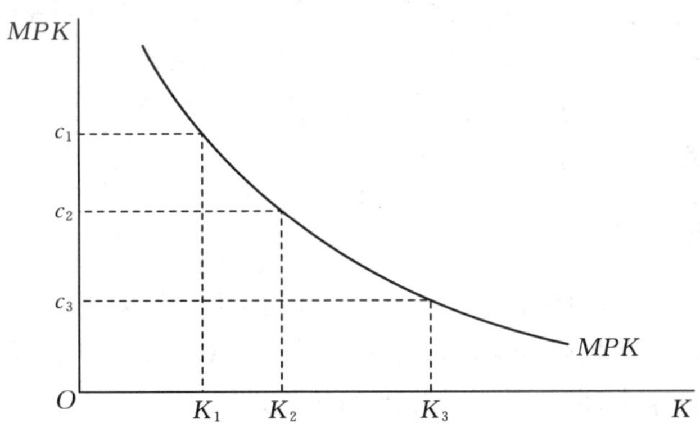

图 4.13　资本边际产品价值和合意的资本存量

这时，凡是影响资本边际产品价值的因素，都会使 MPK 曲线移动，从而改变合意资本存量水平。如图 4.14 所示，当技术水平提高，或者对所生产产品的需求增加，MPK 曲线向右上方移动，在实际租用成本为 c_1 时，合意资本存量从

K_1 增加到 K_1'。

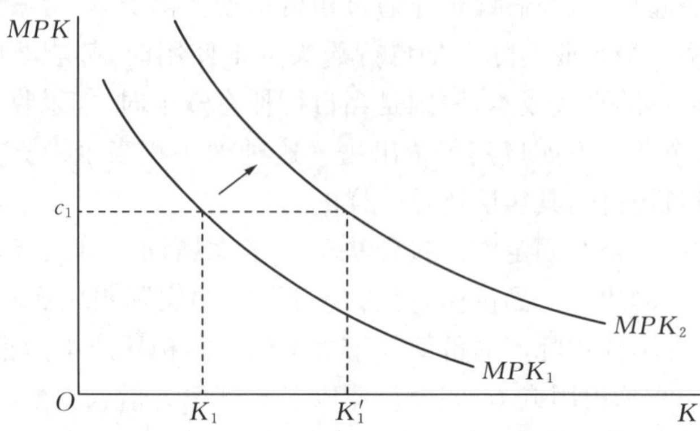

图 4.14　资本边际产品价值曲线移动对合意资本存量的影响

总结上述分析，合意的资本存量和实际租用成本、资本的边际产品价值的关系可以表示为：当 $MPK = c = r - \pi^e + \delta$ 时，这时对应的资本存量 K^* 就是合意的资本存量。

接下来我们考虑投资。如果原有资本存量大于合意资本存量，那么企业就不会投资，则经过一段时间折旧，原有资本存量会逐渐接近合意资本存量。如果原有资本存量小于合意资本存量，那么其中的差异部分就是企业要投资的量，设原有资本存量为 K_t，则投资 $I_t = K^* - K_t$，$K^* > K_t$。当投资可以瞬时完成时，只要原有资本存量小于合意资本存量，企业会马上将其调整到合意水平，不过，从实践中来看，投资不可能在瞬时完成，资本存量的调整需要经过一定时间，这样，每期投资将是差距的某个百分比(λ)，本期末投资为 $I_t = \lambda(K^* - K_t)$。一般而言，原有资本存量与合意资本存量之间的差距越大，企业的投资越快，以尽快达到合意水平。

二、存货投资

存货投资在一个经济社会中所占比重不大，不过对宏观经济的影响却比较重要；另一方面，存货投资变化状况也是衡量经济未来变化的重要先行指标。存货投资有三种基本类型：一是企业生产准备阶段的各种原材料存货；二是许多产品的生产不是在瞬时完成的，需要经过一定时间，处于生产过程中的半成品就成为存货的另一重要组成部分；三是生产过程结束，但尚未销售的产成品库存。企业持有存货也是对存货的成本和收益进行比较的结果。

具体而言，拥有存货会带来以下的利益：

(1) 预防不确定性，实现生产的平稳化。企业产品的销售往往不是平稳的，一段时期销售水平高，而另一段时期则销售量大幅下滑。例如，中国春节前许多产品的销售量大增，而春节以后产品滞销。这种情况下，如果按照销售状况进行生产，在销售水平高时，生产可能无法满足销售所需，产品脱销，而销售水平低时，生产能力的利用率又过低。通过持有存货，可以有效地平滑销售的波动性，在销售量小时，企业增加库存，而销售量大时，企业减少库存，从而使整个生产过程始终比较平稳。

(2) 实现经济生产批量。存货的另一种重要收益是满足生产中原材料、零部件的需要，按经济规模进行生产，从而节约成本。例如，钢铁厂要备有足够一段时间生产的铁矿石，最少要能够达到一高炉的冶炼量，高炉一旦点火，停产的损失巨大，假如只有供半高炉冶炼的铁矿石，即使进行生产，其成本也会很高。通过持有存货，企业可以有效地维持生产过程的连续性，这对于连续性生产过程的企业尤为重要。

(3) 实现经济购买批量。所谓经济购买批量是指一次采购的量越大，单位原材料、零部件所分摊的购买成本就越少，大批量购买能够订货次数，带来成本节约。对于许多采购活动而言，订购 1 000 件与 10 万件的成本相差无几，例如签订合同、验货、收货、采购人员出差费用等，不会因为采购量增加 1 倍，这些成本也增加 1 倍，往往采购量增加 1 倍，采购成本几乎不需要增加。

持有存货除了能够带来上述利益外，当然还要涉及存货成本，其主要包括：

(1) 存货资金占用成本。持有存货时，企业需要占用大量的资金，而资金的利息就是持有存货的机会成本，因此，企业持有存货也不是没有限度的，需要考虑资金的机会成本。

(2) 保管费用。存货要占据大量的空间，还有雇用相关人员进行管理，储存过程中还会有各种损耗，通常这些费用与存货量存在直接关系，随着存货量提高，这类费用呈上升态势。

一般而言，随着存货量提高，存货的边际收益递减，而边际成本上升，最佳存货水平取决于存货的边际收益等于边际成本之点。如图 4.15 所示，MR_I 表示存货的边际收益，MC_I 表示存货的边际成本，两条相交于 E 点，E 点对应的存货量为最优存货水平。

在宏观经济学中，一般将企业所确定的最优存货水平称为计划的(合意的)存货投资。在现实经济生活中，实际存货投资水平很可能偏离企业意愿水平，这时偏离计划存货投资的量称为非计划存货投资。一般地，当实际存货投资大于计划水平(合意水平)，称为非计划存货投资；当实际存货投资小于计划水平(合意水平)，称为非计划存货负投资。对于企业而言，当市场销售状况出乎意料地好时，企业存货水平会意外减少，小于合意的存货投资水平，那么这时企业会扩大生产；反之，当市场销售状况比企业预想的差时，企业存货会累积，超过其合意水平，那么下一个生产环节，企业会缩减生产。因此，存货投资的变化能够反映企业在下一生产环节是扩大生产还是缩减生产，对预测宏观经济的变动方向有着重要的指导意义。

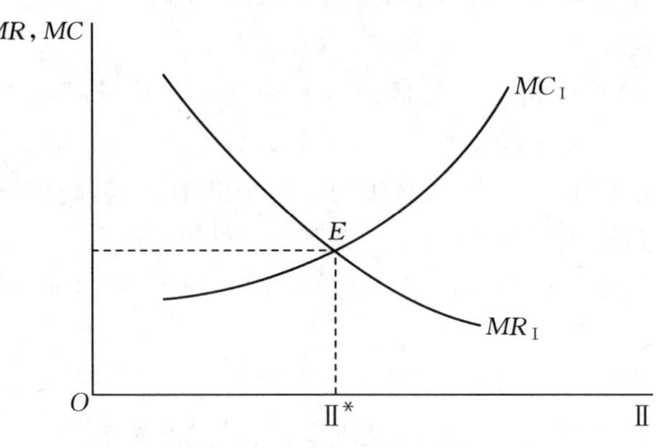

图 4.15　最优存货量的决定

习题四

1. 如果净投资大于零，则资本存量（　　）。

A. 增加　　B. 减少　　C. 不变　　D. 难以确定

2. 根据加速原理，引起净投资的原因是（　　）。

A. 产出增加　　B. 价格提高

C. 利率下降　　D. 成本提高

3. 总支出中最易变的组成部分是（　　）。

A. 出口　　B. 进口

C. 消费　　D. 投资

4. 存货投资包括（　　）。

A. 购买新机器　　B. 储存原材料

C. 购买厂房　　D. 购买债券

5. 假设名义利率为 15%，通货膨胀率为 10%，那么，实际利率是（　　）。

A. 25%　　B. 10%　　C. 5%　　D. 0%

6. 企业考虑进行一项投资，其资金的相关成本是（　　）。

A. 名义利率　　B. 实际利率

C. 通货膨胀率　　D. 名义利率减去通货膨胀率

7. 投资的加速原理的主要结论是什么？为什么在经济增长率为正的情况下还会出现衰退？

8. 影响投资的主要因素有哪些？试说明折旧方法对投资的影响。

9. 从投资的角度来看，当政府放开市场准入限制，各投资项目经风险调整后的收益率会有什么变化？社会一般报酬率水平会有何变化？

10. 投资最重要的特性是什么？对社会经济未来的发展有何影响？为什么经济学家对投资异常关注？

第五章
国民收入决定的收入支出模型

你是否见过这位善良的店主——詹姆斯"好人"先生生气的样子？当时，他那粗心的儿子不小心砸破了一扇窗户玻璃。如果你置身于这样的场合，你恐怕会看到这样的情景，围观者，怕有三五十人，都会异口同声如此这般地安慰这位不幸的店主："不论发生什么不幸的事，天下总有人会得到好处。人人都得过日子呀，如果玻璃老是不破，要玻璃工干什么呀。"……很不幸，就是这样的理论在指导着我们绝大多数的经济制度。

——巴斯夏，1850年，《看得见的与看不见的》

乘数原理有时就是这种理论的精致版本。

——题记

学 习 目 标

通过本章的学习，你应当能够：

1. 掌握国民经济中达到均衡所需要条件的来源及基本的推理过程；
2. 掌握两部门经济的收入支出模型；
3. 掌握乘数原理并能理解宏观经济中的扩散效应和连锁效应；
4. 掌握加入政府部门后的三部门经济的收入支出模型；
5. 理解三部门经济中各种乘数的由来及基本关系；
6. 了解四部门经济的收入支出模型。

收入支出模型是宏观经济学中最为简单的模型，既是研究一系列复杂的宏观经济现象的起点，也是理解各种宏观经济问题的基础。本章从简单到复杂依次介绍两部门、三部门和四部门经济均衡国民收入决定问题，并重点介绍了投资变动对收入产生多倍影响的乘数原理。

第一节　总需求与均衡产出和均衡收入

一、国民经济中的总需求

在本章中，先从最简单的宏观经济入手，只考虑产品市场，因此这时的均衡产出就等同于均衡收入，本章所称的均衡产出和均衡收入可以完全互换使用。假设货币市场是外生给定的，从而利率也由外在力量决定，投资也就成为一个外生变量。此外，本章主要研究宏观经济的短期情形，假定资本总量稳定，技术水平变化缓慢，因此总供给也是一个外生变量，只要有需求，经济社会就会以不变的价格提供相应的产品。在其后的章节中，我们会逐渐地放松这些假定，逐步接近实际经济。

总需求(Aggregate Demand, AD)是指整个经济社会中对产品和劳务的需求总量。在包含家庭、企业、政府和对外贸易部门的四部门经济中，总需求分为消费需求(消费支出，C)、投资需求(投资支出，I)、政府购买(G)和净出口需求(NX)。这时，总需求由下式决定：

$$AD = C + I + G + NX \qquad (式\ 5.1)$$

当经济中产出量等于总需求时，产出处于均衡水平，即当

$$Y = AD = C + I + G + NX \qquad (式\ 5.2)$$

满足时，整个经济处于均衡产出水平，这时的产出称为均衡产出或均衡收入。

当总需求与产出不相等时，企业的存货会出现意外的增加或减少，即出现非计划的存货投资或非计划的存货负投资。存货投资定义为：

$$IU = Y - AD \qquad (式\ 5.3)$$

当 $IU > 0$ 时，经济中产出大于总需求，出现非计划存货投资；当 $IU < 0$ 时，产出小于总需求，出现非计划存货负投资。

只要 $IU \neq 0$，经济就出现扩张或收缩，直到非计划存货投资为零，存货投资达到合意的水平为止，这时经济也达到均衡状态。

这里，需要注意两个问题。一是上面提到的消费、投资等是指计划消费、计划投资，或者称为意愿消费、意愿投资，是家庭想要有的消费量和企业想要有的投资量，都是事前值，与国民收入核算中的消费和投资概念不同。二是均衡概念，要理解为经济发展变化的方向、趋势，意味着当这种状态没有达到时，经济中

自发的力量会趋向这一状态，而当这种状态达到时，其他条件不变的情况下，经济主体没有动机改变这种状态。经济社会中的实际收入完全可能与均衡收入不同，但只要二者存在差异，经济中自发力量就会起作用，推动它回到均衡状态。

二、国民经济的均衡条件

在后面的分析中，依次从简单到复杂分析两部门经济、三部门经济和四部门经济的均衡国民收入决定的问题。其均衡条件如下所述。

两部门经济中，总需求由两项构成，即消费需求和投资需求，那么均衡条件可以表示为：$Y=AD=C+I$，或者简化为：$Y=C+I$。

从国民收入的流向来看，也由两项构成，即消费和储蓄，均衡收入表示为：$Y=C+S$。因此，两部门经济的均衡条件还可以等价地写成：

$$C+I=C+S \Leftrightarrow I=S$$

三部门经济中，总需求由三项构成，即消费需求、投资需求和政府购买，均衡条件可以表示为：

$$Y=AD=C+I+G$$

或者简化为：$Y=C+I+G$

从国民收入的流向来看，由三项构成，即消费、储蓄和税收，均衡收入表示为：$Y=C+S+T$。因此，三部门经济的均衡条件还可以等价地写成：

$$C+I+G=C+S+T \Leftrightarrow I=S+(T-G)$$

四部门经济中，总需求由四项构成，即消费需求、投资需求、政府购买和净出口需求，均衡条件可以表示为：

$$Y=AD=C+I+G+NX,\ Y=AD=C+I+G+X-M$$

或者表示为：

$$Y=C+I+G+X-M$$

从国民收入的流向来看，同样由三项构成，即消费、储蓄和税收，均衡收入表示为：$Y=C+S+T$。因此，四部门经济的均衡条件还可以等价地写成：

$$C+I+G+X-M=C+S+T \Leftrightarrow I=S+(T-G)+(M-X)$$

在简单国民收入决定模型中，常用图形的方式来说明，图示方面一般用45°线来表达均衡条件。45°线的优点在于这条线上的任何一点的横轴值和纵轴值都是相等的，当用横轴表示收入，纵轴表示总需求时，由总需求曲线与45°线的交点即可确定均衡产出(均衡收入)。

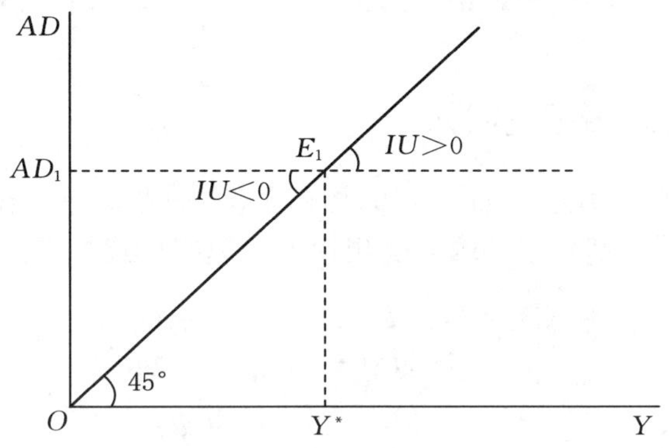

图 5.1 总需求与均衡收入

如图 5.1 所示,当总需求为 AD_1 时,总需求曲线与 45°线相交于 E_1 点,对应地,均衡收入水平为 Y^*。当实际收入水平超过 Y^* 时,$IU>0$,当实际收入水平低于 Y^* 时,$IU<0$。

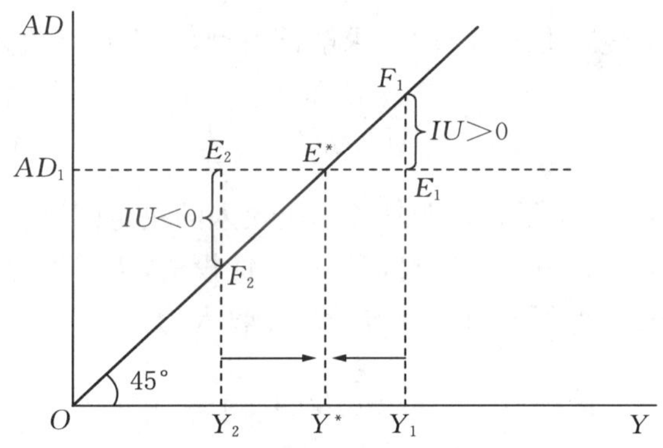

图 5.2 实际收入与均衡收入

在图 5.2 中,假定实际收入位于高于均衡收入的 Y_1,根据 45°线的特点,$F_1Y_1=OY_1$,实际收入大于均衡收入,即 $F_1Y_1>E_1Y_1$,出现了非计划的存货投资,在下一个生产环节,企业会缩减生产,实际收入向均衡收入 Y^* 靠近。另一方面,假定实际收入位于低于均衡收入的 Y_2,同样,根据 45°线的特点,$F_2Y_2=OY_2$,实际收入小于均衡收入,即 $F_2Y_2<E_2Y_2$,出现了非计划的存货负投资,企业存货出现意外减少,在下一个生产环节,企业会扩大生产,实际收入也向均衡收入 Y^* 靠近。可见,只要实际收入偏离了均衡收入,经济中自发力量必然驱使其回到均衡状态。

第二节　两部门经济的收入支出模型

一、消费函数与均衡国民收入

在两部门经济中，结合前面分析的均衡条件、消费函数和投资函数，我们可以构造在这种最简单情形下的收入支出模型。模型形式如下：

$$\begin{cases} Y = C + I & \text{均衡条件} \\ C = a + bY & \text{消费函数} \\ I = e - dr & \text{投资函数} \end{cases}$$

由于目前尚未考虑货币市场，把货币市场看作是外生给定的，因此这时的利率 r 也是一个给定的量，从而投资是一个外生变量，模型变为：

$$\begin{cases} Y = C + I & \text{均衡条件} \\ C = a + bY & \text{消费函数} \\ I = \bar{I} & \text{投资函数} \end{cases}$$

由于 a、b 为参数，$\bar{I}$是外生变量，求解该模型，可得均衡收入为：

$$Y^* = \frac{1}{1-b}(a + \bar{I}) \qquad \text{（式 5.4）}$$

下面用具体的数字例子来说明均衡国民收入的决定问题。假设某两部门经济的消费函数为 $C = 100 + 0.9Y$，投资为自发性投资，$I = 50$ 亿元，那么，代入上述均衡收入决定公式，可得这时该经济的均衡收入为：

$$Y^* = \frac{1}{1-0.9} \times (100 + 50) = 1\,500$$

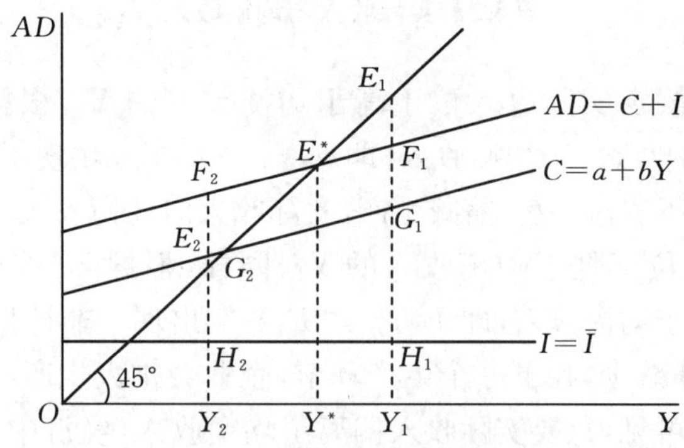

图 5.3　两部门经济中均衡国民收入的决定

如图 5.3 所示，先画出投资函数，由于投资是自发性投资，因此投资曲线是一条高度为$\bar{I}$的水平线。消费函数则是一条纵截距为 a、斜率为 b 的直线，由于 $0<b<1$，消费函数从 45°线的左侧穿过。将两条曲线纵向加总，即可得到总需求曲线 $AD=C+I$，它与 45°线相交于 E^* 点，那么，E^* 点对应的收入水平 Y^* 就是均衡收入。同样地，实际收入水平完全可能偏离均衡收入，如果实际收入高于均衡收入，例如为 Y_1。从图 5.3 中可见，$E_1Y_1=OY_1$，为实际收入，消费为 G_1Y_1，总需求为 F_1Y_1，$E_1Y_1>F_1Y_1$，因为实际收入反映了经济社会的实际产出，为社会的总供给，实际收入大于总需求，也意味着总供给大于总需求，$E_1F_1=IU_1>0$。于是，在下一期，经济呈现收缩的态势，向均衡收入靠近。同理，当实际收入水平小于均衡收入，为 Y_2 时，$F_2E_2=IU_2<0$，下一期经济将扩张，也向均衡收入靠近。

二、投资、储蓄和均衡国民收入

对于均衡国民收入决定还可以使用另一种等价的方法，即计划投资等于计划储蓄的均衡条件。这时，模型为：

$$\begin{cases} I=S & \text{均衡条件} \\ S=-a+(1-b)Y & \text{储蓄函数} \\ I=\bar{I} & \text{投资函数} \end{cases}$$

求解该模型，可得，均衡国民收入为：$Y^*=\dfrac{1}{1-b}(a+\bar{I})$，与前面的方法得出的结论是一样的。出现这种结果毫不奇怪，因为储蓄函数与消费函数互为补数，两者的和等于收入，储蓄函数正是由消费函数导出的。

使用投资等于储蓄条件决定均衡国民收入也可以用图形来表示，如图 5.4 所示。

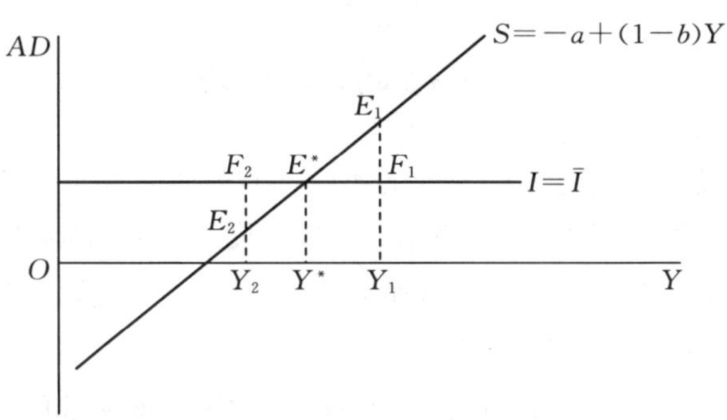

图 5.4　投资、储蓄和均衡国民收入的决定

与前面的方法类似，这时，均衡收入由投资函数和储蓄函数的交点 E^* 决定，该点所对应的收入就是均衡收入 Y^*。当实际收入大于均衡收入，为 Y_1 时，储蓄大于投资，投资代表总需求一方，储蓄代表总供给一方，因此，这种情况下总供给大于总需求，非计划的存货投资为正，下一期，企业将缩减生产，实际收入下降并向均衡收入靠近。同理，当实际收入小于均衡收入时，企业将扩大生产，实际收入再一次向均衡收入靠近，只有在均衡位置，实际收入才不再进一步变化。

三、两部门经济中均衡的比较静态分析

由于两部门经济是最为简单的一种情形，涉及的变量较少，从均衡收入表达式来看，引起均衡收入变动的主要因素有两个，即自发性消费 a 和自发性投资 $\bar{I}$。假如自发性消费提高，这时除了收入以外的其他影响消费支出的因素中某一个发生变化，引起消费支出水平提高，会使消费函数向上平移。在图 5.5 中表现为消费函数从 $C_1=a_1+bY$ 移动到 $C_2=a_2+bY$，向上平移了 $\Delta a=a_2-a_1$ 单位，总需求从 $C_1+\bar{I}$ 增加到 $C_2+\bar{I}$，从而使均衡收入增加到 Y_2，增加了 $\Delta Y=Y_2-Y_1$ 单位。当自发性消费水平下降时，消费函数则向下平移，会造成均衡收入水平下降。

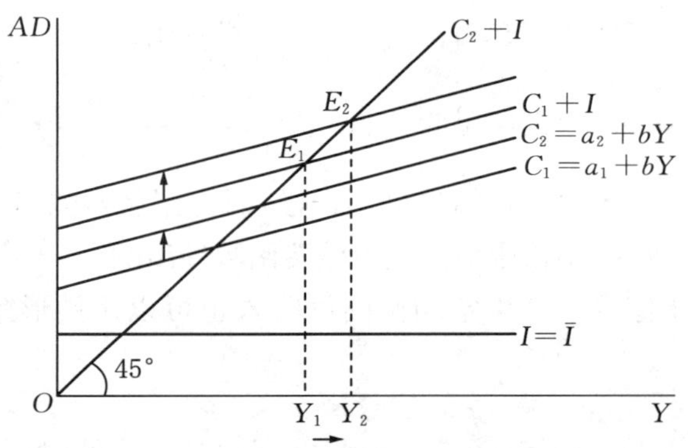

图 5.5 自发性消费变化所带来的均衡收入变动

自发性投资发生变化对均衡收入的影响与自发性消费变化产生的影响没有实质差别。当自发性投资增加，均衡收入增加；反之，则使均衡收入减少。在图 5.6 中，自发性投资从 $\bar{I}_1$ 增加到 $\bar{I}_2$，增加了 $\Delta\bar{I}=\bar{I}_2-\bar{I}_1$，从而均衡收入由 Y_1 增加到 Y_2，增加了 $\Delta Y=Y_2-Y_1$ 单位。

进一步考察前面的数字例子，假定其他条件不变，该两部门经济的消费函数由 $C_1=100+0.9Y$ 变为 $C_2=150+0.9Y$，自发性消费增加了 50 亿元，自发性投

资仍为 $I=50$ 亿元，那么，这时该经济的均衡收入为：$Y_2=\frac{1}{1-0.9}\times(150+50)=2\,000$，与消费函数变化前的均衡收入相比，增加了 $\Delta Y=2\,000-1\,500=500$ 亿元，与自发性消费相比增加了 10 倍 $\left(\frac{\Delta Y}{\Delta a}=\frac{500}{50}=10\right)$。

再假定某两部门经济的消费函数仍为 $C=100+0.9Y$，自发性投资从 $I_1=50$ 亿元增加到 $I_2=100$ 亿元，增加了 50 亿元，可得该经济的均衡收入为：$Y_2=\frac{1}{1-0.9}\times(100+100)=2\,000$，与自发性投资变化前的均衡收入相比，同样增加了 $\Delta Y=2\,000-1\,500=500$ 亿元，增加了 10 倍 $\left(\frac{\Delta Y}{\Delta \bar{I}}=\frac{500}{50}=10\right)$。

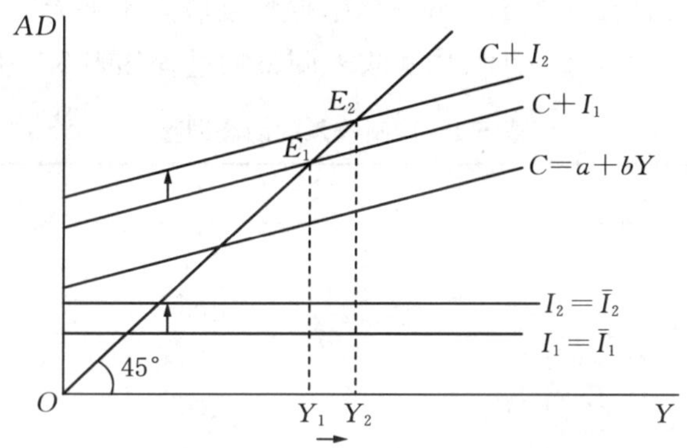

图 5.6　自发性投资变化所带来的均衡收入变动

上述比较静态分析只是考察自发性支出(自发性消费和自发性投资)变化前后均衡收入的变化情况，这种调整是瞬时发生的，没有考虑调整的时间过程，即自发性支出只要发生变化，均衡收入马上从原有位置跳跃到新均衡位置。实际上这种调整过程需要经过一定的时间过程，在下一节的动态模型中考察这种变化。此外，上述分析中收入变动是自发性支出变化的某个倍数，即支出的较少变化带来了收入的多倍变化，其中反映的就是乘数效应。

第三节　乘 数 理 论

一、国民收入决定的动态分析

为研究自发性支出变化后，均衡收入的调整过程，我们对上一节两部门经济的收入支出模型进行动态化，将本期消费看作是上期收入的函数，即消费函数调

整为 $C_t = a + bY_{t-1}$，t 表示本期，$t-1$ 表示上一期，那么两部门经济的收入支出模型调整为：

$$\begin{cases} Y_t = C_t + I_t & \text{均衡条件} \\ C_t = a + bY_{t-1} & \text{消费函数} \\ I_t = \bar{I} & \text{投资函数} \end{cases}$$

由上述模型可得关于收入的一阶差分方程：$Y_t = a + bY_{t-1} + \bar{I}$，该差分方程的通解是：$Y_t = \frac{1}{1-b}(a + I_t) + \left[Y_0 - \frac{1}{1-b}(a + I_t)\right]b^t$，其中 Y_0 为原均衡收入水平。

以数字例子来说明均衡国民收入的动态变化，假设消费函数为 $C_t = 100 + 0.9Y_{t-1}$，初始自发性投资为 $I_1 = 50$ 亿元，原均衡收入水平为 $Y_0 = 1\,500$，当自发性投资增加到 $I_2 = 100$ 亿元时，均衡收入调整的过程如表 5.1 所示。

表 5.1　均衡收入的动态调整

期次	C_t	I	Y_t
0			1 500
1	1 450	100	1 550
2	1 495	100	1 595
3	1 535.5	100	1 635.5
4	1 571.95	100	1 671.95
5	1 604.755	100	1 704.755
6	1 634.28	100	1 734.28
7	1 660.852	100	1 760.852
8	1 684.766	100	1 784.766
9	1 706.29	100	1 806.29
10	1 725.661	100	1 825.661
…	……	……	……
50	1 897.423	100	1 997.423

从表 5.1 中可见，均衡收入从 1 500 亿元向 2 000 亿元是逐渐调整的，到第 50 期，均衡收入为 1 997.423 亿元，基本上等于下一均衡状态的收入水平。图5.7 模拟了 50 期调整的基本路径。从图 5.7 中可见，在开始阶段均衡收入提高的速度较快，然后调整速度越来越慢。这一路径表明，投资在初始阶段的效应较大，随着时间的推移，投资对收入的影响开始衰减。

上述含义也可以从差分方程通解的各项来看，由于边际消费倾向 $0 < b <$

1，通解中的第二项 $\left[Y_0-\frac{1}{1-b}(a+I_t)\right]b^t$，随着 t 越来越大会趋向于零。在极限上，均衡收入趋向 $\frac{1}{1-b}(a+I_t)$，这正是新的均衡收入水平。

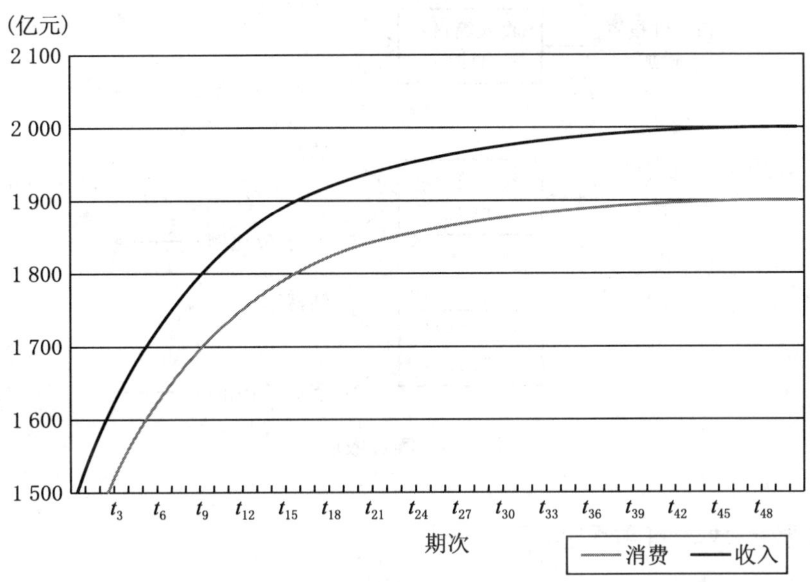

图 5.7　均衡收入的动态调整

二、乘数的含义

上述数字例子中，当自发性支出（自发性消费和自发性投资）增加 50 亿元，均衡国民收入提高 500 亿元，国民收入的增加量是自发性支出的 10 倍，反映了支出的乘数效应。

支出乘数定义为均衡收入变动量与支出变动量的比率。若以 ΔY 表示均衡收入变动量，$\Delta\bar{I}$、Δa 表示自发性支出的变动量，则支出乘数可以表示为：

$$K_I=\frac{\Delta Y}{\Delta\bar{I}}\text{ 和 }K_a=\frac{\Delta Y}{\Delta a}$$

前者一般称为投资乘数，后者称为自发性消费乘数。

乘数效应的逻辑依据如图 5.8 所示。在图 5.8 中，当自发性投资增加时，投资购买投资品，这些支出以工资、利息、租金和利润等生产要素报酬形式转化为家庭的收入，这是收入的第 1 轮的增加。家庭获得这些收入后按边际消费倾向将其分解为储蓄和消费，消费支出增加，从而带来消费品生产行业的产品销售增加，进而又形成生产要素所有者的收入，这是收入的第 2 轮的增加，这一过程持续进行下去，带来国民收入一轮轮地增加。正是国民经济中的扩散效应和连锁关系，使初始投资增加带来国民收入的多倍变化。

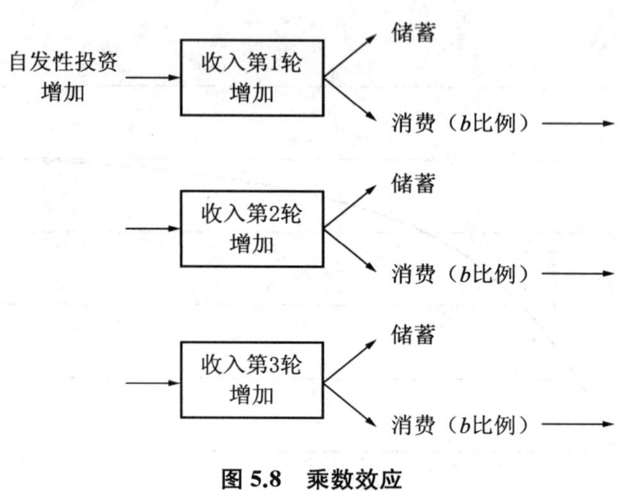

图 5.8　乘数效应

三、乘数的数学推导和图解

我们先用数字例子推导乘数的基本公式，在此基础上用参数来推导。沿用上面的例子，则边际消费倾向 $b=0.9$，为简化起见，假定边际消费倾向始终不变。当投资从 50 亿元增加到 100 亿元，增加 50 亿元时，第 1 轮国民收入增加 50 亿元，家庭将其分解为 45 亿元的消费（$50\times0.9=45$）和 5 亿元的储蓄（$50\times0.1=5$），45 亿元的消费又会带来 45 亿元的收入，家庭再将其分解为 40.5 亿元的消费和 4.5 亿元的储蓄，形成 40.5 亿元的收入，这一过程持续进行下去。将每一轮收入增加加总起来，可得收入总的增加量为：

$$\Delta Y=50+45+40.5+36.45+\cdots+\cdots$$

上式可以写成：

$$\Delta Y=50\times0.9^0+50\times0.9^1+50\times0.9^2+\cdots+50\times0.9^n\cdots$$

这是无穷递减等比数列在等比（$b=0.9$）为小于 1 的正数时的和，这一和值是收敛的，可得：

$$\Delta Y=\frac{50\times0.9^0}{1-0.9}=\frac{1}{1-0.9}\times50=500$$

式中，50 为初始投资的增加量，那么上式还可改变为：

$$K_I=\frac{\Delta Y}{\Delta \bar{I}}=\frac{500}{50}=\frac{1}{1-0.9}=10$$

如果我们以参数形式表达上面的分析过程，初始投资变化量用 $\Delta \bar{I}$ 表示，可得：

$$\Delta Y=\Delta \bar{I}\cdot b^0+\Delta \bar{I}\cdot b^1+\Delta \bar{I}\cdot b^2+\cdots+\Delta \bar{I}\cdot b^n\cdots$$

$$\Delta Y=\frac{\Delta \bar{I}\cdot b^0}{1-b}=\frac{1}{1-b}\times\Delta \bar{I}$$

即

$$K_I=\frac{\Delta Y}{\Delta \bar{I}}=\frac{1}{1-b}=\frac{1}{1-MPC}=\frac{1}{MPS} \qquad (式\ 5.5)$$

上式后半部分是对乘数公式的扩展，反映了两部门经济中投资乘数等于1减边际消费倾向的倒数，由于边际消费倾向与边际储蓄倾向互为补数，因此投资乘数还可表示为边际储蓄倾向的倒数。

图5.9是乘数效应的图示。如图中当投资从 I_1 增加到 I_2，总需求曲线从 $C+I_1$ 向上平移到 $C+I_2$。收入按下述方式调整：收入为 Y_1 时，投资增加到 I_2，经济移动到 A 点所示的位置，出现了非计划的存货负投资，总需求大于总供给，下一期收入增加到 Y_3，即45°线上点 B 位置，这一轮收入增加带来了消费水平提高，经济向 C 点移动，总需求仍然大于总供给，收入进一步上升，这一过程持续下去，直到收入达到新均衡水平 Y_2。

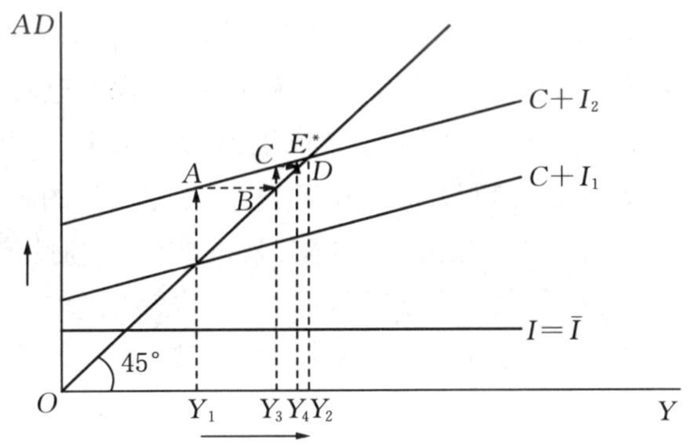

图5.9　乘数效应图示

乘数效应的大小也可以从图形中反映出来。在图5.10中，两条总需求曲线的垂直距离即为投资的变化量 $\Delta \bar{I}$，等于 E_2F_1 线段，收入的变化量等于 E_1F_2 线段，根据45°线的性质，也等于 E_2F_2 线段，因此，乘数值就等于 $\frac{E_2F_2}{E_2F_1}$，由于

$E_2F_2 > E_2F_1$，因此可得乘数值大于1。进一步，从图5.10中可见，当边际消费倾向b较大时，总需求曲线较为陡直，E_2F_2与E_2F_1相比更长，因此，乘数值会更大，这与前面数学推导公式中得到的结论是一致的。

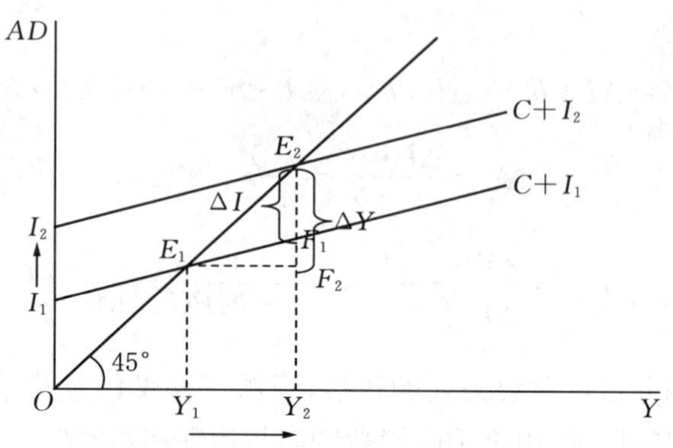

图5.10　乘数效应大小的图解

第四节　三部门和四部门经济的收入支出模型

一、引入政府部门

两部门经济虽然可以得出不少宏观经济运作的基本原理和结论，但毕竟只考虑了家庭和企业部门的行为，现实经济生活中政府越来越重要，对经济生活的影响也越来越大。例如，我国2011年政府财政收入已经超过10万亿元，占GDP的比例达22%。美国2011年政府财政收入超过4万亿美元，占GDP的比例超过27%；政府支出超过5.4万亿美元，占GDP的比例更达到36%。因此，政府已经成为一国国民经济中不容忽视的主体。与此同时，现代政府又被赋予了调控宏观经济，保持国民经济持续健康发展的重担，政府会根据宏观的发展状况有意识地进行主动干预，因此，在宏观经济模型中必须考虑政府因素。

考虑了政府部门的经济，我们称为三部门经济，政府从财政上对经济的影响主要体现在财政收入和支出方面。政府收入主要包括税收和各种非税收入，前面已经介绍过，按税收的性质一般分为直接税和间接税，二者主要区别在于前者无法转嫁，付税人就是税负人，而后者可以全部或部分向外转嫁，付税人通常不是税负人。按税率来划分，可以分为定额税、比例税、累进税和累退税等。至于税种则较为复杂，一般可以根据税基进行分类，主要针对人口、财产、收益、消费、交易行为、所得与利得等确定。

政府支出一般可以分为三大类，即行政支出、公共投资支出和转移支付。其中行政支出和公共投资支出也称为公共消费和投资，也是在国民收入核算中所称的政府购买。行政支出主要包括维持政府的正常运转方面的支出，警察、卫生、教育等方面的支出，公共投资支出主要是政府为社会公共利益而建设道路、桥梁、隧道、公益设施等方面的支出。转移支付主要是社会保险、公债利息、失业救济金等方面的支出。表 5.2 列出了美国 2000 年和 2011 年的政府收入和支出的简况，及各个收入支出项目在整个收入和支出中所占的比例。

表 5.2　美国的政府收入和支出(2000 年和 2011 年)　　单位：10 亿美元

	2000 年	比例	2011 年	比例
收　　入	3 132.4	100.00%	4 086.1	100.00%
当前税收收入	2 202.8	70.32%	2 863.5	70.08%
个人所得税	1 232.3	39.34%	1 398	34.21%
生产和进口税	708.6	22.62%	1 097.9	26.87%
公司利润税	254.7	8.13%	351.8	8.61%
来自国外的税收	7.3	0.23%	15.9	0.39%
来自政府社会保险收入	709.4	22.65%	923.8	22.61%
资产收入	118.8	3.79%	141.7	3.47%
利息和杂项收入	117.4	3.75%	120.8	2.96%
红利	1.4	0.04%	20.9	0.51%
当前转移收入	92.3	2.95%	183.7	4.50%
来自企业(净值)	43.6	1.39%	94.8	2.32%
来自个人	48.8	1.56%	88.9	2.18%
当前政府企业盈余	9.1	0.29%	−26.5	−0.65%
支　　出	2 906	100.00%	5 425.5	100.00%
消费支出	1 426.6	49.09%	2 579.5	47.54%
转移支付	1 071.5	36.87%	2 350.1	43.32%
政府社会福利	1 049.2	36.10%	2 291.4	42.23%
向个人支付	1 040.6	35.81%	2 274.3	41.92%
对国外支付	8.7	0.30%	17.1	0.32%
其他向国外的支付(净值)	22.3	0.77%	58.7	1.08%
利息支付	362	12.46%	434.2	8.00%
向个人和企业	277.5	9.55%	301.5	5.56%
向国外	84.5	2.91%	132.7	2.45%
补助	45.8	1.58%	61.6	1.14%

资料来源：美国商务部经济分析局，www.bea.com。

引入政府部门以后，前面的分析就要相应进行调整。用 t 表示加权平均税率，$0<t<1$，为简化起见，不考虑税率的差异，假定整个经济社会只有一个针对收入的单一税率。T 表示税收，那么，有如下的税收函数：

$$T=T_0+tY$$

其中，T_0 为自发性税收，即这部分税收受除收入以外的其他因素的影响，比如根据人们交易行为征税，与收入高低是无关的。

Y_D 表示可支配收入，其与收入之间的关系是：

$$Y_D=Y-T=Y-T_0-tY=-T_0+(1-t)Y$$

进一步，消费函数现在就不是取决于个人收入，而是取决于个人可支配收入，消费函数变为：

$$C=a+bY_D=a+b[-T_0+(1-t)Y]=a-bT_0+b(1-t)Y$$

在这种情况下，b 就不能再称为个人收入的边际消费倾向了，而应当称为个人可支配收入的边际消费倾向，个人收入的边际消费倾向现在变为 $b(1-t)$，由于 $0<t<1$，个人收入的边际消费倾向变小了。当个人收入增加 1 单位时，首先要被政府征收 t 单位，家庭将剩余的 $1-t$ 单位收入分解为 $b(1-t)$ 单位消费和 $(1-b)(1-t)$ 单位储蓄。假定 $b=0.9$、$t=0.2$，1 单位收入分解为 0.2 单位税收、0.72 单位消费和 0.08 单位储蓄，个人收入的边际消费倾向变为 0.72，即：

$$1\begin{cases}0.2[1\times 0.2] \\ 0.8[1\times(1-0.2)]\begin{cases}0.72[0.9\times(1-0.2)] \\ 0.08[(1-0.9)\times(1-0.2)]\end{cases}\end{cases}$$

二、三部门经济的收入支出模型

在分析了政府部门的收入和支出后，我们可以将两部门经济的收入支出模型扩展到三部门经济。模型的基本结构如下：

$$\begin{cases}Y=C+I+G & \text{均衡条件} \\ C=a+bY_D & \text{消费函数} \\ Y_D=Y-T & \text{可支配收入函数} \\ T=T_0+tY & \text{税收函数} \\ I=\bar{I} & \text{投资函数} \\ G=\bar{G} & \text{政府支出函数}\end{cases}$$

由于 a、b、t、T_0、$\bar{I}$ 和 $\bar{G}$ 都是给定参数或外生变量，将相关函数代入均衡条件，可以求得三部门经济中均衡国民收入水平为：

$$Y^* = \frac{1}{1-b(1-t)}(a - bT_0 + \bar{I} + \bar{G}) \quad \text{（式 5.6）}$$

下面用一个数字例子说明三部门经济的收入支出模型。假设某经济的消费函数为 $C = 100 + 0.9Y_D$，税收函数为 $T = 50 + 0.2Y$，自发性投资为 $I = 50$，政府支出为 $G = 35$，代入到上面均衡收入的表达式，可得：

$$Y^* = \frac{1}{1-0.9\times(1-0.2)}(100 - 0.9\times 50 + 50 + 35) = 500$$

三部门经济中均衡国民收入决定同样可以用图形来表示，见图 5.11。图 5.11 中绘出了消费函数 $C = a + bY_D$ 和 $C = a - bT_0 + b(1-t)Y$，从图中可见前者较为陡直，而后者较为平坦，实际上这就是由于税率的影响，使得个人收入的边际消费倾向变成了 $b(1-t)$，根据前面的分析，这样同量消费支出变化引起的收入变动前者就要小一些。在图 5.11 中，将投资、政府购买和消费三条曲线纵向相加，就可以得到总需求曲线 $C+I+G$，该曲线与 45°线的交点所对应的收入就是均衡国民收入。

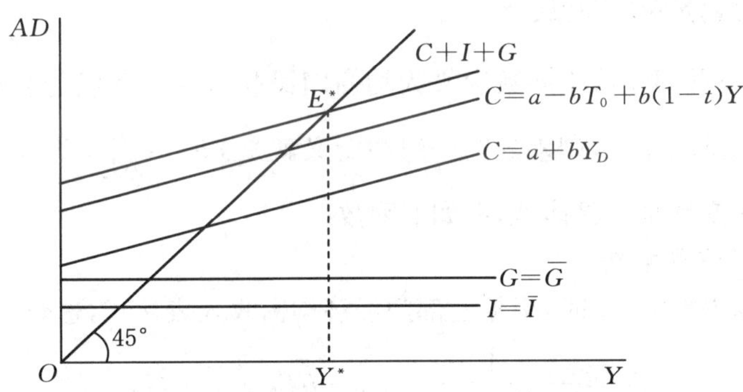

图 5.11　三部门经济中均衡国民收入的决定

下面，借助三部门经济的收入支出模型，可以分析某些条件变化后均衡收入变动的情况，即进行比较静态分析。从均衡收入的表达式来看，a、T_0、$\bar{I}$ 和 $\bar{G}$ 发生变动都会使均衡国民收入变化，表 5.3 列出了这些因素变动后对总需求水平、均衡收入的影响。

表 5.3　三部门经济的比较静态分析

项目	变动方向	总需求曲线移动方向	总需求变动方向	均衡收入
	增加	向上平移	增加	增加
	减少	向下平移	减少	减少
T_0	增加	向下平移	减少	减少
	减少	向上平移	增加	增加
$\bar{I}$	增加	向上平移	增加	增加
	减少	向下平移	减少	减少
$\bar{G}$	增加	向上平移	增加	增加
	减少	向下平移	减少	减少

从表 5.3 中可见，除了 T_0 变化的方向与均衡收入变化方向相反外，其余参数与均衡收入变动的方向一致，原因是增加自发性税收会减少可支配收入，从而降低均衡收入，反过来，减少自发性税收则会增加可支配收入，均衡收入当然会增加。

由于三部门经济中把政府部门包括进来，在这种情况下，政府就可以通过调节 T 和 G 来影响国民经济，以达到政府的宏观经济政策目标。

三、三部门经济中的乘数

同样，在三部门经济中乘数定义为均衡国民收入的变动量与引起这种变动的支出的变动量的比率，则乘数的一般性定义就是：$K=\dfrac{\Delta Y}{\Delta E}$，其中 ΔE 表示某一支出项目的变动量。具体地，有如下乘数：

1. 自发性消费乘数

当自发性消费为 a_1 时，根据三部门经济均衡收入表达式，这时的收入为：

$$Y_1=\frac{1}{1-b(1-t)}(a_1-bT_0+\bar{I}+\bar{G})$$

当自发性消费为 a_2 时，收入为：

$$Y_2=\frac{1}{1-b(1-t)}(a_2-bT_0+\bar{I}+\bar{G})$$

用下式减去上式，可得：

$$\begin{aligned}\Delta Y&=\frac{1}{1-b(1-t)}(a_2-a_1-bT_0+bT_0+\bar{I}-\bar{I}+\bar{G}-\bar{G})\\&=\frac{1}{1-b(1-t)}(a_2-a_1)\end{aligned}$$

$$\Delta Y=\frac{1}{1-b(1-t)}\cdot\Delta a，即 K_a=\frac{1}{1-b(1-t)}$$

上述分析见图 5.12，当自发性消费从 a_1 提高到 a_2 时，总需求曲线 $AD_1=C_1+I+G$ 向上平移到 $AD_2=C_2+I+G$，乘数就可以用 $\frac{E_2F_2}{E_2F_1}$ 表示，这是一个大于 1 的值。

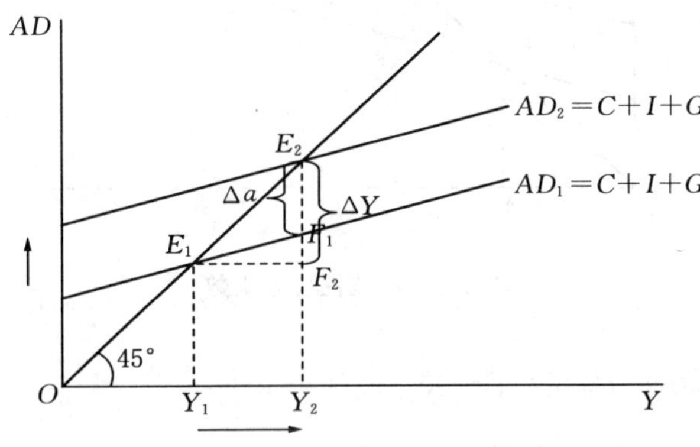

图 5.12　自发性消费乘数

例如，当 $b=0.8$、$t=0.25$ 时，$K_a=\frac{1}{1-0.8\times(1-0.25)}=2.5$，这表明，当自发性消费增加 1 单位时，均衡收入会增加 2.5 单位，支出少量变化带来了收入的多倍变化。

2. 自发性税收乘数

与求取自发性消费乘数的方法类似，当自发性税收为 T_{01} 时，根据三部门经济均衡收入表达式，这时的收入为：$Y_1=\frac{1}{1-b(1-t)}(a-bT_{01}+\bar{I}+\bar{G})$；当自发性税收为 T_{02} 时，收入为：$Y_2=\frac{1}{1-b(1-t)}(a-bT_{02}+\bar{I}+\bar{G})$。

用下式减去上式，可得：

$$\Delta Y=\frac{1}{1-b(1-t)}(a-a-bT_{02}+bT_{01}+\bar{I}-\bar{I}+\bar{G}-\bar{G})$$

$$=\frac{1}{1-b(1-t)}(T_{02}-T_{01})$$

$$\Delta Y=\frac{-b}{1-b(1-t)}\cdot\Delta T_0，即 K_{T_0}=-\frac{b}{1-b(1-t)}$$

上述分析见图 5.13，当自发性税收从 T_{01} 提高到 T_{02} 时，总需求曲线 AD_1

向下平移到 AD_2，由于税收与均衡收入变动方向相反，乘数是负值，自发性税收增加使均衡收入水平降低。

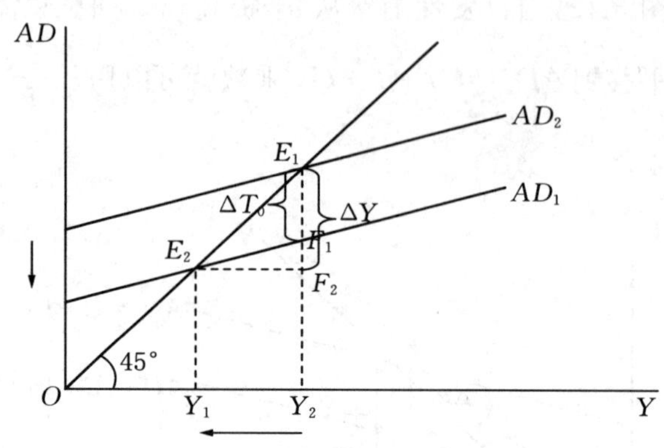

图 5.13　自发性税收乘数

例如，当 $b=0.8$、$t=0.25$ 时，$K_{T0}=-\dfrac{0.8}{1-0.8\times(1-0.25)}=-2$，这表明，当自发性税收增加 1 单位时，均衡收入会减少 2 单位，税收少量增加带来收入多倍下降。从中我们可以看到乘数效应实际上是双向的，即支出增加或税收减少会带来均衡收入多倍增加；反之，支出减少或税收增加则会带来均衡收入多倍减少。

3. 投资乘数

有了前面两种乘数求解方法，以下乘数的求解是类似的，可得投资乘数为：

$$\Delta Y=\frac{1}{1-b(1-t)}(a-a-bT_0+bT_0+\bar{I}_2-\bar{I}_1+\bar{G}-\bar{G})$$

$$=\frac{1}{1-b(1-t)}(\bar{I}_2-\bar{I}_1)$$

$$\Delta Y=\frac{1}{1-b(1-t)}\cdot\Delta\bar{I}\text{，即 }K_I=\frac{1}{1-b(1-t)}$$

4. 政府支出乘数

政府支出乘数为：

$$\Delta Y=\frac{1}{1-b(1-t)}(a-a-bT_0+bT_0+\bar{I}-\bar{I}+\bar{G}_2-\bar{G}_1)$$

$$=\frac{1}{1-b(1-t)}(\bar{G}_2-\bar{G}_1)$$

$$\Delta Y=\frac{1}{1-b(1-t)}\cdot\Delta\bar{G}\text{，即 }K_G=\frac{1}{1-b(1-t)}$$

5. 转移支付乘数

为简化起见，转移支付在前面没有提及，实际上转移支付是税收的扣除额，与减税具有同等的作用。将转移支付纳入个人可支配收入函数，可得：

$$Y_D = Y - T + TR = TR - T_0 + (1-t)Y$$

其中，TR 表示转移支付。

这样，三部门经济均衡收入表达式变为：

$$Y^* = \frac{1}{1-b(1-t)}(a - bT_0 + bTR + \bar{I} + \bar{G})$$

那么，转移支付乘数就是：

$$\Delta Y = \frac{1}{1-b(1-t)}(a - a - bT + bT + bTR_2 - bTR_1 + \bar{I} - \bar{I} + \bar{G} - \bar{G})$$

$$= \frac{1}{1-b(1-t)}(TR_2 - TR_1)$$

$$\Delta Y = \frac{b}{1-b(1-t)} \cdot \Delta TR\text{，即 } K_{TR} = \frac{b}{1-b(1-t)}$$

6. 平衡预算乘数

接下来我们考虑下面情况，如果政府一方面增加政府支出，比如 1 元，另一方面增加同样数额的税收，如也为 1 元，那么，这种政策组合对均衡国民收入会产生何种净效应呢？由于增加的政府支出与增加的税收数额相同，其对政府预算状况的边际影响为零。换言之，如果政府原来的预算是盈余的，采取这种政策组合后仍为盈余，而且盈余额不变。反之，如果原来存在政府预算赤字，同样为赤字，赤字数额也不变。这就是平衡预算的含义，是指不改变原来政府的预算状态，不能理解为“促使政府预算平衡”的乘数。

根据前面的乘数分析，增加政府支出 1 元，可以使均衡收入增加 $\frac{1}{1-b(1-t)}$ 元，进一步，增加税收（本处只考虑对自发性税收的影响，不考虑对税率的附带效应）1 元，均衡收入会变化为 $\Delta Y_2 = \Delta T_0 \cdot K_{T_0} = 1 \times \frac{-b}{1-b(1-t)} = \frac{-b}{1-b(1-t)}$。因此，均衡收入的净变化量为：

$$\Delta Y = \Delta Y_1 + \Delta Y_2 = \frac{1}{1-b(1-t)} + \frac{-b}{1-b(1-t)} = \frac{1-b}{1-b(1-t)}$$

因此，平衡预算乘数就是：

$$K_B=\frac{\Delta Y_1}{\Delta G}+\frac{\Delta Y_2}{\Delta T_0}=\frac{1-b}{1-b(1-t)}$$

根据相关参数的取值范围，$1-b>0$、$1-b(1-t)>0$，平衡预算乘数大于零，即政府采取这一政策组合的净效应是增加均衡国民收入。例如，当 $b=0.8$、$t=0.25$ 时，平衡预算乘数为 $K_B=\frac{1-0.8}{1-0.8\times(1-0.25)}=0.5$。

除了上述方法，求解各类乘数还可以使用比较静态导数的方法，即求取各参数的一阶偏导数，该导数值就是相应的乘数。

自发性消费乘数为：

$$K_a=\frac{\partial Y^*}{\partial a}=\frac{1}{1-b(1-t)}$$

自发性税收乘数为：

$$K_{T_0}=\frac{\partial Y^*}{\partial T_0}=-\frac{b}{1-b(1-t)}$$

投资乘数为：

$$K_I=\frac{\partial Y^*}{\partial I}=\frac{1}{1-b(1-t)}$$

政府支出乘数为：

$$K_G=\frac{\partial Y^*}{\partial G}=\frac{1}{1-b(1-t)}$$

转移支付乘数为：

$$K_{TR}=\frac{\partial Y^*}{\partial TR}=\frac{b}{1-b(1-t)}$$

平衡预算乘数为：

$$K_B=K_G+K_{T_0}=\frac{\partial Y^*}{\partial G}+\frac{\partial Y^*}{\partial T_0}=\frac{1}{1-b(1-t)}-\frac{b}{1-b(1-t)}=\frac{1-b}{1-b(1-t)}$$

四、四部门经济的收入支出模型

接下来我们分析包含对外贸易部门的四部门经济的收入支出模型。四部门经济中总需求的构成部分中除了消费、投资、政府购买外，还有净出口需求，从而将本国与国外联系在一起。这里，需要考虑净出口的构成部分，一方面是出口，它取决于国外对本国产品的需求，因此可将其视为外生变量，出口函数可以写成 $X=\overline{X}$；另一方面是进口，一般地，当本国收入水平较高时，进口量较大，反之则较小，进口与本国收入呈同方向变动关系。为简化起见，将进口函数也看作是线性函数，其表达式是 $M=M_0+mY$，$0<m<1$。其中，M_0 称为自发性进口，反映了本国除了收入以外对进口的影响因素，例如关系国计民生的重要机器设备进口，与收入的关系就比较小，可以视为自发性进口的构成部分；m 称为边际进口倾向，反映了当收入变化时进口的变化情况，即收入增加 1 单位，进口会增加 m 单位。在此基础上，可以构造四部门经济的收入支出模型。

四部门经济收入支出模型的基本框架是：

$$\begin{cases} Y=C+I+G+X-M & \text{均衡条件} \\ C=a+bY_D & \text{消费函数} \\ Y_D=Y-T+TR & \text{可支配收入函数} \\ T=T_0+tY & \text{税收函数} \\ I=\overline{I} & \text{投资函数} \\ G=\overline{G} & \text{政府支出函数} \\ TR=\overline{TR} & \text{转移支付函数} \\ X=\overline{X} & \text{出口函数} \\ M=M_0+mY & \text{进口函数} \end{cases}$$

求解该模型，可以得出以参数和外生变量表示的四部门经济均衡国民收入：

$$Y^*=\frac{1}{1-b(1-t)+m}(a-bT_0+b\overline{TR}+\overline{I}+\overline{G}+\overline{X}-M_0)$$

表 5.6 归纳了四部门经济的比较静态特征，例如当 $\overline{X}$ 增加时，总需求曲线向上平移，均衡国民收入水平提高。

表 5.4　四部门经济的比较静态分析

项目	变动方向	总需求曲线移动方向	总需求变动方向	均衡收入
	增加 减少	向上平移 向下平移	增加 减少	增加 减少
T_0	增加 减少	向下平移 向上平移	减少 增加	减少 增加
$\overline{TR}$	增加 减少	向上平移 向下平移	增加 减少	增加 减少

（续表）

项目	变动方向	总需求曲线移动方向	总需求变动方向	均衡收入
$\overline{I}$	增加 减少	向上平移 向下平移	增加 减少	增加 减少
$\overline{G}$	增加 减少	向上平移 向下平移	增加 减少	增加 减少
$\overline{X}$	增加 减少	向上平移 向下平移	增加 减少	增加 减少
M_0	增加 减少	向下平移 向上平移	减少 增加	减少 增加

四部门经济中还有一个新的乘数，称为对外贸易乘数，定义为自发性出口变化对均衡收入的影响，用 K_X 表示，有：

$$K_X=\frac{\partial Y^*}{\partial X}=\frac{1}{1-b(1-t)+m}$$

四部门经济中的其他乘数推导过程与三部门经济情况下是相似的，下面只将其列举出来。

自发性消费乘数为：

$$K_a=\frac{\partial Y^*}{\partial a}=\frac{1}{1-b(1-t)+m}$$

自发性税收乘数为：

$$K_{T_0}=\frac{\partial Y^*}{\partial T_0}=-\frac{b}{1-b(1-t)+m}$$

投资乘数为：

$$K_I=\frac{\partial Y^*}{\partial I}=\frac{1}{1-b(1-t)+m}$$

政府支出乘数为：

$$K_G=\frac{\partial Y^*}{\partial G}=\frac{1}{1-b(1-t)+m}$$

转移支付乘数为：

$$K_{TR}=\frac{\partial Y^*}{\partial TR}=\frac{b}{1-b(1-t)+m}$$

平衡预算乘数为：

$$K_B=K_G+K_{T_0}=\frac{\partial Y^*}{\partial G}+\frac{\partial Y^*}{\partial T_0}=\frac{1}{1-b(1-t)+m}-\frac{b}{1-b(1-t)+m}$$

$$=\frac{1-b}{1-b(1-t)+m}$$

由于 $0<m<1$，四部门经济中的乘数比三部门经济变小了。例如，当 $b=0.8$、$t=0.25$、$m=0.1$ 时，投资乘数为 $K_I=\frac{1}{1-0.8\times(1-0.25)+0.1}=2$，从三部门经济中的 2.5 减少为四部门经济中的 2。

习题五

1. 在两部门经济的简单模型中，投资增加会使储蓄（ ）。

A. 增加　　B. 减少

C. 不变　　D. 不确定

2. 如果自发性消费为 200 亿元，自发性投资为 500 亿元，边际储蓄倾向为 0.2，那么均衡收入为（ ）。

A. 2 500 亿元　　B. 3 000 亿元

C. 700 亿元　　D. 3 500 亿元

3. 两部门经济中简单的投资乘数为（ ）。

A. 边际消费倾向　　B. 边际消费倾向的倒数

C. (1－边际消费倾向)的倒数　　D. 边际消费倾向的导数

4. 当实际收入超过均衡收入水平时，非计划的存货投资为（ ）。

A. 正　　B. 负　　C. 零　　D. 不确定

5. 如果消费函数为 $C=100+0.8(Y-T)$，税收减少 1 元，均衡收入水平将（ ）。

A. 保持不变　　B. 增加 8 元　　C. 减少 8 元　　D. 增加 4 元

6. 下列哪种做法会使均衡收入增加最多？（ ）。

A. 政府购买 100 亿元的产品和劳务

B. 政府减税 100 亿元

C. 政府增加转移支付 100 亿元

D. 政府减税 50 亿元，同时增加转移支付 50 亿元

7. 如何理解均衡概念？均衡收入水平与实际收入水平不同时，宏观经济将如何变化？

8. 乘数原理的主要内容是什么？会受到哪些因素的制约？

9. 假设某经济中消费函数为 $C=100+0.8Y$，试求：(1)当消费水平为 1 000 时的收入水平；(2)若自发性投资为 50 时，均衡收入、消费和储蓄各为多少？(3)当实际收入为 1 000 时，非计划的存货投资为多少？

10. 假定有如下经济模型，$Y=C+I+G$；$C=80+0.75Y_D$；$Y_D=Y-T$；$T=-20+0.2Y$；$I=50$；$G=200$，试求出均衡收入、消费、投资和储蓄，并计算出投资乘数。

第六章

货币需求和货币供给

> 中国1161年发行了一种新的纸币，交子，即支票。新皇帝……很快就决定官府应当认真地管理货币供应。到1178年，据说流通中的纸币已增加4 500万吊，有位官员建议今后不要再发行纸币了，但是1204年还继续发行了纸币。货币供应按指数计算从1181—1190年224增加到1240年4 949，同时物价也发生了类似的变化。据说纸币的贬值导致了宋朝的灭亡。
>
> ——乔恩，1994年，《货币史》

学 习 目 标

通过本章的学习，你应当能够：

1. 理解货币的基本性质，掌握货币作为交易媒介可以节约社会交易成本的特点；
2. 了解货币的发展史；
3. 掌握现代货币层次的划分，掌握现代货币供给中狭义和广义货币供给的构成部分；
4. 了解现代银行体系及各种金融机构的基本业务状况；
5. 掌握存款创造过程及其与货币供给的关系；
6. 掌握货币需求的概念以及货币需求的基本动机；
7. 掌握影响货币需求的主要因素及基本的货币需求函数；
8. 理解货币市场均衡、均衡利率和均衡货币量的决定。

货币是现代经济社会中最为常见的交易媒介，其性质也是最令人迷惑的。本章介绍现代货币供给和货币需求理论，并分析货币市场上均衡利率如何决定。本章也是下一章研究产品市场和货币市场一般均衡模型的预备知识。

第一节 货币的性质和发展

一、货币的性质

法国的一位学者曾经说过，世界历史上有两项最重要的发明，一是车轮，另一个就是货币，由此可见货币的重要性。在生活中，货币往往与“钱”对应起来，不过，“钱”这一说法在日常用语中含义差别很大。例如，说“某人很有钱”，这里的“钱”是说该人的“财富”量；又如，说“张三每月赚不少钱”，这里的“钱”是指张三的“收入”；又如，说“企业经营的目的是为了赚钱”，这里的“钱”是指“利润”；再比如，说“今天你带钱了吗”，是指“通货”。在宏观经济学中对货币是从其能够执行的职能的角度定义的。一般认为，货币具有三种基本职能，即交易媒介(Medium of Exchange)、价值贮藏(Store of Value)和价值尺度(Unit of Account)的职能，那么，只要某种物品或某种符号能够执行这三种职能，那么这种物品或符号就是货币。

从逻辑上来看，要说明货币的性质，首先要阐明交易，要分析交易，首先要说明人们为什么要进行交易。有些学者从人类交易的偏好方面来解释交易行为，也有些学者从交易的利益方面来解释。实际上，人们进行交易的主要动机在于，当一个人生产他所需要的所有商品和劳务时，效率必然十分低下，通过专业化分工，一个人可以生产出大量的产品，生产效率得以大幅度提高，也有利于个人积累生产该专业化产品的经验和技能。当没有交易时，个人必须生产全部所需要的产品，而存在交易时，个人可以生产出超过自己消费所需的更多的专业化产品，用超过自己所需部分来交换其他产品，这样全社会的生产效率和消费水平均得以提高。

没有货币作为交易媒介的经济，交换是以物物交易(Barter)的形式进行的。物物交易存在如下一些不便。

一是物物交易情况下，需要满足“需求和供给的双重偶合”条件，即当甲拥有A物品，希望换得B物品时，必须一个拥有B物品且希望换得A物品的人。在简单经济中，商品和劳务的数目较小，比较容易满足这个条件，在现代复杂经济中要满足这个条件将十分困难。即使商品和劳务的数目较小，物物交易也有许多麻烦，例如甲拥有A物品，希望换得B物品，乙拥有B物品，但希望换得C物品，丙拥有C物品，但希望换得D物品，如此循环下去，可能甲最终要完成交易，首先要将相关者聚集到一起，统一进行讨价还价，然后分别进行交易。或者甲需要先找到希望得到A物品，又拥有乙希望换得的C物品的人，先与其交换，获得

C 物品后，再与乙交换，换得自己所需要的 B 物品。这种市场搜寻成本是相当高昂的。

二是物物交易在时间和空间上的不可分离性。在物物交易过程中，买的行为与卖的行为必然是同时同地发生的，每一个买者同时也是另一种物品的卖者，买卖发生时，双方必须在统一的时间到同样的地方进行交易，否则交易无法进行下去。目前农村中仍保留着初一、十五赶集的风俗，与早期物物交易需要集中到一起有着直接的关系。

三是物物交易双方在交易过程中难以确定各方都满意的交易比例(该交易比例就是商品的相对价格)，而且交易中往往涉及不同种类的物品，只能按物品的自然单位进行交易，即交易单位无法灵活分割。假如一头牛可以换得 500 斤大米，当牛的拥有者一次只希望换得 50 斤大米时，交易就难以成功，牛的拥有者也无法将牛分割，即使以牛提供劳役作为交换，交换过程也非常困难。

四是物物交易情况下，每一种产品和劳务都必须标出许多价格，这时价格就是每种产品和劳务与其他产品和劳务的交换比率。例如，大米有羊皮价格、苹果价格、皮鞋价格、玉米价格、蔬菜价格等等，这样，如果一个经济社会有 n 种产品和劳务，那么总的价格数量就有 $\frac{n(n-1)}{2}$，若 $n=1\,000$，价格数就是 499 500，若 $n=100\,000$，价格数就是 4 999 950 000，即 50 亿种。即使对于人们经常交易的数百种产品和劳务而言，价格数也在上万种之多。价格数量多带来的另一个影响是人们难以比较两种产品的相对价格的高低，需要经过多种换算。现实经济生活中，仅仅几十种国家货币，换算起来就是一个庞大的市场。可见，物物交易的情况下，这种代价将十分高昂，最终可能限制经济的发展。

物物交易的上述不便，归纳为一点就是交易成本高昂，从而大大限制了商品交换和经济发展。以货币为媒介进行交换就可以避免上述几种不便，从而大大节约交易成本。下面分别来分析。

(1) 以货币为媒介进行交易，不需要满足“需求和供给的双重偶合”条件。每个人都可以将其产品首先换成货币，然后用货币去购买自己所需要的产品，不再受需要循环链条的限制，市场搜寻成本大大降低。

(2) 以货币为媒介进行交易，不再受时间和空间的局限，时间和空间可以分离。每个人都可以在某一时刻出售自己的产品，而在另一个不同的时刻购买自己所需产品，不需要在固定的时间进行交易。而且，每个人都可以在此地出售产品，而在彼地购买产品，也摆脱了交易的地域限制。

(3) 以货币为媒介进行交易，讨价还价过程变得简单，也不再受所交易产品的自然单位的限制。

(4) 以货币为媒介进行交易，价格数量大幅度减少，当一个经济中产品和劳务的种类为 n 时，价格数为 $n+1$，其中包括了货币本身的价格(货币本身的价格为 1)。人们进行价格比较也有了一个统一的标准，产品和劳务的相对贵贱十分容易判断。

货币执行交易媒介的职能实际上已经蕴含了其他两种主要职能。由于以货币为媒介可以使交易在时间上分离，其中蕴含了货币的价值贮藏职能，此时出售产品换得货币，然后持有货币一段时间，在不发生通货膨胀的情况下，在彼时还可以购买到同样价值的产品，从而实现了价值的贮藏。在现实经济中，出现通货膨胀后，人们不愿意持有货币，想在货币贬值前将其花出去，其结果是整个社会的交易成本大大增加，这也是一般政府为什么要控制通货膨胀的重要原因。至于价值尺度的职能，也反映在以货币为媒介进行交易时，价格数量大幅度减少，货币成为衡量产品和劳务价值的“标准”或“尺子”。

二、货币的发展

可以说，货币的发展过程就是便利交易、节约交易成本和提高效率的过程。货币产生和发展的第一阶段称为商品货币阶段。在交易过程中，人们都将用他的初始禀赋的产品来交换具有更高可市场化程度的商品，使用这种商品能够容易地换得他所想要消费的商品，可是市场化程度较高的商品指的是那种比较容易或能以较低费用便可卖得好价钱的商品。间接交换在下述情况下是有优势的：(1)相比初始禀赋的商品，充作交换媒介的商品是更广泛地被消费和交易的，因此交易对手愿意为之提出一个较好的价格(交换比例)，而正因为此缘故，交易对手较易找到；(2)购买、持有和再次出售交换媒介的成本(合约成本、毁损成本和运输成本)相对较低①。这种可市场化程度较高的商品就逐渐成为商品货币，充当交易过程的媒介。许多学者发现在历史上贝壳、谷物、盐、兽皮等充当过商品货币。不过，商品货币存在难以克服的物理属性方面的缺陷，比如，质量不统一，易于腐败、毁损，不易分割，难于携带等。因此，在交易过程中商品货币逐渐过渡到贵重金属货币阶段。

在贵重金属货币阶段，主要是以金、银和铜作为货币。贵重金属作为交易媒介具有许多良好的物理属性。金属的质地均匀，纯粹的金属如纯金或纯银的化学元素一致，对其质量可以用嘴咬、辨音或化验等低成本的手段得到验证。贵重金属的耐久性较好，在运输和交易过程中不易毁损，也不易腐败。贵重金属易于

---

① 关于可市场化商品与商品货币发展阶段参考和引用了[美]劳伦斯·H.怀特:《货币制度理论》，李扬、周素芳、姚枝仲译，中国人民大学出版社 2004 年版，第 5—6 页。

分割，能够适应价值量大小不一的交易，即经过融化、重铸，贵重金属可以按所需要尺寸和重量进行重新组合。此外，贵重金属的价值和体积较为合适，较小体积可以代表较高的价值，使其具有较高的易携带性。这些特点都使得贵重金属逐渐取代各类商品货币，在货币发展史中居于主导地位。

贵金属货币（Metallic Money）在使用过程中也存在一些不便，每次交易都要进行称量和鉴定成色，称量相对容易，只要交易者对测量工具认可，不会有太大的问题，但是由于贵重金属体积小、重量大，测量也不太容易，容易出现一些偏差，会造成一方得益而另一方受损的现象。虽然贵重金属可以用一些低成本的办法进行检验，但这些检验难以保证金银的纯度，也会使交易过程受到阻碍。在这种情况下，货币又向前发展到铸币（Coinage）阶段，即按统一的纯度铸造体积大小一致的金属块，免除了每次交易称量和检验的麻烦，又一次节约了交易成本，提高了效率。

铸币在使用过程中会自然磨损，也会出现人为切削现象，这样使得铸币在使用一段时间后，实际价值和名义价值分离，即铸币的面值与铸币中贵金属的实际含量间发生偏离，面值为 1 克纯金的铸币，流通一段时间后，实际纯金质量可能只有 0.9 克、0.8 克或更少。各国发行的铸币印制出复杂的花纹，初期的职能主要是为了防止人为切削。

铸币实际价值和名义价值分离的现象，但流通中不足值铸币同样充当足值铸币的媒介职能，能够按足值货币充当交易的媒介，这样产生了一种重要的可能，即人们需要货币并不是为了货币本身，而是为了货币所具有的购买力，也就是货币能够购买到人们所需要的商品和劳务的能力。这样就提供了发行一种货币符号的可能，即如果有某种机制能够维持这种符号的购买力，货币以金银或其他任何东西来代表都是可能的。由此，纸币逐渐产生，如我国早期四川出现的交子。最初的纸币是以商人或富有的私人的个人信誉作为保证的，是一种能够随时兑取足值金属铸币的承诺，交易者可以将这种凭据兑换成铸币进行交易。逐渐地，人们发现每次交易都去兑换过于麻烦，只要交易双方都信任这种凭据，那么交易中直接以这种凭据进行交换，效率会更高，成本也很低。纸币作为货币的符号逐渐流通开来。不过，早期纸币是以个人信誉作为保证的，因此，纸币早期的发行范围受到地域的限制，只能在较小的范围内流通。后来，国家垄断了纸币的发行，以国家强制力为后盾，作为纸币购买力的保证，纸币就可以在一国的范围内流通，从而大大节约了成本。由政府宣布在交换中必须接受和作为清偿债务的合法手段的货币，就称为法币（Fiat Money）。货币发展到当前的电子货币，同样是节约交易成本的过程，使得交易中只要调整交易双方的账户记录即可，不需要转移实际的物品（金银或纸质凭据）。

三、现代货币层次

货币的职能和发展历史表明，货币最为重要的职能在于提供一种交易媒介物，是便利交易、促进交换、深化社会劳动分工的重要工具。现代经济社会中，许多资产都能或多或少地承担这一职能，那么，我们如何确定哪些资产属于货币？货币的数量又如何计量呢？

对于任何一项资产，它都是下面三种特性的某种组合，即流动性、安全性和收益性。所谓流动性是指某项资产转化为现金（通货）的速度和成本，转化为现金的速度越快、成本越低，称为流动性较高，反之，则流动性较低。安全性是指这项资产遭受损失的可能性的大小，或者说明不能保证其资产价值的风险和不确定性有多大，当这种损失的可能较大时，称为安全性低，反之，称为安全性高。例如，公司股票受经济状况的影响，也受企业经营状况的左右，收益的波动较大，股票价格也经常发生波动，其安全性就较低。而政府短期国债有国家强制力、国家财政作为担保，收益的波动性就很小，因此其安全性较高。所谓收益性是指某项资产获得收益的能力大小，能力越大，收益性越高。例如，通货的收益性为零，通货没有利息收益，国债的收益性就高一些，股票可以获得股息和资产溢价收益，收益性也较高。一般而言，对于一项资产往往在流动性较高时，收益性较低，而流动性较低时，收益性较高。如果将资产的三种特性看作三种不同的成分，那么每项资产都可看作是在流动性、安全性和收益性的某种组合的平衡。

这样，我们可以将现代社会的资产类型按流动性的高低排成一个系列：通货、活期存款、定期存款、短期国债、公司债券、公司股票、长期国债、珠宝首饰、住宅等。这个系列是不完整的，还可排得很长，确定哪些资产应当归入货币，实际上就是要在这个资产系列的某一点画线，该线的左侧代表较高流动性的资产，右侧代表较低流动性的资产，这就是现代货币层次的概念。货币层次划分的越窄，包括的资产类型越少，流动性较低的资产就越少。一般将货币层次划分为四个层次：

M0＝通货（流通中的货币，包括各种面值的纸币和辅币）；

M1＝M0＋活期存款；

M2＝M1＋定期存款＋储蓄存款；

M3＝M2＋短期国债。

习惯上，将 M1 称为狭义货币，M2 称为广义货币。货币层次的定义在各国存在较大差异，上述划分只是大致的情况，有些国家甚至将货币层次划分到 M4，几乎包含了现在的所有流动性较高的资产类型。

例如，英国的货币层次的定义是：

M0＝在英格兰银行之外流通的纸钞和硬币（由银行和公众持有）＋银行在英格兰银行中的可操作性（清算）存款；

NIBM1＝非银行私人部门持有的现钞和硬币＋英国的非银行私人部门在英国的银行中持有的无息即期英镑存款（NIB 即扣除银行部门持有量的含义）；

M2＝非银行、非建房互助协会的私人部门持有的流通中的纸钞和硬币＋由英国的私人部门在英国的银行和建房互助协会持有的小额英镑存款（1987 年英格兰银行根据市场发展状况取消了 M3 这一货币口径，改为发布 M4）；

M4＝公众持有的流通中的纸钞和硬币＋所有由非银行和非建房互助协会的私人部门，在英国的银行和建房互助协会的大额或小额的英镑存款（包括银行和建房互助协会提供的初始期限不超过 5 年的大额可转让存单和其他票据）；

M4C＝M4＋私人部门外币银行存款和建房互助协会存款；

M3H＝M4C＋英国的上市公司在英国的银行和建房互助协会中的所有英镑和外币存款；

M5＝M4＋私人部门持有的银行票据、财政部债券、地方当局存款、纳税存单和国民储蓄单。

美国将货币层次按下述方式定义①：

M1＝现金＋旅行支票＋活期存款＋其他可开具支票存款；

M2＝M1＋储蓄存款＋小额定期存款＋零售货币市场互助基金。

我国货币层次的定义是：货币＝流通中现金＋活期存款；准货币＝定期存款＋储蓄存款＋其他存款；其中，货币相当于一般定义中的 M1、狭义货币，货币和准货币相当于一般定义中的 M2、广义货币。

---

① 具体定义为：M1 consists of (1) currency outside the U.S. Treasury, Federal Reserve Banks, and the vaults of depository institutions; (2) traveler's checks of nonbank issuers; (3) demand deposits at commercial banks (excluding those amounts held by depository institutions, the U.S. government, and foreign banks and official institutions) less cash items in the process of collection and Federal Reserve float; and (4) other checkable deposits (OCDs), consisting of negotiable order of withdrawal (NOW) and automatic transfer service (ATS) accounts at depository institutions, credit union share draft accounts, and demand deposits at thrift institutions. Seasonally adjusted M1 is constructed by summing currency, traveler's checks, demand deposits, and OCDs, each seasonally adjusted separately. M2 consists of M1 plus (1) savings deposits (including money market deposit accounts); (2) small-denomination time deposits (time deposits in amounts of less than ＄100 000), less individual retirement account (IRA) and Keogh balances at depository institutions; and (3) balances in retail money market mutual funds, less IRA and Keogh balances at money market mutual funds. Seasonally adjusted M2 is constructed by summing savings deposits, small-denomination time deposits, and retail money funds, each seasonally adjusted separately, and adding this result to seasonally adjusted M1.资料来源：http://www.federalreserve.gov/releases。

表 6.1　美国的货币存量　单位:10 亿美元,未经季节调整

货币层次	货　币　定　义	2013 年 2 月
M1	现金(Currency)、旅行支票(Travelers CHKS)、活期存款(Demand Deposits)、其他可开具支票存款(Other Checkable Deposits)	2 443.1
M2	M1+零售货币市场互助基金(Retail MMMFS)、储蓄存款(Savings)、小额定期存款(Small Time Deposits)	10 411.7

资料来源:美国联邦储备体系,www.ferderalreserve.gov。

表 6.2　中国货币存量　单位:亿元人民币

项　　目(Items)	2012 年 12 月	2013 年 1 月
货币和准货币(Money & Quasi money)(M2)	974 148.80	992 129.25
货币(Money)(M1)	308 664.23	311 228.55
流通中现金(Currency in circulation)(M0)	54 659.77	62 449.63

资料来源:中国人民银行,www.pbc.gov.cn。

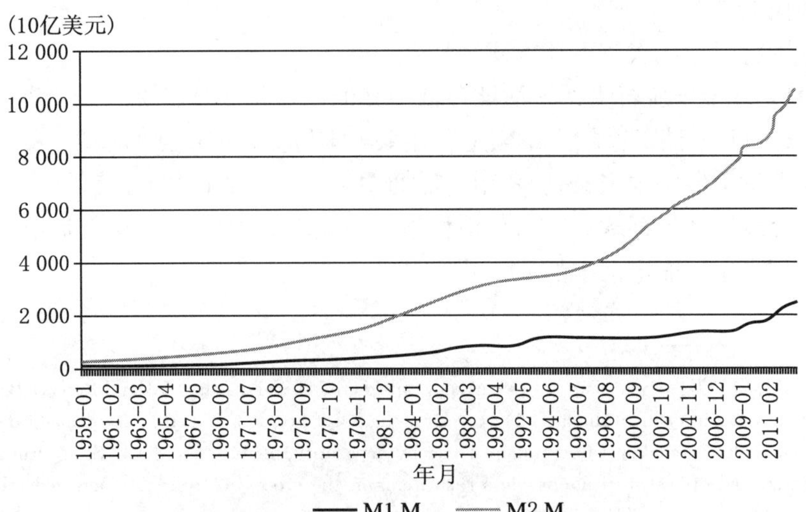

图 6.1　美国货币存量历年变化(1959—2013 年)

资料来源:美国联邦储备体系,www.ferderalreserve.gov。

为了对货币量有一个直观的印象,表 6.1 和表 6.2 分别给出了美国和中国的货币存量状况。例如,美国到 2013 年 2 月底,M1 已经达到 2.44 万亿美元。中国到 2013 年 1 月,M1 存量近 31 万亿人民币。图 6.1 和图 6.2 分别美国货币存量变化及三种货币定义增长率的变化情况,可见美国近几年货币存量增长率速

度在提高。

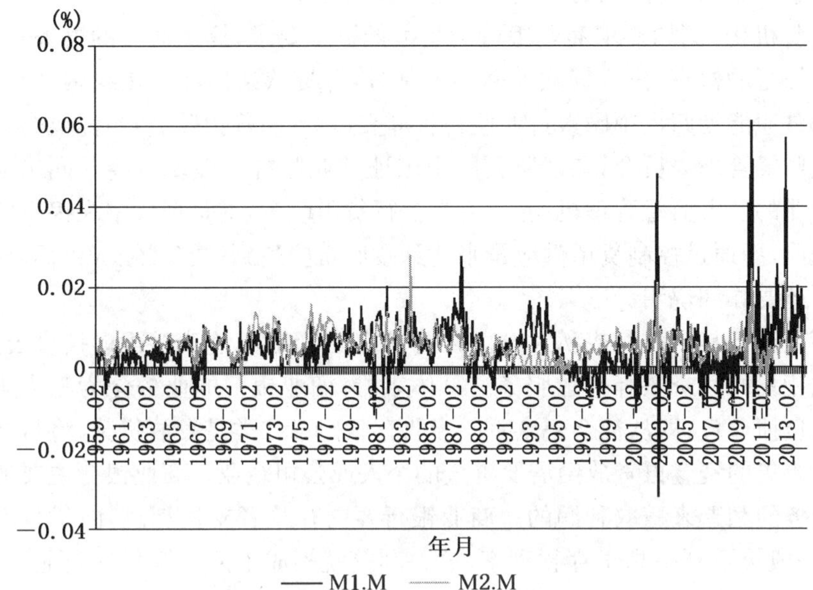

图 6.2　美国货币存量增长率历年变化(1959—2013 年)

资料来源:美国联邦储备体系,www.ferderalreserve.gov。

第二节　银行体系与货币创造

一、银行体系

现代各国银行体系主要由中央银行、商业银行和其他金融机构组成。中央银行是由政府拥有的、用于控制管理银行体系的银行,这是一国最高的金融机构。例如,美国的联邦储备体系(Federal Reserve System),英国的英格兰银行(Bank of England),日本的日本银行(Bank of Japan),我国的中国人民银行。有些国家和地区没有中央银行,往往由某个特殊的商业银行代行中央银行的部分职能。例如,我国香港地区没有中央银行,中央银行的监管职能是由香港金融管理局执行的,而货币发行则是由汇丰银行、渣打银行和中国银行执行的。

一般说来,中央银行具有五个方面重要的功能:一是充当银行的银行,即中央银行的负债被商业银行作为其储备的一部分持有,这种银行的银行功能能够便利银行间的货币清算和交换。二是垄断货币发行,早期私人银行也可以发行纸币,近代以来货币发行的职能均由各国中央银行执行。三是担任最后贷款人,中央银行作为最后贷款人,支持了银行体系的发展,最后贷款人时刻准备着为银行体系出现内部枯竭时注入高能货币，有助于防止只持有部分储备的商业银行出现资金不足、经营困难的情况。四是监管商业银行，可以说中央银行是商业银行的监督机构，例如要求商业银行满足最低资本要求，提供通常的财务报表，服务中央银行的检查，执行贷款利率的限制，执行贷款条件等。在我国，中央银行的这部分职能划归入中国银行业监督管理委员会（简称银监会，与保监会即中国保险业监督管理委员会，和证监会即中国证券业监督管理委员会共同构成了中国金融业的三大监督管理机构）。五是执行货币政策，这是现代中央银行的一项重要功能，即通过控制货币供应量来达到政府希望达到的宏观经济目标，对此后面章节还要详细说明。

商业银行是由政府或私人设立和拥有的企业组织，它直接面向社会公众，为其提供相关的存贷款等金融服务。具体来看，商业银行的业务分为三大类。第一类是负债业务，即从社会公众手中吸收存款。第二类是发放贷款，将从社会公众手中筹集的资金再贷放给需要资金的个人或公司企业。商业银行主要通过前两种业务的利差来赚取利润的。商业银行要向存款者支付利息，向贷款者收取利息，一般贷款利率高于存款利率，这一利差就构成了商业银行的营业收入，再扣除相关经营管理成本后，就是商业银行获取的利润。银行也是为公众服务的，接受他们的存款，然后再把存款贷给投资者。第三类是表外业务，或者称为中间业务。所谓表外是指资产负债表外，也就是这类业务不会影响前两类业务的资产负债状况。业务主要有提供结算服务、证券经销、票据承兑、担保、代收公用事业费、汇兑、咨询等，在现代商业银行业务构成的地位越来越重要。

其他金融机构是指除商业银行以外从事金融服务的公司企业，主要有保险公司、养老基金、证券公司、投资银行、信托投资公司、邮政储蓄机构等。通常情况下，在金融分业经营制度下，除了邮政储蓄机构可以吸收存款外，这些金融机构不能从事商业银行吸收存款和发放贷款的业务，主要依靠收取保险费、佣金、管理费等获得营业收入。我国原有的邮政储蓄机构已经改为中国邮政储蓄银行，成为一家商业银行。例如，保险公司主要靠收取保险费，在扣除赔付款、管理费用后即为其所获得的经营利润。证券公司为客户提供证券买卖、咨询等服务，主要依靠交易佣金获得营业收入。当然在金融混业经营情况下，金融机构之间的业务界限较为模糊，在不同国家这方面的制度差异较大，这里不再赘述。

二、存款创造与货币供给

在宏观经济学中，货币供给通常是指狭义货币层次 $M1$，即个人和机构所持有的所有现金和活期存款。由于活期存款可以作为个人和企业进行交易的支付手段，因此商业银行能够间接地创造存款货币，执行货币的职能，这种功能一般称为商业银行的存款创造功能。

理解存款创造功能，首先要说明中央银行和商业银行之间的制度规定，涉及法定存款准备金率的问题。商业银行在日常经营过程中，每天总有一些人存款，也有一些人取款，存款额超过取款额的部分可以作为银行的经营资金，向外发放贷款，获得收入。因此，商业银行为了应付个人和企业日常提取存款的需要，手中需要留出一定的资金，称为存款准备金，这部分资金与存款总额的比率称为存款准备金率。后来，政府为了控制金融风险，用法令的形式确定商业银行应当留出的准备金的数量，就称为法定存款准备金率，例如，我国目前执行的差别存款准备金率，大型金融机构为 20%，中小金融机构为 16.5%，如果某商业银行执行的是 20%的存款准备金率，那么，每天营业结束后，该银行的存款准备金率一定要大于等于法定存款准备金率。当然，商业银行每天营业结果不可能时时都能满足法定存款准备金率的要求，小于法定准备金率时，商业银行可以借助银行同业拆借市场，通过贷款来满足相关政策要求。事实上银行同业拆借市场正是在有了法定准备金率的要求才迅速扩大起来的。

商业银行的货币创造功能主要是因为它们的活期存款构成了货币供给量的一部分，当这部分活期存款的数额改变时，流通中货币供给量就发生变化。为分析简单起见，假定商业银行的资产运用只有贷款这一种形式(实践中商业银行还可以以国债等形式运用其资金)，且其存款全部是活期存款(实践中还有定期存款、储蓄存款等)。进一步假定，个人或企业得到贷款后向另一交易方支付货款，另一交易方得到货款后立即存入银行。此外，人们手中也不保留现金，银行也不保留超过法定存款准备金要求的超额准备金，后面我们放松这些假定再进行分析。在这种情况下，假定小王出售自己持有的短期国债得到 100 万元的支票，其存入到 A 商业银行。当 A 银行获得这笔活期存款后，它按中央银行规定的法定准备金率，留出准备金，余下的存款用于发放贷款。假定法定准备金率为 20%，那么，对于 100 万元的存款其准备金额就为 20 万元，剩余 80 万元贷款给甲企业，成为 A 银行的新贷款。甲企业获得贷款后，向乙企业支付货款，乙企业得到这笔货款又以活期存款的方式存放在与自己往来的 B 银行。B 银行同样按 20%的法定准备率留出 16 万元的准备金，剩余的 64 万元贷给丙企业。丙企业用这笔贷款向丁企业支付货款，丁企业得到货款后存入与自己往来的 C 银行，C 银行的活期存款又增加了。这一过程持续进行下去，具体过程可见表 6.3。

表 6.3　银行存款创造过程

存款人	银行	银行存款(万元)	银行贷款(万元)	存款准备金(万元)
小王	A	100.00	80.00	20.00
乙	B	80.00	64.00	16.00
丁	C	64.00	51.20	12.80
戊	D	51.20	40.96	10.24
己	E	40.96	32.77	8.19
庚	F	32.77	26.21	6.55
…	…	…	…	…
合计	—	500	400	100

如果将整个过程中银行存款的增加量加总起来，就是：

$$\begin{aligned}&100+80+64+51.2+\cdots+\\=&100\times(1-0.2)^0+100\times(1-0.2)^1+100\times(1-0.2)^2\\&+\cdots+100\times(1-0.2)^n+\cdots\\=&\frac{100}{1-(1-0.2)}=\frac{1}{0.2}\times100=500\end{aligned}$$

贷款增加量加总起来，就是：

$$\begin{aligned}&80+64+51.2+\cdots+\\=&100\times(1-0.2)^1+100\times(1-0.2)^2+\cdots+100\times(1-0.2)^n+\cdots\\=&\frac{100\times(1-0.2)}{1-(1-0.2)}=\frac{0.8}{0.2}\times100=400\end{aligned}$$

准备金增加量加总起来，即为：

$$\begin{aligned}&20+16+12.8+\cdots+\\=&100\times0.2^1+100\times0.2^2+\cdots+100\times0.2^n+\cdots\\=&\frac{100\times0.2}{1-(1-0.2)}=\frac{0.2}{0.2}\times100=100\end{aligned}$$

从上述推导过程可见，初始存款增加 100 万元，最终使整个银行体系存款增加了 500 万元，存款增量是初始存款的 5 倍，这就是在前面假定基础上最简单的货币乘数。从存款增量的表达式中，可以得到最终存款增加量正是法定存款准备金率的倒数倍，设法定存款准备金率为 e，则最简单的货币乘数就是 $K_{mm}=\frac{1}{e}$。

上面的分析中，我们假定有许多银行，每一次企业都将获得的贷款存入不同的银行,实际上当只有一家银行时,上述过程也是成立的,银行活期存款仍将按法定存款准备金率的倒数倍增长,这是因为对不同的企业而言,银行开设不同的账户,银行不需要考虑这笔存款的来源。

接下来,我们放松前面的假定来分析更为现实的情况。在前面的分析没有考虑银行留下超额准备以及个人或企业留下现金的情形。假定银行的总准备金率用 R_T,超额准备金率用 R_O 表示,那么,有如下关系:

$$R_T = e + R_O$$

即总准备金率等于法定准备金率加上超额准备金率。由于商业银行必须遵守中央银行的法定存款准备金率规定,因此,$R_O \geqslant 0$,即商业银行最低准备金率就是超额准备为零,总准备金率等于法定准备金率。设准备金存款比率为 $R_T = \frac{RE}{D}$,其中,RE 为准备金量,D 为存款量。在这种情况下,初始存款增加时,下一轮只有 $1 - R_T$ 部分被贷放出去,货币乘数缩小,即为 $K_{mm} = \frac{1}{R_T} = \frac{1}{e + R_O}$。

我们再考虑个人或企业留下现金的情况,个人或企业获得贷款后可能有一部分留存在自己手中,另一方个人或企业得到货款后也只有一部分存入银行。设通货存款比率为 $c = \frac{CU}{D}$,其中 D 为存款量,CU 为通货量。在这种情况下,每次企业获得贷款向其他企业支付货款后,只有 $1 - c$ 部分被存入银行,货币乘数再一次缩小,即为 $K_{mm} = \frac{1}{c + R_T} = \frac{1}{c + e + R_O}$。

由于上述过程仅考虑了初始存款增加时,活期存款的增加量与初始存款量的关系。从整体银行体系来看,考虑到原有的货币存量部分,总的货币乘数比上面公式所反映的值要小一些。沿用上面的定义,我们再说明"基础货币(Base Money)"或"高能货币(也称为活动力强大的货币,High-powered Money)"。从前面的分析中可见,存款创造的结果是所有的初始存款都转化为准备金,至此,存款创造过程才会停止,因此,存款创造的基础是通货和准备金(包括法定准备金和超额准备金),这两部分的和称为基础货币或高能货币。我们用 B 表示基础货币,则有 $B = CU + RE$。 由于这里考虑的货币供给是狭义货币层次 M1,$M1 = CU + D$,因此,考虑了原有货币存量以后的货币乘数就是:

$$K_{mm} = \frac{M1}{B} = \frac{CU + D}{CU + RE}$$

上式中分子分母同时除以 D,可得:

$$K_{mm}=\frac{CU+D}{CU+RE}=\frac{\dfrac{CU}{D}+\dfrac{D}{D}}{\dfrac{CU}{D}+\dfrac{RE}{D}}=\frac{1+c}{c+R_T}=\frac{1+c}{c+e+R_O} \qquad (式 6.1)$$

从上述最一般的货币乘数公式可以得到前面分析中得到的一系列乘数公式,假如,公众不持有通货,即 $c=0$,则上式变为 $K_{mm}=\frac{1}{e+R_O}$,正是前面只考虑商业银行持有超额准备的情形。再假如,商业银行不持有超额准备时,意味着 $R_O=0$,上式进一步变为 $K_{mm}=\frac{1}{e}$,正是最简单的货币乘数。

货币乘数公式可供我们分析中央银行、商业银行和个人或企业的行为。由于基础货币、法定准备金率是中央银行可以控制的变量,通过调节基础货币和法定准备金率,中央银行可以间接控制货币供应量,从而达到影响整个经济的目的,这正是后面分析三大货币政策工具的基础。不过,货币乘数公式中还涉及商业银行和公众的行为参数,即 c 和 R_O,因此,中央银行不可能完全控制货币供应量,当商业银行对经济持悲观看法时,不愿意向外发放贷款,即提高超额准备金率,影响到 R_O,这样会减少货币供应量。同样,公众可能由于通货膨胀,不愿意持有货币,则会影响到 c,也会影响货币供应量。在这种情况下,中央银行可能很难获得满意的政策效果。

第三节　货币需求

一、货币需求和货币需求动机

在经济社会中资产的类型有很多,许多资产都能够带来收益,而货币却不能,那么人们为什么愿意持有不能生息的货币?这就是货币需求(Demand of Money)要说明的问题。在宏观经济学中,将货币需求定义为人们愿意以货币形式持有自己的财富的数量,货币需求又称为流动性偏好(Liquidity Preference),这种说法比较确切地反映了人们持有货币主要是为了货币所具有的高流动性。

具体而言,宏观经济学认为人们需要货币主要是基于以下三种动机:

(1) 交易动机(Transaction Motive)。交易动机是指人们需要货币主要是为了满足交易的需要。这也是货币之所以产生和发展的基础,如果没有交易,也就谈上货币了。货币突出的功能在于充当交易过程的媒介,促进社会劳动分工深化,提高经济效率,节约交易成本。

(2) 预防动机(Precautionary Motive)。预防动机是指人们需要货币是为了防止某些万一的需要，应付经济生活中的不确定性。在日常生活中，即使某人不打算购买产品或劳务，手中也总是持有一定的货币，满足万一需要交易的情形。例如，有些人到商店可能纯粹是为了欣赏各种商品，但手中总带着一定的货币，以备遇到真正喜爱的商品把它买下来。

(3) 投机动机(Speculation Motive)。投机动机是指人们为了获取资产收益或者为了避免资产损失，以及时调整自己的资产组合而形成的货币需求。例如，人们通常在股票投资中提到三个三分之一的原则，其意思是，所有准备投资的资产，三分之一以货币形式持有，三分之一以股票形式持有，三分之一以其他风险较小的资产(如短期国债)持有。这样可以有效地规避风险。这里以资产的三分之一以货币形式持有实际上就反映了货币的投机动机。比如，某人拥有 30 万元资金，购买了 A 股票 1 万股，每股 10 元，共投入 10 万元。这样，当该股票价格下跌时，如下跌到每股 5 元，他可以用余下的资金再买入 3 万股，投入 15 万元。现在，总的股票为 4 万股，总投资额为 25 万元，每股的实际成本就是 6.25 元。而如果起初以 30 万元全部购入 A 股票 3 万股，那么在股票价格下跌时，缺乏资金补入，会使每股成本一直维持在 10 元。分散投入时，股价提高到 6.25 元(不考虑交易佣金和税金)即可回收资金，而集中投入时，只有股价提高到 10 元才可能“解套”。

二、影响货币需求的因素

影响人们以货币形式持有自己的资产的因素最为重要的有三个，即收入、价格和利率。我们结合货币需求的动机加以说明，由于交易动机和预防动机的货币需求在性质上接近，实践中也难以区分，因此合并到一起分析，将这部分货币需求用 L_T 表示，而投资动机的货币需求用 L_S 表示，用 L 代表总的货币需求(流动性偏好)。

对于交易动机和预防动机的货币需求而言，最主要的影响因素就是收入。收入与货币需求之间呈同方向变动关系，即收入水平越高，货币需求水平越高。假如人们持有的货币量是收入的 k 份额，那么这部分货币需求就可以表示为 $L_T = L_T(Y) = kY,\ k > 0$，参数 k 表达了货币需求对收入变化的敏感程度，当 k 越大时，收入变化对货币需求的影响就越大。例如，某人月收入为 3 000 元，在一个月(一个月以 30 天计算)内均匀花费自己的收入，那么，该人每天可以花费 $\frac{3\,000}{30} = 100$ 元。第 1 天持有的货币是 3 000 元，第 1 天结束时，持有 2 900 元，第 2 天结束时手中还有 2 800 元，以此类推。以 n 代表一个月中的某一天，我们把该人每天持有的货币量为：

$$\{3\,000+2\,900+2\,800+\cdots+[3\,000-100\times(n-1)]+0\}\times\frac{1}{30}$$

$$=\frac{(3\,000+0)\times 30}{2\times 30}=1\,500$$

由此可得，每天平均持有的货币量是收入的0.5倍，即$k=0.5$。我们可以用图6.3表示这种情况。

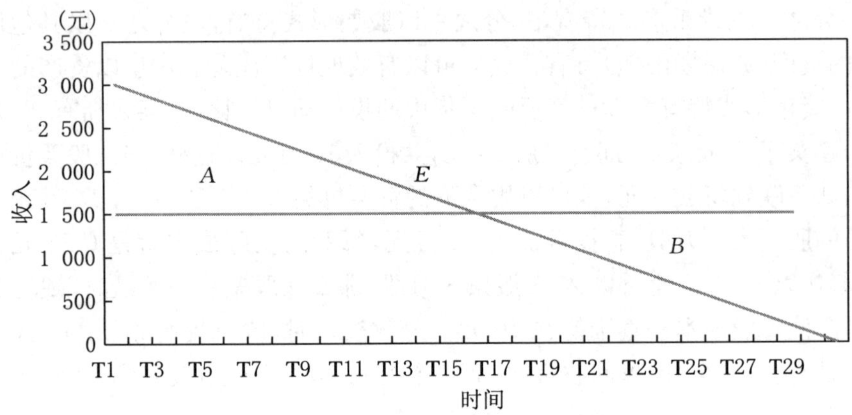

图 6.3　货币需求与收入

由图6.3可见，面积A与B是全等的，将A部分切割移到B部分，可见如果该消费者以均匀方式花费自己的收入，平均每天持有的货币量就是其收入的一半。

图6.4表达了交易和预防动机货币需求与收入的关系，它是一条向右上方倾斜的射线。图6.4中，当收入水平为Y_1时，这部分货币需求为$L_{T1}=kY_1$。

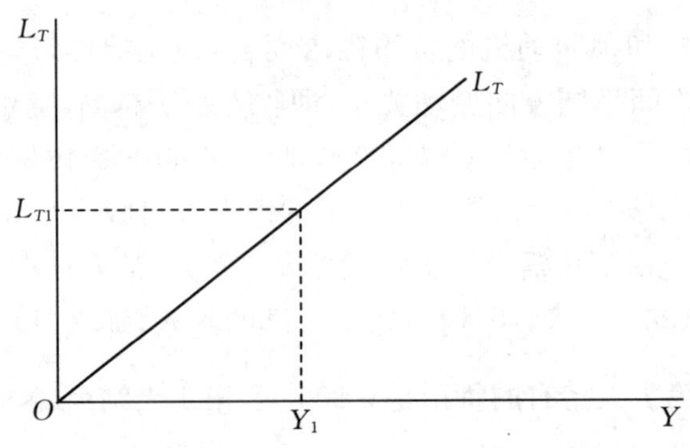

图 6.4　交易和预防动机货币需求

利率与投机动机的货币需求间呈现反方向变动的关系。可以从两个方面理解，一方面是利率可以度量持有货币的机会成本，当利率水平较高时，持有货币的机会成本较高，人们就不愿意大量持有货币；反之，当利率水平较低时，持有货币的机会成本变小，人们就更愿意增加货币的持有量。例如，当年利率水平为15%时，持有100元货币一年的机会成本是15元（$100\times15\%=15$），即消费者损失了以其他资产形式持有自己的财富可以获得收益的机会。当年利率水平下降到5%时，持有100元货币一年的机会成本降到5元，这样人们就会增加货币的持有量。另一方面，在人们的资产总量给定时，以货币的形式持有量越大，以其他资产形式持有量越小，假定其他资产只有一种，称为债券（其他类型资产与债券类似，都是流动性较低，而有一定的收益性，假定只有债券这种非货币资产不影响分析结论）。那么，货币和债券的持有量之间呈反方向变动。由于债券价格是其可获得收益的资本化，即 $P_B=\dfrac{R}{r}$，其中 P_B 代表债券价格，R 代表债券收益，r 代表利率，为简化起见，这里假定债券是无限期年的，如英国的金边债券。当利率水平提高时，在债券收益不变的情况下，债券价格下降，根据需求定律，人们会增加对债券的持有量，从而减少货币需求。反之，则减少对债券的持有量，增加货币需求。可用下面图式表示这种关系：

$$r\uparrow\Rightarrow P_B=\frac{R}{r\uparrow}\downarrow\Rightarrow D_B\uparrow\Rightarrow L\downarrow$$

$$r\downarrow\Rightarrow P_B=\frac{R}{r\downarrow}\uparrow\Rightarrow D_B\downarrow\Rightarrow L\uparrow$$

上述利率与货币需求的关系可用下式来表示：$L_S=L_S(r)=H_0-hr,\ h>0$

其中，H_0 为常数项，或者称为不受利率影响的投机动机货币需求，h 为货币需求对利率的敏感参数，即当 h 越大，货币需求对利率变化越敏感。当利率水平异常高或异常低时，投机动机的货币需求会趋向于零或无穷大。在利率水平异常高的情况下，债券价格变得非常低，人们会预期债券价格会提高，利率不会在高水平维持过久，会大幅度增加债券的购买量，这时投机动机货币需求降到零。当利率水平异常低时，债券价格变得非常高，人们又会预期债券价格会下跌，利率不会在低水平维持太久，从而不去购买债券，尽量将货币持有在手中。这种情况凯恩斯称为“流动性陷阱”，即这时增加货币供应量以降低利率的政策不会收到任何效果，货币需求趋向于无穷大。这时，货币需求曲线为一条水平线。如图6.5所示，当利率水平为 r_1 时，货币需求量为 L_{S1}，利率水平进一步提高，货币需求量也不会减少很多。当利率水平为 r_2 时，货币需求量为

L_{S2}，利率水平降到 r_2 后不可能再下降，人们会持有任何新增的货币供应量，如 L'_{S2}。

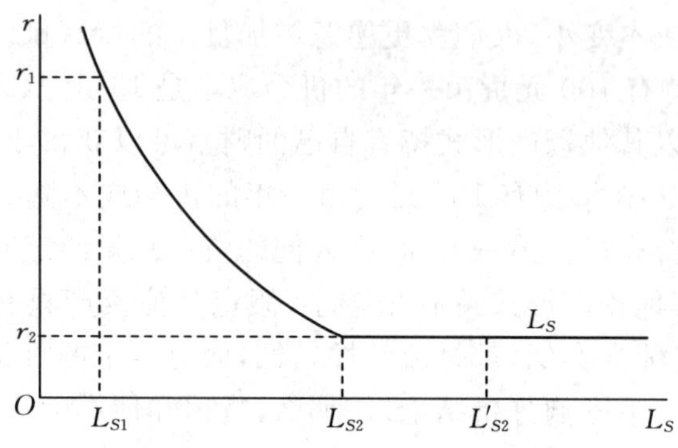

图 6.5　投机动机货币需求

价格水平对货币需求的影响，主要体现在它改变了实际货币需求水平，令 m_d 为实际货币需求量，反映了消费者用持有的货币能够购买的实际商品的数量。例如，当商品价格水平为 2 时，消费者 100 元的名义货币可以购买 50 单位的商品，若商品价格水平提高到 4 时，同样数量的名义货币只可以购买到 25 单位的商品。因此，在实际货币需求或消费者消费的商品和劳务的实际数量不变时，名义货币需求与价格水平之间呈现一对一的关系，对价格水平提高一倍，名义货币需求也提高一倍。这时，有如下关系：$m_d=\frac{L}{P}$，其中 P 为价格水平。

三、货币需求函数

所谓货币需求函数就是影响货币需求的主要因素与货币需求间的函数关系，根据前面的分析，我们可以得到下述两个货币需求函数：

名义货币需求函数：

$$L=L_T+L_S=H_0+kY-hr \qquad \text{(式 6.2)}$$

实际货币需求函数：

$$m_d=\frac{L}{P}=L_T+L_S=H_0+kY-hr \qquad \text{(式 6.3)}$$

在目前不考虑价格水平的情况下，名义和实际货币需求函数是一致的。此外，为简化起见，我们将投机动机货币需求函数中的常数项归并入交易和预防动机的表达式，上述函数变为：

名义货币需求函数：

$$L=L_T+L_S=kY-hr \quad (式 6.4)$$

实际货币需求函数：

$$m_d=\frac{L}{P}=L_T+L_S=kY-hr \quad (式 6.5)$$

结合前面两部分货币需求函数，可以作出货币总需求函数的基本图形，如图6.6所示。在图6.6中，(1)表示交易和预防动机货币需求，由于图中是以利率和货币需求为轴作出的，因此，图6.6(1)的需求曲线是一条垂线。将图6.6中(1)和(2)两个部分水平加总，就可以得到整个货币需求曲线。具体地，可以在利率为r_1时将图中(1)的L_{T1}加上图中(2)的L_{S1}，得到图中(3)的L_1，以此类推，就可得到整条货币需求曲线。

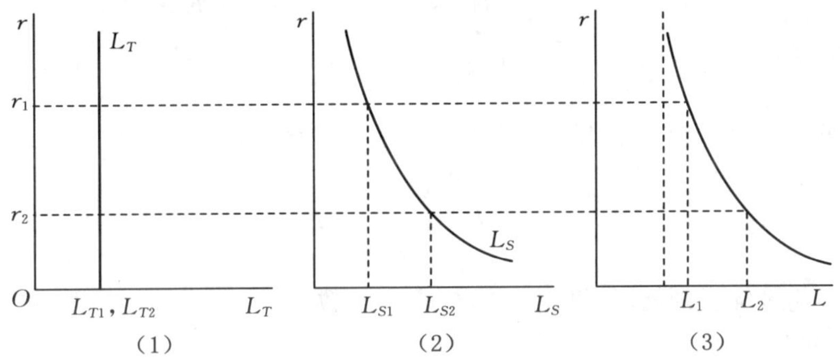

图 6.6 货币需求曲线

对于货币需求函数，不少经济学家对其进行了更为深入的研究，具体主要有鲍莫尔-托宾(Baumol and Tobin)对交易动机货币需求、惠伦(Whalen)对预防动机的货币需求以及托宾(Tobin)对投资动机货币需求的研究。下面主要介绍鲍莫尔-托宾的模型。

鲍莫尔-托宾模型主要分析了持有货币的两类成本，一类是消费者持有货币的机会成本，另一类是消费者持有其他资产的交易成本。简单来说，当消费者减少货币的持有量时，减少了持有货币的机会成本，但增加了持有其他资产的交易成本。反之，消费者增加货币的持有量，增加了持有货币的机会成本，但减少了持有其他资产的交易成本。消费者要根据这两类成本的相互关系确定最优的货币持有量。

模型的基本分析如下：

假设某消费者每隔一段时间(如每月)获得一笔收入 Y,并在其后的时间(如一个月)内均匀地花费出去。如果消费者得到收入后全部以货币形式持有,那么他平均的货币持有量就是收入的一半,即 $\frac{Y}{2}$。假如,持有期的利率为 r,则消费者持有货币的机会成本就是 $\frac{1}{2}rY$。另一方面,如果消费者希望降低持有货币的机会成本,可以将一部分货币用于购买生息资产(如债券),在需要货币时再将生息资产出售,这样会发生一笔交易成本,如以存款的形式存入银行,消费者要到银行排队、等候,花费一定的精力。如以债券、股票等形式投资时,要支付一笔佣金。假定交易成本与交易次数相关,每次交易的交易成本为 b。

在上述情况下,我们来分析消费者的最优决策。假设消费者在期初以生息资产持有全部的收入 Y,然后定期出售 K 单位生息资产以获得交易所需要的货币,那么生息资产的交易次数就是 $\frac{Y}{K}$,总交易成本为 $b\cdot\frac{Y}{K}$。这样,在每一给定时期消费者持有的货币量为 $\frac{K}{2}$,持有货币的机会成本为 $\frac{1}{2}rK$。因此,消费者最优决策就是要选择一个 K 值,使下列总成本达到最小:

$$C_m = b\cdot\frac{Y}{K}+\frac{1}{2}rK$$

求解此最优规划问题,即对上述总成本函数求关于 K 的一阶导数,并令其等于零,可得:

$$\frac{\partial C_m}{\partial K}=\frac{-bY}{K^2}+\frac{1}{2}r=0$$

解出 K 值,可得:$K=\sqrt{\frac{2bY}{r}}$,即为使总成本 C_m 最小的定期出售生息资产额。那么,消费者平均货币持有量就是 $L=\frac{K}{2}=\frac{1}{2}\sqrt{\frac{2bY}{r}}$,这一函数也称为鲍莫尔平方根公式。由此可见,交易动机货币需求也是利率和收入的函数。

进一步,根据鲍莫尔平方根公式,可以得出货币交易需求的收入弹性 E_Y 和利率弹性 E_r。根据弹性公式可得:

$$E_Y=\frac{\partial L}{\partial Y}\cdot\frac{Y}{L}=\frac{1}{2}\cdot\frac{1}{2}\cdot\frac{2b}{r}\cdot\left(\frac{2bY}{r}\right)^{-\frac{1}{2}}\cdot\frac{Y}{\frac{1}{2}\left(\frac{2bY}{r}\right)^{\frac{1}{2}}}=\frac{1}{2}=0.5$$

$$E_r=\frac{\partial L}{\partial r}\cdot\frac{r}{L}=\frac{1}{2}\cdot\frac{1}{2}\cdot\frac{-2bY}{r^2}\cdot\left(\frac{2bY}{r}\right)^{-\frac{1}{2}}\cdot\frac{r}{\frac{1}{2}\left(\frac{2bY}{r}\right)^{\frac{1}{2}}}=-\frac{1}{2}=-0.5$$

货币交易需求的收入弹性和利率弹性表示，收入提高 1 个百分点，货币需求将增加 0.5 个百分点，而利率提高 1 个百分点，货币需求则下降 0.5 个百分点。

第四节　货币市场均衡

一、均衡利率的决定

上面分别研究了货币市场的两极力量，接下来，我们将货币需求和货币供给放在一起，考察货币市场中均衡利率的决定问题。

虽然中央银行不能完全控制货币供给量，但可以在很大程度上影响它，个人和企业的行为都受制于中央银行的货币政策，因此，一般将货币供给看作货币市场的外生变量，货币供给曲线是一条垂线。

在图 6.7 中，横轴代表货币需求和供给，纵轴代表利率，那么两条曲线的交点 E 就是货币市场的均衡点，其对应的利率 r^* 就是均衡利率。当市场实际利率为高于均衡利率 r^* 的 r_1，货币需求为 L_1，由于货币供给为 $\overline{M}$，货币需求小于货币供给，生息资产价格较低，愿意购买生息资产的人数众多，那么会抬高生息资产的价格，从而促使利率降低，只有在均衡利率水平，货币与生息资产之间才达到均衡，人们的行为不再有改变的动机。反之，当市场实际利率低于均衡利率，为 r_2 时，货币需求为 L_2，货币需求大于货币供给生息资产价格较高，愿意出售生息资产的人数众多，从而会降低生息资产价格，促使利率提高，同样只有在

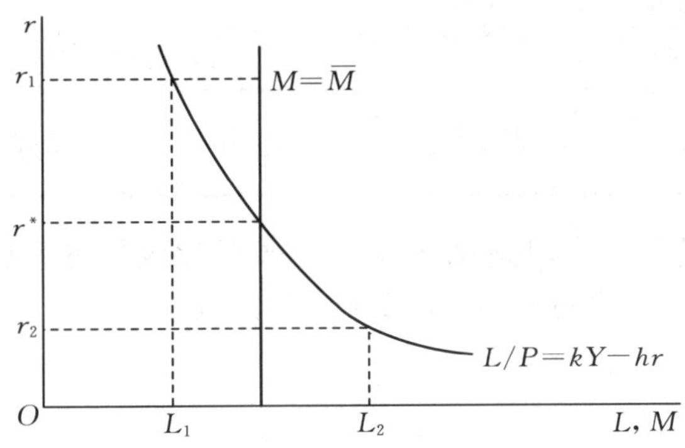

图 6.7　货币市场均衡

均衡利率水平，货币市场达到均衡，同时也意味着生息资产市场达到均衡。

结合前面的分析，我们可以用模型来说明货币市场均衡问题，用 M 表示货币供给，则货币供给函数为 $M=\bar{M}$，是一个外生变量。模型结构如下：

$$
\begin{cases}
M=L & \text{均衡条件} \\
\dfrac{L}{P}=kY-hr & \text{货币需求函数} \\
M=\bar{M} & \text{货币供给函数}
\end{cases}
$$

当收入 Y、参数 k、h 给定时，可以求解出均衡的利率水平，即为：

$$r^*=\frac{kY}{h}-\frac{\bar{M}}{hP}$$

二、均衡利率和均衡货币量的变动

当货币需求曲线、货币供给曲线或者两者发生变动时，均衡利率水平会相应变动，表 6.4 给出了货币市场的比较静态情况。

表 6.4　货币市场的比较静态分析

变动项目		货币需求曲线变动方向	货币供给曲线变动方向	均衡利率	均衡货币量
货币需求	增加	右上方	不变	提高	不变
	减少	左下方	不变	下降	不变
货币供给	增加	不变	右方	下降	增加
	减少	不变	左方	提高	减少
货币需求和供给同时变化	同时增加	右上方	右方	不确定	增加
	同时减少	左下方	左方	不确定	减少
	需求增加供给减少	右上方	左方	提高	减少
	需求减少供给增加	左下方	右方	下降	增加

从均衡利率的表达式，我们得到几个重要的比较静态导数，反映了货币需求、货币供给以及相关参数变动对均衡利率的影响。

当收入变化时，可得：

$$\frac{\partial r^*}{\partial Y}=\frac{k}{h}$$

由于 k, $h>0$, 因此, $\frac{\partial r^*}{\partial Y}>0$, 收入和均衡利率同方向变动。

当货币供给变化时,可得:

$$\frac{\partial r^*}{\partial \bar{M}}=-\frac{1}{hP}$$

由于 h, $P>0$, 因此, $\frac{\partial r^*}{\partial \bar{M}}<0$, 货币供给与均衡利率反方向变动。

同样,我们可以求出关于 k、h 和 P 的比较静态导数,根据导数的符号可以确定这些参数与均衡利率的关系。下面列举出来不再详细分析。

$$\frac{\partial r^*}{\partial k}=\frac{Y}{h}>0\ ;\ \frac{\partial r^*}{\partial h}=\frac{-kY}{h^2}<0\ ;\ \frac{\partial r^*}{\partial P}=\frac{\bar{M}}{(hP)^2}>0$$

习题六

1. 通货是指(　　)。

A. 铸币、纸币　B. 储蓄存款　C. 活期存款　D. 定期存款

2. 当利率降得很低时,人们购买债券的风险将会(　　)。

A. 变得很小　B. 变得很大　C. 不变　D. 无法确定

3. 狭义货币供给中包括(　　)。

A. 定期存款　B. 储蓄存款

C. 活期存款　D. 大额可转让存单

4. 当利率降低时,人们将增加(　　)。

A. 交易动机货币需求　B. 投机动机货币需求

C. 预防动机货币需求　D. 上述任一种

5. 若法定存款准备金率为0.1,通货存款比率为0.4,超额准备金率为0.06,则货币乘数为(　　)。

A. 10　B. 5　C. 2.5　D. 2

6. 商业银行的主要业务有(　　)。

A. 资产业务　B. 负债业务　C. 表外业务　D. 以上均是

7. 试阐述货币节约社会交易成本的功能。

8. 为什么银行不持有百分之一百的准备金? 银行持有的准备金量与银行体系创造的货币量之间有何关系?

9. 中央银行能否完全控制货币供给? 为什么?

10. 货币需求与利率之间的关系如何?

第七章

扩展的凯恩斯宏观经济模型：*IS-LM* 模型

经济学家用树枝在地上划了一个大大“×”号，指着其中的一条说，“你把这一条往上推一推，看看，失业下降了，收入提高了”。问题是，如果真是这样的话，经济学家就失业了。

——题记

学 习 目 标

通过本章的学习，你应当能够：

1. 掌握 *IS* 曲线的推导过程；
2. 掌握 *IS* 曲线的基本特征，熟悉造成 *IS* 曲线移动的基本因素；
3. 了解产品市场失衡时 *IS* 曲线的基本变动趋势；
4. 掌握 *LM* 曲线的推导过程；
5. 掌握 *LM* 曲线的基本特征，熟悉造成 *LM* 曲线移动的基本因素；
6. 了解货币市场失衡时 *LM* 曲线的基本变动状况；
7. 掌握当产品市场和货币市场同时均衡时均衡利率和均衡收入决定的基本关系；
8. 熟悉 *IS-LM* 模型的政策含义。

收入支出模型中假定货币市场是外生决定的，从而利率给定、投资为自发性的，那么当利率由货币市场决定，利率变动引起投资变动时，均衡国民收入会发生什么样的变动呢？进一步，均衡收入变动后，引起交易和预防动机货币需求变动，进而对货币市场均衡产生影响，那么这时利率又将如何变动？分别来看，前面两章实际上会陷入循环推理的怪圈，如图 7.1 所示。

产品市场　　均衡收入 ⇐ 总需求（总支出）{ 消费 — 稳定；投资 — 不稳定 ⇐ 利率；政府购买 — 政府决定；净出口 — 外部经济决定 }

货币市场　　均衡利率 ⇐ { 货币供给 — 中央银行决定；货币需求 ⇐ { 投机动机 ⇐ 利率；交易动机、预防动机 ⇐ 均衡收入 } }

图 7.1　产品市场和货币市场一般均衡的逻辑

从图 7.1 中可见，在产品市场上，均衡收入取决于总需求（即总支出），总需求的四个构成部分中，消费短期内有波动，但长期是相当稳定的；政府购买属于政府可以决定的变量，是模型的外生变量；净出口取决于国外经济状况，尤其对本国若是大国而言，这部分影响较小；经济中最为活跃的因素就是投资，前面乘数原理和加速原理都说明了投资的不稳定性，而投资又取决于利率。因此，在产品市场上均衡收入的决定取决于利率水平。在货币市场上，均衡利率取决于货币供给和货币需求，货币供给是中央银行在很大程度上可以决定的变量，可以视为模型的外生变量；在货币需求中，投机动机部分本身又是利率的函数，而交易动机和预防动机货币需求取决于均衡收入水平。因此，货币市场上均衡利率取决于均衡收入水平。因此，只有将产品市场和货币市场同时结合起来，考察两个市场同时达到均衡的一般均衡状态，才能够同时决定均衡收入和均衡利率。英国经济学家希克斯（J.R.Hicks）1937 年在其《凯恩斯先生与古典学派：提出的一种解释》一文中，建立了对凯恩斯理论进行经典解释的 *IS-LM* 模型，后来美国的汉森（A.H.Hansen）加以普及推广，宏观经济学中也将该模型称为“汉森—希克斯模型”。

本章分别在产品市场均衡和货币市场均衡的基础上推导 *IS* 曲线和 *LM* 曲线，着重分析两个市场一般均衡的政策含义。

第一节　产品市场均衡

一、产品市场均衡曲线的推导

本章中，我们将第五章收入支出模型中货币市场给定的假定取消，考察放松这个假定后产品市场中利率和均衡国民收入之间的关系。

首先考察两部门经济产品市场均衡问题。其模型为：

$$\begin{cases} Y = C + I & \text{均衡条件} \\ C = a + bY & \text{消费函数} \\ I = e - dr & \text{投资函数} \end{cases}$$

这时，投资是关于利率的函数，求解该模型，可以得出关于 r 和 Y 的表达式：

$$Y=\frac{a+e}{1-b}-\frac{d}{1-b}\cdot r \text{ 或 } r=\frac{a+e}{d}-\frac{1-b}{d}\cdot Y \qquad \text{(式 7.1)}$$

前者以利率作为自变量，收入作为函数，后一个表达式将利率作为收入的函数。习惯上，在图形分析中我们将利率放置在纵轴，收入用横轴表示，因此教学中常用后一种表达式。不过，二者之间没有本质的差别。

从上述函数表达式来看，是一条纵截距为 $\frac{a+e}{d}$、斜率为 $-\frac{1-b}{d}$ 的直线，由于这一表达式是在产品市场均衡条件基础上推导出来的，因此，该直线上任何一点代表的利率和收入组合均能使产品市场达到均衡。

当使用投资等于储蓄这一等价均衡条件时，其模型为：

$$\begin{cases} I=S & \text{均衡条件} \\ S=-a+(1-b)Y & \text{储蓄函数} \\ I=e-dr & \text{投资函数} \end{cases}$$

求解模型得到的结论是一样的。因为该直线满足投资等于储蓄的均衡条件，因此，习惯上将其称为 IS 曲线，其含义是产品市场均衡(计划投资等于计划储蓄，$I=S$)时，利率与收入之间的函数关系。

图 7.2 绘出了产品市场均衡时的 IS 曲线。图 7.2 中，当经济处于 A 点的组合时，其坐标为 (Y_A, r_A)，产品市场处于均衡状态；当经济处于 B 点时，坐标为 (Y_B, r_B)，同样能够使产品市场达到均衡。

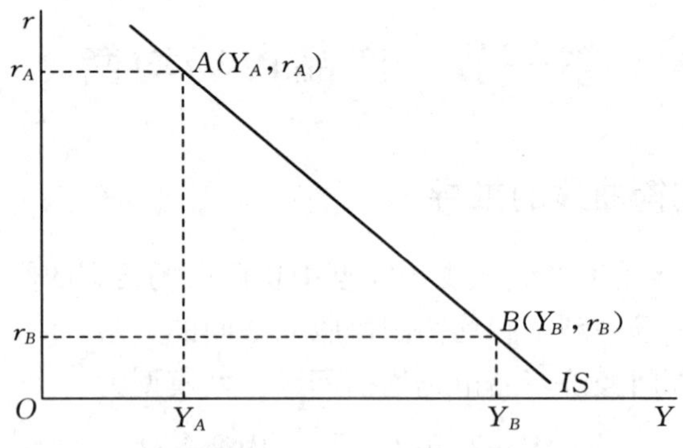

图 7.2　*IS* 曲线

其次，我们考察三部门经济中产品市场均衡问题。其模型是：

$$\begin{cases} Y = C + I + G & \text{均衡条件} \\ C = a + bY_D & \text{消费函数} \\ Y_D = Y - T & \text{可支配收入函数} \\ T = T_0 + tY & \text{税收函数} \\ I = e - dr & \text{投资函数} \\ G = \overline{G} & \text{政府支出函数} \end{cases}$$

上述模型中与第五章唯一的区别是投资函数，原来看作是自发性投资，现在为利率的函数。求解模型，可得：

$$Y = \frac{a + e - bT_0 + \overline{G}}{1 - b(1 - t)} - \frac{d}{1 - b(1 - t)} \cdot r$$

或者

$$r = \frac{a + e - bT_0 + \overline{G}}{d} - \frac{1 - b(1 - t)}{d} \cdot Y \qquad \text{（式 7.2）}$$

上两式就是三部门经济中的 *IS* 曲线，看上去复杂一些，实际仍是简单的线性函数，图形与图 7.2 所示相同。

再次，四部门经济的模型是：

$$\begin{cases} Y = C + I + G + X - M & \text{均衡条件} \\ C = a + bY_D & \text{消费函数} \\ Y_D = Y - T + TR & \text{可支配收入函数} \\ T = T_0 + tY & \text{税收函数} \\ I = e - dr & \text{投资函数} \\ G = \overline{G} & \text{政府支出函数} \\ TR = \overline{TR} & \text{转移支付函数} \\ X = \overline{X} & \text{出口函数} \\ M = M_0 + mY & \text{进口函数} \end{cases}$$

求解模型，可得：

$$Y = \frac{a + e - bT_0 + b\overline{TR} + \overline{G} + \overline{X} - M_0}{1 - b(1 - t) + m} - \frac{d}{1 - b(1 - t) + m} \cdot r$$

或者

$$r = \frac{a + e - bT_0 + b\overline{TR} + \overline{G} + \overline{X} - M_0}{d} - \frac{1 - b(1 - t) + m}{d} \cdot Y \qquad \text{（式 7.3）}$$

对于 IS 曲线还可以运用图形方式推导，见图 7.3。图 7.3 中分为四个部分，图(1)中纵轴为利率，横轴为投资，反映了投资需求曲线，当利率确定时，从图中可以得到相应的投资量。图(2)中纵轴为 I 和 S，横轴也为 I 和 S。图(2)是一种技术性转换图，利用 45°线的特点，将横轴的值转化到纵轴，或者将纵轴的值转化到横轴。这也是 45°线的另一重要应用。图(3)纵轴为 I 和 S，横轴为国民收入，表达了收入支出模型，在给定投资水平时可以决定均衡收入水平。图(4)中纵轴为利率，横轴为收入，这是我们要推导的 IS 曲线要出现的地方。

IS 曲线的推导过程可从图(1)开始。当货币市场决定了利率水平为 r_1 时，根据投资需求曲线，可得投资量为 I_1，经过图(2)将 I_1 投资量转化到纵轴，那么从图(3)可知，当投资量为 I_1 时，相应的均衡收入为 Y_1，将图(1)利率 r_1 与收入 Y_1 组合起来，就可以得到图(4)中的 A 点。按照同样的办法，利率为 r_2 时投资为 I_2，收入为 Y_2，又可以得到点 B，依此类推，对应于一个利率水平，可以求得一个均衡收入，将其描到图(4)中即可得到反映产品市场均衡时利率和国民收入关系的 IS 曲线。当然，图形推导中，图(3)也可以使用消费函数的方式，只不过投资变动后反映为总需求曲线上下移动。

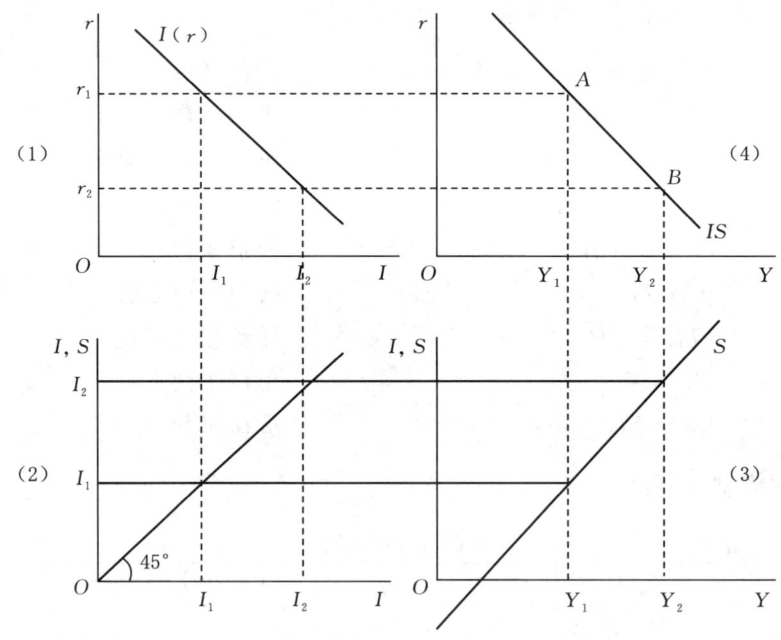

图 7.3 *IS* 曲线的推导

二、IS 曲线的特征

IS 曲线的特征主要体现在其位置和倾斜状况方面。由于 IS 曲线的位置和倾斜状况对政府采取某些政策的效果会产生很大的影响，在此进行较为深入的分析，本章后面及宏观经济政策一章还要对其分析。

反映 IS 曲线倾斜状况的参数就是 IS 曲线的斜率，从四部门经济的表达式中可见 IS 曲线的斜率为 $\mu=-\frac{1-b(1-t)+m}{d}$，进一步可改写为：

$$\mu=-\frac{1}{\frac{1}{1-b(1-t)+m}\cdot d}=-\frac{1}{K_I\cdot d}$$

因此，斜率可以表达为四部门经济中的乘数 K_I 和投资对利率的敏感程度 d 的乘积的倒数，边际消费倾向 b、税率 t 和边际进口倾向 m 通过对乘数影响到 IS 曲线的倾斜状况。分析这些参数的变化，可以得出如下结论：

(1) 边际消费倾向 b 越大、税率 t 越小、边际进口倾向 m 越小，乘数越大，那么 IS 曲线越平坦；边际消费倾向 b 越小、税率 t 越大、边际进口倾向 m 越大，乘数越小，那么 IS 曲线越陡直。这是因为，其他条件不变时，当边际消费倾向越大，乘数越大，等量利率变动能够引起均衡收入更大的变化。如图 7.4 所示，先看 IS_1 的推导，当利率为 r_1 时，投资为 I_1，总需求曲线为 AD_1，图 7.4 中上图 AD_1 与 45°线的交点对应的均衡收入为 Y_1，将利率 r_1 和均衡收入 Y_1 描在下图中可得 IS_1 上的一个点。当利率下降 r_2 时，投资为 I_2，总需求曲线移动到 AD_2，图 7.4 中上图 AD_2 与 45°线的交点对应的均衡收入为 Y_2，将利率 r_2 和均衡收入 Y_2 描在下图中可得 IS_1 上的另一个点，将两点联结起来，就可以得到一条 IS 曲线，为 IS_1。我们考虑边际消费倾向较大情形时 IS 曲线的情况。当 b 较大时，乘数较大，表现为 AD 曲线更为陡峭，假定其他条件相同，可得较为陡直的总需求曲线 AD_1'，按同样方法可以得到利率 r_1 和均衡收入 Y_1'，形成 IS_2 上的一个点，同理，可以得到 IS_2 上的另一点(利率 r_2 和收入 Y_2' 的组合)。从图中可见，IS_2 比 IS_1 平坦，主要原因在于后者边际消费倾向较大，使得乘数较大，等量利率变动等量投资变动，但带来均衡收入较大的变化。其他影响乘数的因素都可以按上述方式进行分析。

(2) 投资对利率的敏感程度 d 越大，IS 曲线越平坦；反之，IS 曲线越陡直。当投资对利率较敏感时，等量利率的变动会引起投资较大的变动，那么，其他条件不变时，总需求曲线移动的幅度就越大，从而带来均衡收入较大的变化。如图 7.5 所示，利率为 r_1 时，投资为 I_1，总需求曲线为 AD_1，图 7.5 中上图 AD_1 与 45°

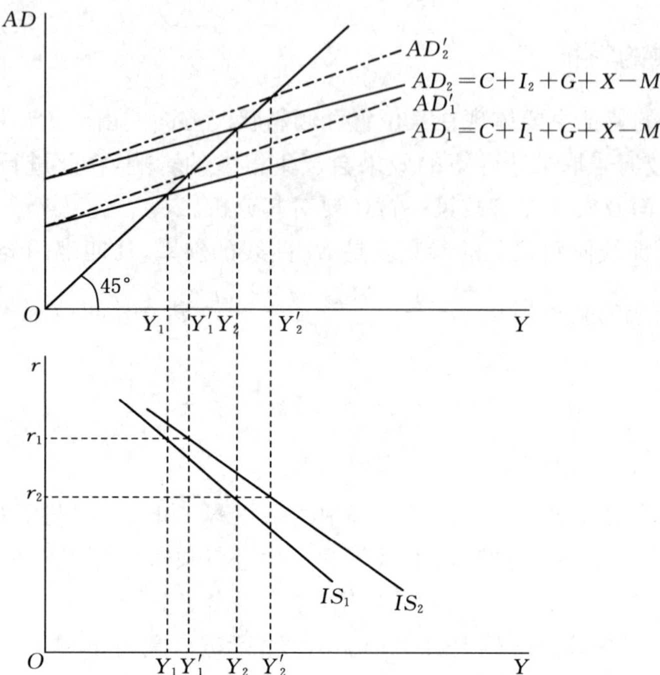

图 7.4　乘数不同时 *IS* 曲线的倾斜状况

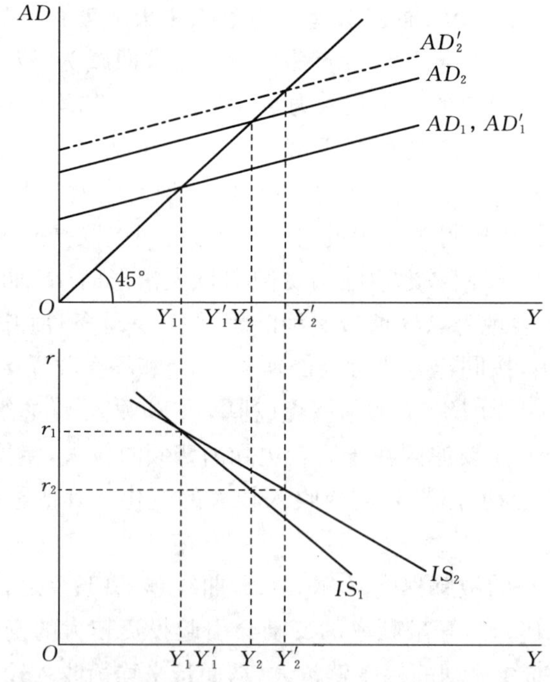

图 7.5　投资对利率敏感程度不同时 *IS* 曲线的倾斜状况

线的交点对应的均衡收入为 Y_1，将利率 r_1 和均衡收入 Y_1 描在下图中可得 IS_1 上的一个点。当利率下降到 r_2 时，投资为 I_2，总需求曲线移动到 AD_2，图 7.5 中上图 AD_2 与 45°线的交点对应的均衡收入为 Y_2，将利率 r_2 和均衡收入 Y_2 描在下图中可得 IS_1 上的另一个点，将两点联结起来，就可以得到一条 IS 曲线。这与前面相同。为便于比较，假定投资对利率敏感程度较高情况时的总需求曲线 AD_1' 与 AD_1 重合，当利率下降到 r_2 时，投资增加较高，为 I_2'，总需求曲线提高到 AD_2'，可得均衡收入为 Y_2'，与 r_2 组合可得新的 IS 曲线 IS_2，从图中可见，IS_2 比 IS_1 平坦。原因在于这时投资对利率变化较为敏感，同等利率变动引起投资较大的变化，进而造成均衡收入较大增加。

上述两种情况的区别在于，前者的影响链条是：

$$\underset{\text{同等变化}}{r} \rightarrow \underset{\text{同等变化}}{I} \rightarrow \underset{\text{较大变化}}{K_I} \rightarrow \underset{\text{较大变化}}{Y}$$

后者的影响链条是：

$$\underset{\text{同等变化}}{r} \rightarrow \underset{\text{较大变化}}{I} \rightarrow \underset{\text{同等变化}}{K_I} \rightarrow \underset{\text{较大变化}}{Y}$$

反映 IS 曲线位置的参数就是 IS 曲线的截距，从四部门经济的表达式中可见 IS 曲线的截距为 $\rho=\dfrac{a+e-bT_0+b\overline{TR}+\overline{G}+\overline{X}-M_0}{d}$。因此，当自发性消费 a、自发性投资 e、自发性税收 T_0、转移支付 TR、政府购买 G、出口 X、自发性进口 M_0 发生变化时会引起 IS 曲线移动。具体地，可分为两类因素：一类是与 IS 曲线变化方向相同的因素，主要是 a、e、TR、G、X；另一类是与 IS 曲线变化方向相反的因素，主要是 T_0 和 M_0。如图 7.6 所示，当 a、e、TR、G、X 中一个值或某种组合增加时，IS 曲线向右上方移动，对于同样的利率水平，均衡收

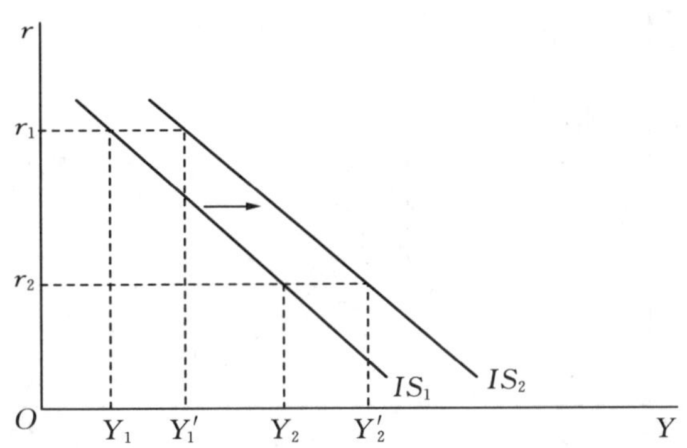

图 7.6　a、e、TR、G、X 增加时，IS 曲线的移动

入都提高了。如利率为 r_1 时,收入为 Y_1,利率为 r_2 时,收入为 Y_2,原 IS 曲线为 IS_1。当 a 增加时,对于同样的利率 r_1,收入增加到 Y_1',利率 r_2 时,收入增加到 Y_2',IS 曲线从 IS_1 移动到 IS_2。

图 7.7 表明,当 T_0 和 M_0 增加时,IS 曲线向左下方移动,反映了税收和进口对一国经济具有紧缩性的影响。

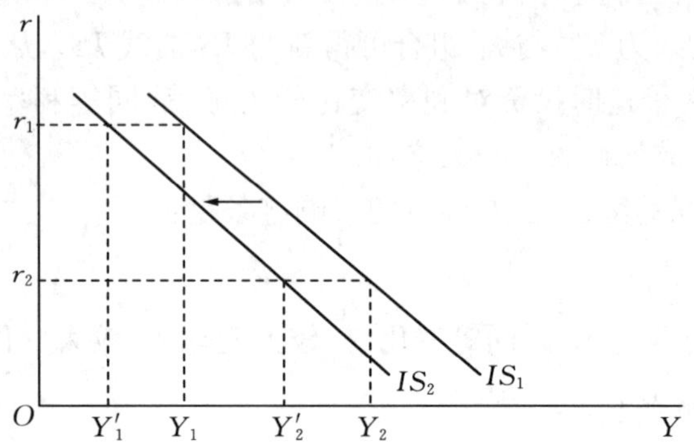

图 7.7　T_0、M_0 增加时,IS 曲线的移动

三、产品市场的失衡

IS 曲线上的利率和收入组合意味着产品市场是均衡的,那么,当经济处于不在 IS 曲线上的一点时,反映了产品市场处于失衡状态。如图 7.8 所示,不失一般性,我们在 IS 曲线右方选择任意一点 A。当经济处于 A 点时,点的坐标为 $(Y_A,\ r_A)$,当收入为 Y_A 时,产品市场均衡时的利率水平应为 E 点所对应的利率 r_E。由于利率与投资之间呈反方向变动关系,这样,A 点的投资水平 I_A 就小于 E 点的投资水平 I_E。产品市场均衡时 E 点的投资 I_E 等于储蓄 S_E,从而有 $I_A<$

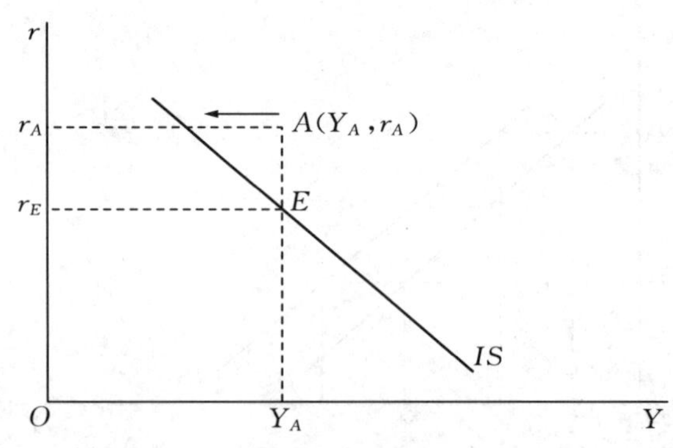

图 7.8　产品市场失衡分析(一)

$I_E=S_E$。由于 A 是任意选择的，上述结论可以推广到 IS 曲线右方所有的点，都有计划投资小于计划储蓄的特点，即 $I<S$。由于投资代表总需求一方，储蓄代表总供给一方，因此，在下一个生产环节，经济有收缩的趋势。

在图 7.9 中，我们在 IS 曲线的左下方选择任意一点 B。当经济处于 B 点时，点的坐标为(Y_B, r_B)，当收入为 Y_B 时，产品市场均衡时的利率水平应为 E 点所对应的利率 r_E。由于利率与投资之间呈反方向变动关系，这样，B 点的投资水平 I_B 就大于 E 点的投资水平 I_E。产品市场均衡时 E 点的投资 I_E 等于储蓄 S_E，从而有 $I_B>I_E=S_E$。由于 B 也是任意选择的，上述结论可以推广到 IS 曲线左方所有的点，都有计划投资大于计划储蓄的特点，即 $I>S$。这样，在下一个生产环节，经济有扩张的趋势。

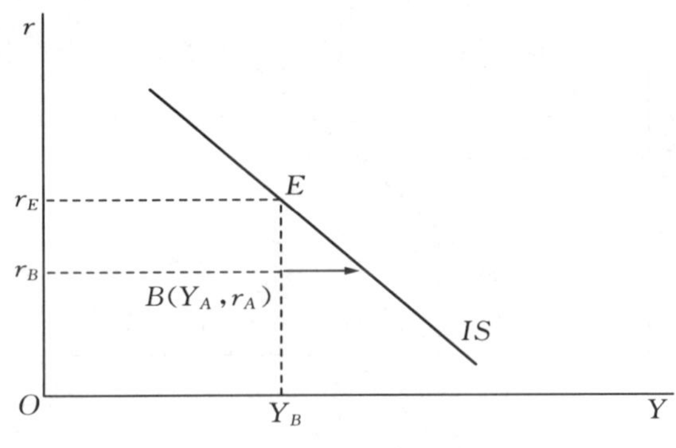

图 7.9　产品市场失衡分析(二)

第二节　货币市场的均衡

一、货币市场均衡曲线的推导

在第六章中，我们分析了货币市场均衡问题，也考虑了当收入给定情况下，均衡利率的决定问题。接下来，我们分析收入变动时，其与利率之间的关系。其模型是：

$$\begin{cases} M=L & \text{均衡条件} \\ \dfrac{L}{P}=kY-hr & \text{货币需求函数} \\ M=\overline{M} & \text{货币供给函数} \end{cases}$$

求解模型，可得 Y 和 r 的关系：

$$Y=\frac{h}{k}\cdot r+\frac{\bar{M}}{kP}$$

或者

$$r=\frac{k}{h}\cdot Y-\frac{\bar{M}}{hP} \qquad (式 7.4)$$

上面两式反映了当货币市场均衡时，利率和均衡收入之间的函数关系。由于货币市场均衡的条件是货币供给等于货币需求，即 $M=L$，因此这条曲线称为 LM 曲线。从 LM 曲线函数表达式可以看出，这是一个简单的线性函数，是以 $-\frac{\bar{M}}{hP}$ 为纵截距、斜率 $\frac{k}{h}$ 的直线，见图 7.10。

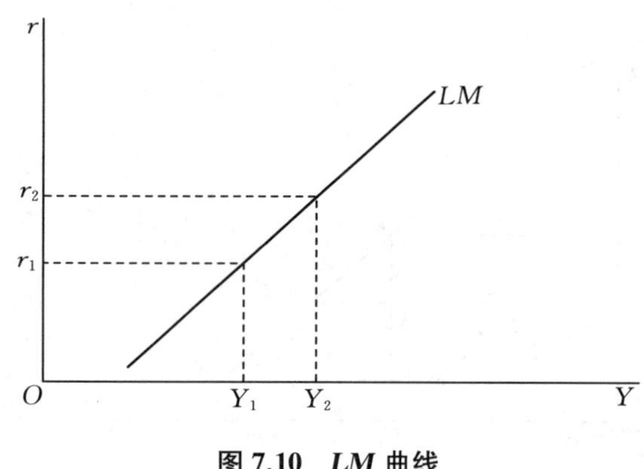

图 7.10　*LM* 曲线

同样，LM 曲线也可使用图形方法推导，下面介绍两种推导方法，见图 7.11 和图 7.12。

图 7.11 分为四个部分。图(1)纵轴为利率，横轴为投机动机货币需求，反映了利率与投机需求之间的反方向变动关系。图(2)纵轴表示交易和预防动机货币需求，横轴表示投机需求。根据货币总需求与两者的关系，我们有 $L=L_T+L_S$，可以改写为 $L_T=L-L_S$，这是一条斜率为 -1 的直线，即如果我们得到了投机动机货币需求的值，那么，根据这条直线可以得到交易和预防动机的货币需求，其作用类似于前面用到的 45°线，起到技术性的转换作用。图(3)表示交易和预防动机货币需求与收入间的关系。图(4)表示货币市场均衡时利率和国民收入间的关系。从图(1)开始分析，当利率为 r_1 时，投机需求为 L_{S1}，由图(2)得交易和预防需求为 L_{T1}，根据图(3)可得这时的收入为 Y_1，将 r_1 和 Y_1 描到图(4)中，即可得 LM 曲线上的一个点。同理，由 r_2 到 L_{S2}，再到 L_{T2}，可得收入 Y_2，这样还可以得到其余的点，将其联结起来就可以得到整条 LM 曲线。

图 7.12 也分为四部分，图(1)表示交易和预防动机货币需求与收入间关系，

图(2)表示货币总需求与交易和预防需求，图(3)表示利率与货币总需求关系，图(4)为利率和收入间的关系。从图(1)开始，当收入为 Y_1 时，交易和预防需求为

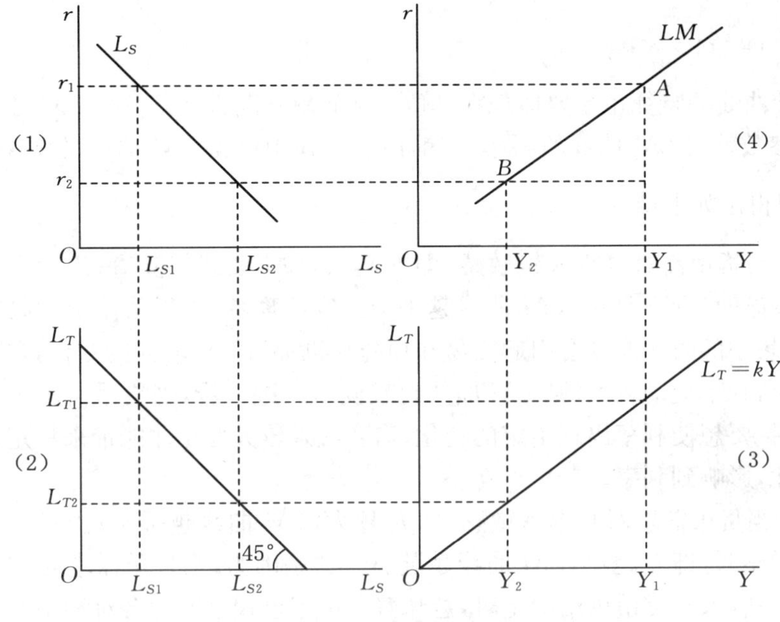

图 7.11　*LM* 曲线的推导(一)

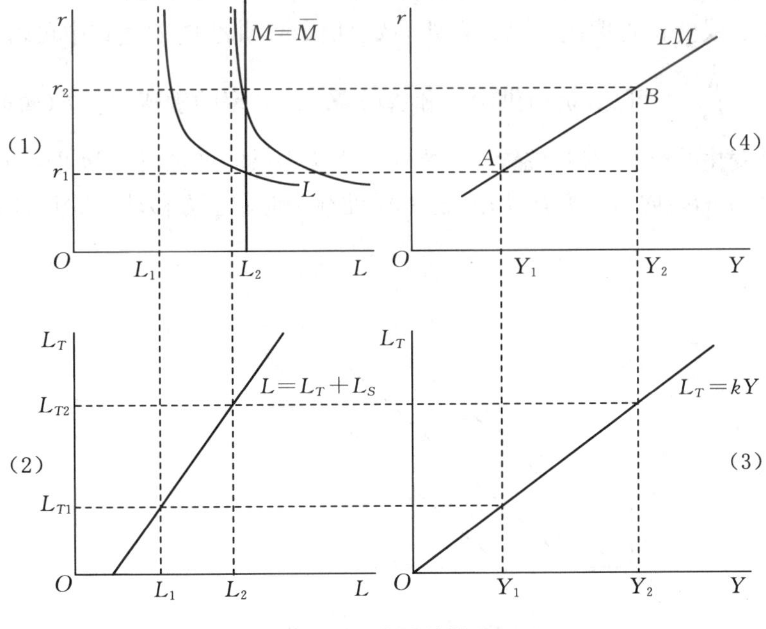

图 7.12　*LM* 曲线的推导(二)

L_{T1}，对应地从图(2)可得货币总需求为 L_1，该货币总需求与图(3)中的货币供给共同决定了利率水平为 r_1，将 r_1 和 Y_1 描到图(4)中，即可得 LM 曲线上的一个点。同理，还可以得到 LM 曲线上的其余点。

二、LM 曲线的特征

LM 曲线的特征也主要体现在其位置和倾斜状况方面。反映 LM 曲线倾斜状况的参数就是 LM 曲线的斜率，从前面表达式中可见 LM 曲线的斜率为 $\phi=\frac{k}{h}$，可以得出如下结论：

(1) 当货币需求对收入越敏感，即 k 越大，LM 曲线越陡直；当货币需求对收入不敏感时，即 k 越小，LM 曲线越平坦。容易理解，当货币需求对收入比较敏感时，较小的收入变动会引起交易和预防动机货币需求较大的变化，在货币供给给定时，利率变动较大，则 LM 曲线比较陡直。进一步，当货币需求对收入不太敏感时，要想使利率出现给定的变化，需要收入较大变化才能带来一定的货币需求变化，影响到利率。

(2) 当货币需求对利率越敏感，即 h 越大，LM 曲线越平坦；当货币需求对利率不敏感时，即 h 越小，LM 曲线越陡直。这是因为，当货币需求对利率变化敏感时，在收入和货币供给给定时，意味着货币需求较小变化会对利率产生较大的影响，因而相对于既定的收入，对应着较小的利率变化，LM 曲线较平坦。反之，相对于既定的收入对应着较大的利率变化，LM 曲线较陡直。

LM 曲线的位置取决于其纵截距，从上面 LM 曲线的表达式中可得，其纵截距为 $\theta=-\frac{\overline{M}}{hP}$。可见，货币供给 $\overline{M}$ 和货币需求对利率的敏感程度 h(暂时不考虑价格水平变化的影响)对其位置产生影响。当货币供给增加时，LM 曲线负向纵截距变大，LM 曲线向右下方移动；反之，LM 曲线则向左上方移动，见图 7.13。

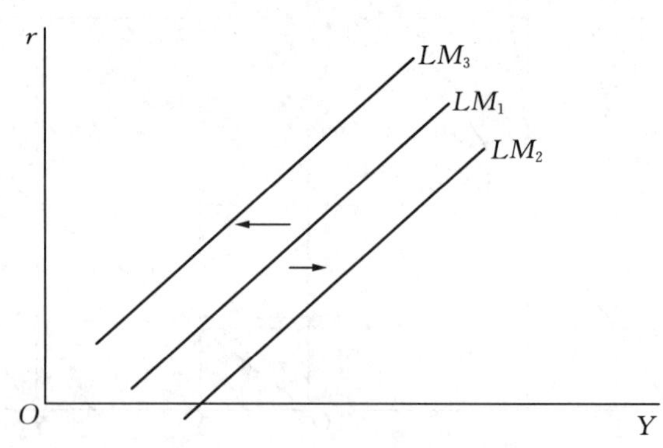

图 7.13 LM 曲线的移动

货币需求对利率的敏感程度对 LM 曲线会产生双重影响：一重影响是，当 h 变大时，LM 曲线负向纵截距变小，LM 曲线向左上方移动；当 h 变小时，LM 曲线向右下方移动；另一重影响是，当 h 变大时，LM 曲线变得平坦，h 变小时，LM 曲线变得陡直。总结起来看，这时 LM 曲线既发生旋转又发生平移，如图 7.14 所示。

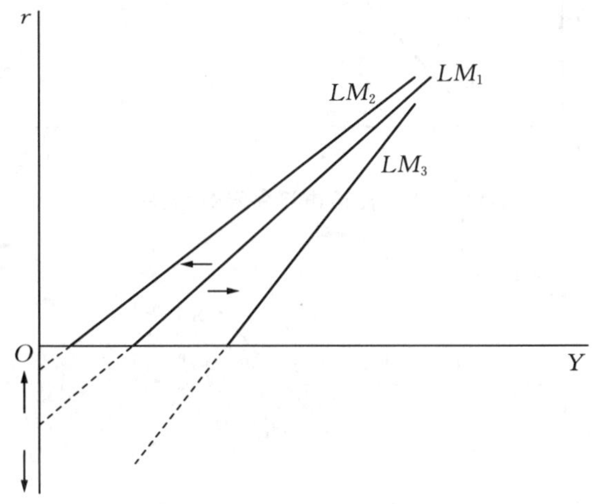

图 7.14　*h* 变化时 *LM* 曲线的变动

三、货币市场的失衡

与分析产品市场失衡的情况相似。LM 曲线上的利率和收入组合意味着货币市场是均衡的，那么，当经济处于不在 LM 曲线上的一点时，反映了货币市场处于失衡状态。如图 7.15 所示，不失一般性，我们在 LM 曲线右方选择任意一点 A。当经济处于 A 点时，点的坐标为(Y_A, r_A)，当收入为 Y_A 时，货币市场均衡时的利率水平应为 E 点所对应的利率 r_E。由于利率与投机动机货币需求之间呈反方向变动关系，这样，A 点的投机需求水平 L_{SA} 就小于 E 点的投机需求水平 L_{SE}。由于这时收入水平为 Y_A，交易和预防动机需求在两点 A 和 E 是一样的，设为 L_T，

那么有：

$$L_{SA} < L_{SE} \Rightarrow L_{SA} + L_T < L_{SE} + L_T \Rightarrow L_A < L_E$$

即 A 点的货币总需求小于 E 点的货币总需求。在收入为 Y_A 情况下，货币市场均衡时 E 点的货币供给 M_E 等于货币需求 L_E，从而有 $L_A < L_E = M_E$。同样，由于 A 是任意选择的，上述结论可以推广到 LM 曲线右方所有的点，都有货币需求小于货币供给的特点，即 $L < M$，因而货币市场中利率有下降的趋势。

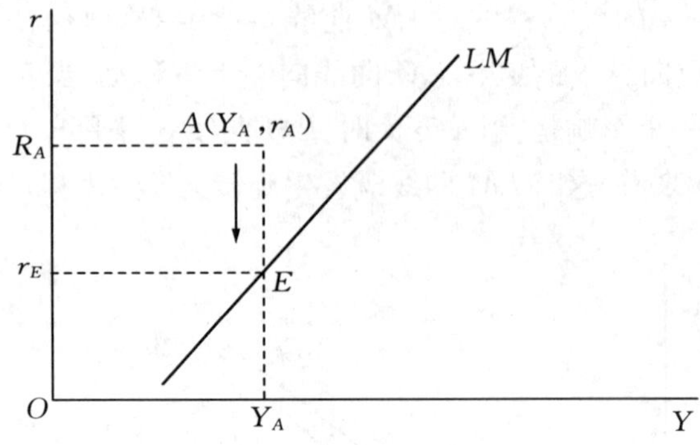

图 7.15　货币市场失衡分析(一)

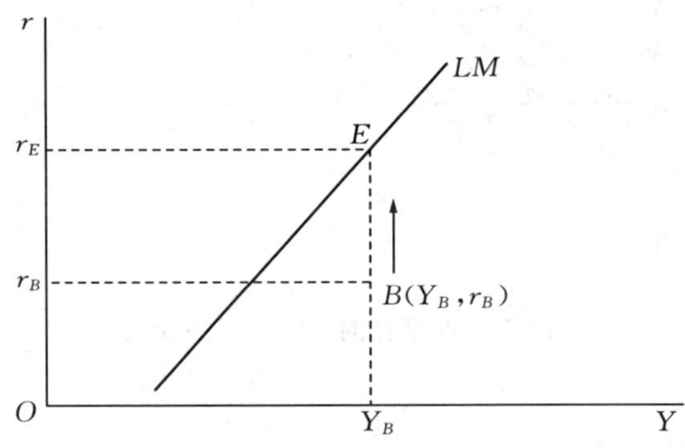

图 7.16　货币市场失衡分析(二)

在图 7.16 中,我们在 LM 曲线的右方选择任意一点 B。同理可得:

$$L_{SB} > L_{SE} \Rightarrow L_{SB} + L_T > L_{SE} + L_T \Rightarrow L_B > L_E$$

即 B 点的货币总需求大于 E 点的货币总需求。在收入为 Y_B 情况下,货币市场均衡时 E 点的货币供给 M_E 等于货币需求 L_E,从而有 $L_B > L_E = M_E$。同样,上述结论可以推广到 LM 曲线左方所有的点,都有货币需求大于货币供给的特点,即 $L > M$,因而货币市场中利率有提高的趋势。

第三节　产品市场与货币市场的一般均衡

一、均衡利率和均衡收入的决定

当产品市场与货币市场达到一般均衡时,均衡利率和均衡收入必须同时满足两个市场的均衡。这样,我们就可以构造 IS-LM 模型。其模型为:

$$\begin{cases} IS = LM & \text{均衡条件} \\ r = \dfrac{a + e - bT_0 + b\overline{TR} + \overline{G} + \overline{X} - M_0}{d} - \dfrac{1 - b(1-t) + m}{d} \cdot Y & IS\text{ 曲线} \\ r = \dfrac{k}{h} \cdot Y - \dfrac{\overline{M}}{hP} & LM\text{ 曲线} \end{cases}$$

为简化分析过程，令 $A = a + e - bT_0 + b\overline{TR} + \overline{G} + \overline{X} - M_0$，$K = \dfrac{1}{1 - b(1-t) + m}$，上述模型变为：

$$\begin{cases} IS = LM & \text{均衡条件} \\ r = \dfrac{A}{d} - \dfrac{1}{Kd} \cdot Y & IS\text{ 曲线} \\ r = \dfrac{k}{h} \cdot Y - \dfrac{\overline{M}}{hP} & LM\text{ 曲线} \end{cases}$$

求解可得，均衡利率和均衡收入的表达式：

$$Y^* = \frac{AhK + dK\dfrac{\overline{M}}{P}}{kdK + h} \qquad \text{（式 7.5）}$$

$$r^* = \frac{AkK - \dfrac{\overline{M}}{P}}{kdK + h} \qquad \text{（式 7.6）}$$

这两个表达式有点复杂，难以看出各经济参数与均衡收入和均衡利率的关系，如果用图形来说明就方便得多。将前两节产品市场均衡的 IS 曲线和货币市场均衡的 LM 曲线放到同一张图上，就可以分析两个市场同时达到均衡时利率和国民收入间的关系，见图 7.17。图 7.17 中 LM 曲线与 IS 曲线相交于 E 点，则 E 点就是两个市场同时均衡的均衡点，对应的均衡收入为 Y^*，均衡利率为 r^*。

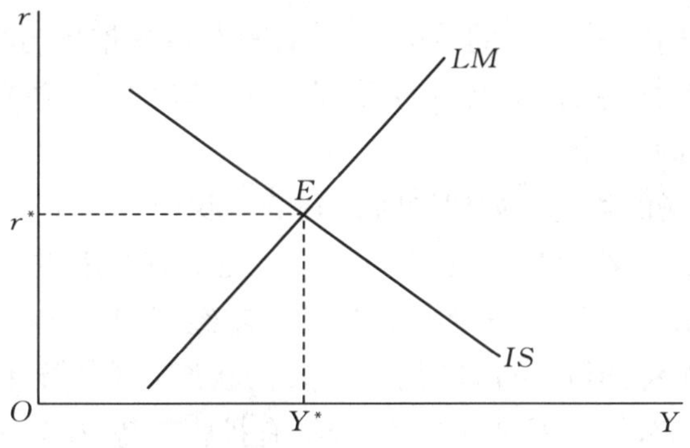

图 7.17　*IS-LM* 模型

在实际经济生活中，实际收入和利率水平完全可能不同于均衡水平，具体来看，可能处于坐标系的任何一点。由于 IS 曲线和 LM 曲线将坐标平面划分为四个区域，结合前面分析两个市场失衡的情况，我们可列出各个区域失衡的基本特点。此外，当一个市场失衡另一个市场均衡还能够组合四种情况，由此形成八种基本情况，见图 7.18。

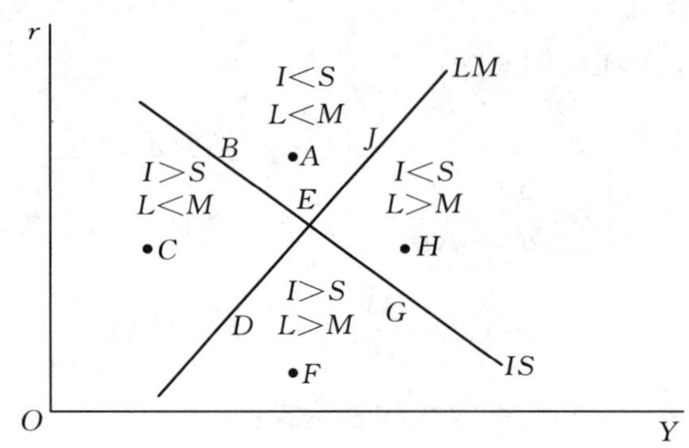

图 7.18　两个市场失衡情况分类

图 7.18 中，A 点所处区域，位于 IS 曲线右上方，因此有 $I<S$，又位于 LM 曲线左上方，有 $L<M$。同理，可以得出其他点的情况。

B 点：$I=S$，$L<M$；

C 点：$I>S$，$L<M$；

D 点：$I>S$，$L=M$；

F 点：$I>S$，$L>M$；

G 点：$I=S$，$L>M$；

H 点：$I<S$，$L>M$；

J 点：$I<S$，$L=M$。

事实上，只要确定了 A 点的情况，其他各点很容易推导出来，例如 A 点与 F 点是关系均衡点 E 对称的，A 点与 H 点是关于 LM 曲线对称的，A 点与 C 点是关于 IS 曲线对称的，如此等等。

那么，两个市场的均衡是如何同时达到的？我们结合图 7.19 来分析。假如实际经济目前处于 A 点的状态，由于 $I<S$，经济有收缩的趋势，又由于 $L<M$，利率有下降的趋势，两种力量的综合影响使经济向 B 点移动。在 B 点，虽然产品市场达到均衡，但货币市场仍处于失衡状态，利率仍有进一步下降的趋势，经济又向 C 点移动；在 C 点 $I>S$，经济有扩张趋势，$L<M$，利率仍处于下降的态势，这样两种力量又会使经济向 D 点移动。最终移动的结果是越来越趋

向于两个市场的一般均衡点 E。经济达到 E 点后，不再有进一步变动的趋势，在其他条件给定的情况下，两个市场达到了一般均衡。

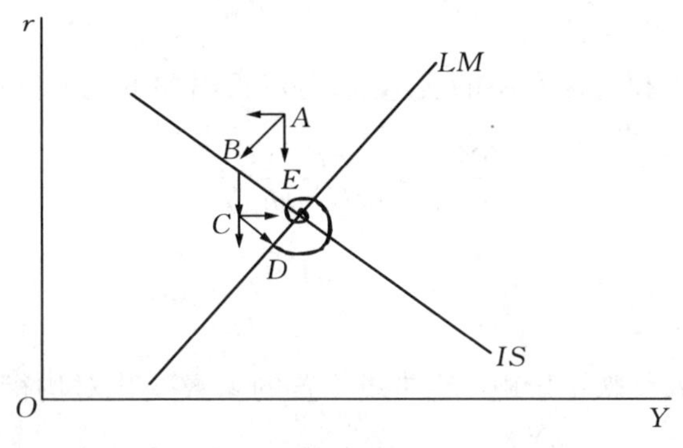

图 7.19 两个市场一般均衡的形成

如果我们将前面经济从 A 点向均衡位置 E 点趋近的过程用另一种方法描述出来，可见收入和利率呈衰减波动的态势，即收入收敛于均衡收入，利率收敛于均衡利率，见图 7.20。图 7.20 中横轴代表均衡调整的时间过程，纵轴表示收入的变化，中位线就是均衡收入，在调整过程中，收入围绕均衡水平上下交替变动，但波动的幅度逐渐缩小，逐渐接近均衡收入。

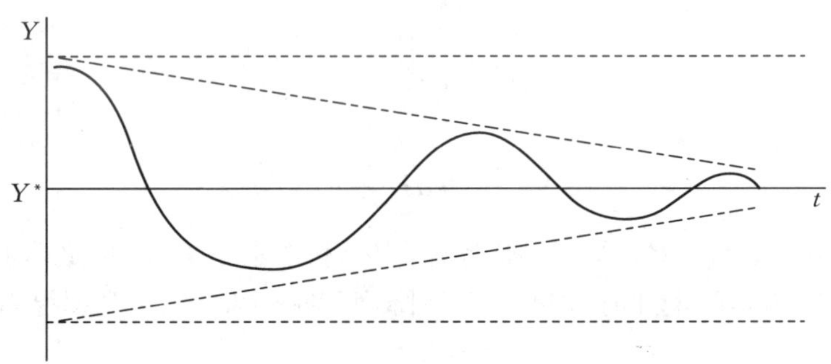

图 7.20 一般均衡形成过程中收入的波动

二、市场均衡的比较静态分析

上面我们得出了均衡收入和均衡利率的表达式，下面首先结合这两个表达式对市场均衡状况进行比较静态分析，即分析某些参数变动以后对均衡收入和利率的影响。参数 $K=\dfrac{1}{1-b(1-t)+m}$ 代表了乘数的一般形式，在这里主要分析投资乘数，其他乘数与此是类似的。参数 $A(A=a+e-bT_0+b\overline{TR}+\overline{G}+\overline{X}-M_0)$ 中包含了许多变量，根据性质不同可以分为与 A 同方向变化和反方向变化两类，同方向变化的变量是 a、e、TR、G、X，简称为 A^+；反方向变化的变量是 T_0 和 M_0，简称为 A^-。

根据均衡收入和均衡利率的表达式，可以得出如下几个比较静态导数：

$$\frac{\partial Y^*}{\partial A^+}=\frac{hK}{kdK+h}>0$$

$$\frac{\partial Y^*}{\partial A^-}=-\frac{hK}{kdK+h}<0$$

上述两个导数反映了影响 IS 曲线位置的参数变化对均衡收入的影响。例如当自发性投资增加时，$\frac{\partial Y^*}{\partial A^+}>0$，均衡收入增加；当政府支出增加时，$\frac{\partial Y^*}{\partial A^+}>0$，均衡收入增加；而当税收增加时，$\frac{\partial Y^*}{\partial A^-}<0$，均衡收入减少。

$$\frac{\partial Y^*}{\partial \overline{M}}=\frac{dK}{P(kdK+h)}>0$$

这一导数反映了影响 LM 曲线位置的参数变化对均衡收入的影响，即当货币供给增加时，均衡收入水平提高。

$$\frac{\partial r^*}{\partial A^+}=\frac{kK}{kdK+h}>0$$

$$\frac{\partial r^*}{\partial A^-}=-\frac{kK}{kdK+h}<0$$

因此，当 a、e、TR、G、X 提高时，均衡利率水平提高，反之，均衡利率下降。而当 T_0 和 M_0 增加时，均衡利率下降，两者减少时，均衡利率提高。

$$\frac{\partial r^*}{\partial \overline{M}}=-\frac{1}{P(kdK+h)}<0$$

该导数反映了均衡利率与货币供给变化呈反方向变动，即货币供给增加，利率下降，货币供给减少，利率提高。

上述分析结论运用图形能够更直观地看到。如图 7.21 所示，当政府支出增加时，IS 曲线从 IS_1 移动到 IS_2，均衡利率和均衡收入均提高。

如图 7.22 所示，当货币供给增加时，LM 曲线从 LM_1 移动到 LM_2，均衡利率下降，均衡收入提高。

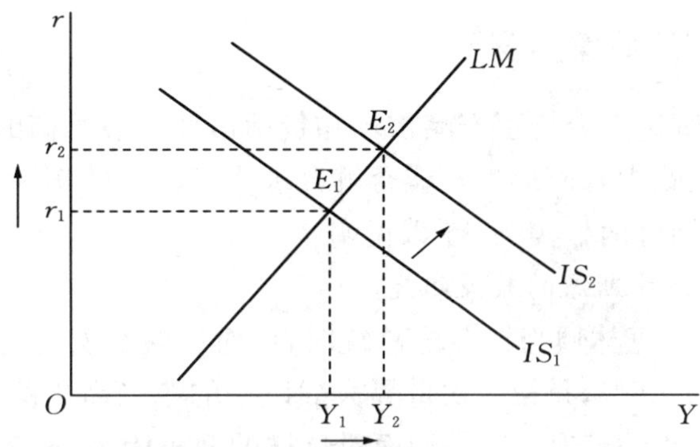

图 7.21　*IS* 曲线移动对均衡的影响

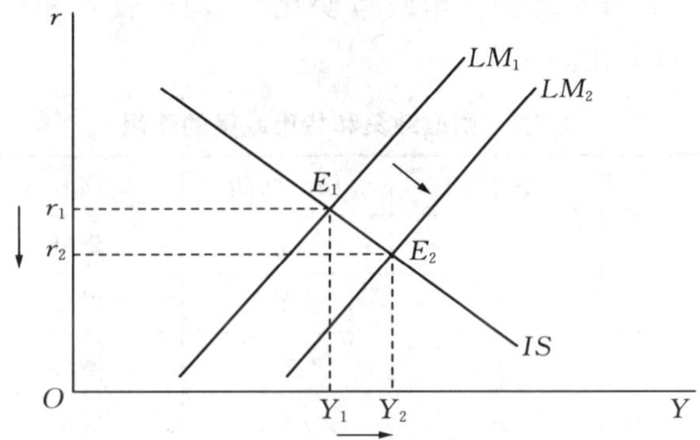

图 7.22　*LM* 曲线移动对均衡的影响

当然，我们还可以将 *IS* 和 *LM* 曲线的变化组合起来，考察均衡收入和利率的变动。基本结论总结在表 7.1 中。

表 7.1　两个市场一般均衡的比较静态分析

变动项目	*IS* 曲线变动方向	*LM* 曲线变动方向	均衡利率	均衡收入
IS 曲线	右上方	不变	提高	增加
	左下方	不变	下降	减少
LM 曲线	不变	右下方	下降	增加
	不变	左上方	提高	减少
IS 和 *LM* 曲线同时变化	右上方	右下方	不确定	增加
	左下方	左上方	不确定	减少
	右上方	左上方	提高	不确定
	左下方	右下方	下降	不确定

三、*IS-LM* 模型的政策含义

前面主要从理论上分析了产品市场和货币市场一般均衡的基本模型框架，那么，该模型在实践中有何运用？能否解释现实经济中的实际情况？其政策含义是什么？下面结合两个实例①予以说明。

1. 克林顿—格林斯潘的政策组合

1992 年比尔·克林顿当选美国总统时，面对严峻的宏观经济问题，联邦预算赤字为 GDP 的 4.5%，是第二次世界大战以来的第二高比例。这时美国刚刚走出 1990—1991 年的衰退。克林顿面对这样的两难困境，或者减少赤字，即减少政府支出，或者增加税收，两方面都会导致需求减少，可能会使美国重新陷入衰退。表 7.2 列出了当财政和货币政策变化时，均衡收入和利率的变化情况。结合该表，我们可以分析图 7.23。

表 7.2　财政政策和货币政策的作用

	IS 移动	*LM* 移动	均衡收入	均衡利率
增　　税	左	无	降低	降低
减　　税	右	无	增加	增加
增加政府支出	右	无	增加	增加
减少政府支出	左	无	降低	降低
增加货币供应量	无	下	增加	降低
减少货币供应量	无	上	降低	增加

如图 7.23 所示，*IS* 曲线向左移动导致收入水平下降，到达 *B* 点，从而使经济陷入衰退。美国联邦储备体系主席艾伦·格林斯潘对美国的赤字状况表示十分担忧。在克林顿当选时，格林斯潘表示愿意协助克林顿减轻减少赤字的负面影响，即当克森顿进行紧缩财政，那么美联储将以更加扩张性的货币政策来抵消财政紧缩对经济活动的影响。在图 7.23 中，经济从 *A* 移动到 *A'* 点，运用货币政策抵消了财政紧缩的影响。结果表明，克林顿—格林斯潘政策组合是成功的，表 7.3列出了政策实施以后几年来美国预算盈余(赤字为负值)占 GDP 比例的变化，从 1992 年赤字占 4.5%，到 1998 年则出现了预算盈余，占 GDP 的 0.8%。GDP 增长率也从 1991 年－0.9%提高到 1998 年的 3.7%。与此同时，利率下降，从 1997 年的 7.3%下降到 1994 年的 3.3%。这是货币政策较具扩张性的重要表现。

① 这两个实例参考了布兰查德的分析。参见[美]奥利维尔·布兰查德:《宏观经济学》(第 2 版，国际版)，清华大学出版社 2003 年版，第 111—114 页。

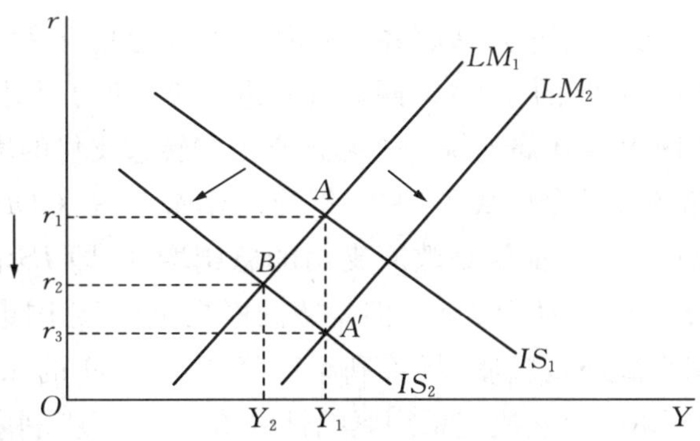

图 7.23　赤字减少和货币扩张

表 7.3　美国的几个宏观经济变量(1991—2002 年)

年　　份	1991	1992	1993	1994	1995	1996	1997	1998	1999	2000	2001	2002
预算盈余(占 GDP，%)	3.3	−4.5	−3.8	−2.7	−2.4	−1.4	−0.3	0.8	1.50	2.28	0.24	−2.88
GDP 增长率(%)	−0.9	2.7	2.3	3.4	2.0	2.7	3.9	3.7	6.37	6.39	3.36	3.46
利率(%)	7.3	5.5	3.7	3.3	5.0	5.6	5.2	4.8	7.3	6.6	5.4	2.7

资料来源：美国经济分析局，www.bea.gov。

2. 德国统一和德国的货币—财政之争

1990 年德国统一以后，很明显的问题是大部分东德企业没有竞争力，许多简陋的企业不得不部分或全部关闭，而其他企业也需要添置新的、更多的现代化设备。经济转型要求政府支出的巨大增加，新的基础设施建设，清理环境破坏，工人的失业补助，以及政府确保企业在转型之前正常运营给予的补贴等都需要大量的政府支出。面对转移支付和支出的巨大增加，德国政府决定部分依靠税收的增加，部分依靠财政赤字的增加。表 7.4 给出了 1988 年到 1994 年西德(包括 1990 年合并后的德国)的几个主要宏观经济数据。

表 7.4　西德(德国)的几个主要宏观经济数据(1988—1994 年)

年　　份	1988	1989	1990	1991	1992	1993	1994
GDP 增长(%)	3.7	3.8	4.5	3.1	2.2	−1.1	2.9
投资增长(%)	5.9	8.5	10.5	6.7	4.2	−4.5	4.3
预算盈余(占 GDP，%)	−2.1	0.2	−1.8	−2.9	−1.3	−2.1	−1.5
短期利率(%)	4.3	7.1	8.5	9.2	9.75	7.75	6.0

数据表明，转型之前德国经济正经历着强劲的增长，1988 年和 1989 年 GDP

增长率接近4%，投资急剧增加，强劲的GDP增长成为政府高收入的重要来源，1989年财政盈余占GDP的0.2%。两德统一进一步增加了需求。1990年，投资的增长率甚至比1989年还高。统一引起了支出和转移支付的增加，西德的财政状况就从1989年预算盈余变成了1990年的预算赤字，占GDP的1.8%。根据*IS-LM*模型，1990年的特征就是政府支出的急剧增加，即*IS*曲线向右大幅移动，从图7.24中的IS_1移动到IS_2。但是德国中央银行（德国银行）担心经济增长过于强劲，会引发高通货膨胀，尽管利率已经从1988年的4.3%上升到1989年的7.1%，但德国银行仍然决定采用紧缩性的货币政策，把利率水平提得更高，1991年达到9.2%。根据图7.24的模型，中央银行决定把*LM*曲线向上移动，从而来降低经济活动水平，使经济从*A*点移动到了*C*点，利率水平大幅提高。这种政策大大抑制了投资活动，此后德国经济开始减速。

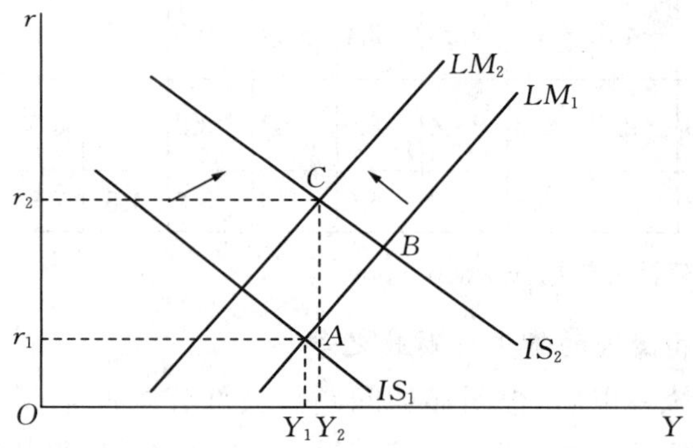

图7.24 德国统一后的财政—货币政策组合

从上面的两个实例中可以看出，运用*IS-LM*模型能够很好地解释宏观经济的基本运行状况，同时能够精确地判断政府采取某些宏观经济政策以后对经济的影响，*IS-LM*模型可以作为我们判断宏观经济形势的重要理论工具。

习题七

1. *IS* 曲线上的任一点都表示（　　）。

A. 计划投资等于计划储蓄的收入和利率的组合

B. 实际投资等于计划储蓄的收入和利率的组合

C. 计划投资等于实际储蓄的收入和利率的组合

D. 货币需求等于货币供给的收入和利率的组合

2. 如果边际消费倾向提高，则 *IS* 曲线(　　)。

A. 向外平移　　　　　　　　B. 向内平移

C. 变得更为陡直　　　　　　D. 变得更为平坦

3. *LM* 曲线右下方的点都表示(　　)。

A. 货币需求大于货币供给的收入和利率的组合

B. 货币需求小于货币供给的收入和利率的组合

C. 货币需求等于货币供给的收入和利率的组合

D. 投资等于储蓄的收入和利率的组合

4. 当中央银行增加货币供应量时，*LM* 曲线将(　　)。

A. 向左上方移动　　　　　　B. 向右下方移动

C. 变得更陡直　　　　　　　D. 变得更平坦

5. 政府增加政府支出，同时中央银行增加货币供应量，那么(　　)。

A. 均衡收入增加，利率水平提高　　B. 均衡收入增加，利率水平降低

C. 均衡收入减少，利率水平提高　　D. 均衡收入增加，利率水平不确定

6. 试分析当政府增加税收，同时中央银行增加货币供应量对整个宏观经济的影响。

7. 试运用 *IS-LM* 模型分析产品市场和货币市场失衡的调整过程。

8. 已知(a)消费函数为 $C=50+0.8Y$，投资函数为 $I=100-5r$；(b)消费函数为 $C=50+0.8Y$，投资函数为 $I=100-10r$；(c)消费函数为 $C=50+0.75Y$，投资函数为 $I=100-10r$。(1)求(a)、(b)、(c)三种情况下的 *IS* 曲线；(2)比较(a)和(b)，说明利率对投资的影响系数变动时，*IS* 曲线的变化情况；(3)比较(b)和(c)，说明边际消费倾向变动对 *IS* 曲线的影响。

9. 假设某两部门经济中，消费函数为 $C=100+0.8Y$，投资函数为 $I=150-6r$，货币供给 M 为 150，货币需求 $L=0.2Y-4r$，求(1)*IS* 和 *LM* 曲线；(2)产品市场和货币市场同时均衡时的利率和均衡收入水平。

第八章
国民收入决定的AD-AS模型

传统经济理论的众所周知的乐观主义已经使经济学者们被看作类似甘迪德那样的人物；他离开了现实世界来耕种自己的园地，并且教导人们：只要听其自然，在可能有的最美好的世界中的一切都会趋向最美好的途径。我认为，这种状态可以被归之于他们忽视了有效需求的不足所造成的对经济繁荣的障碍。

——凯恩斯，1936年，《就业、利息和货币通论》

学习目标

通过本章的学习，你应当能够：

1. 了解总需求曲线的推导过程，掌握总需求曲线向下倾斜的三种基本效应；
2. 理解总需求曲线的基本特征，掌握造成总需求曲线移动的基本要素；
3. 理解劳动力市场均衡与总供给曲线的基本关系；
4. 了解总供给曲线的推导过程；
5. 熟悉凯恩斯主义和古典学派的总供给函数；
6. 了解凯恩斯主义和古典学派的总供求模型；
7. 熟悉总供求模型的政策含义。

在研究宏观经济的短期现象时，收入支出模型、产品市场和货币市场一般均衡的模型是非常有说服力的，我们可以暂时不考虑总供给的限制性影响，但是要考虑宏观经济在中期(5—10年)的发展变化时，再将总供给视为外生变量，或者视为只有需求，一个社会就能提供相应的产品和劳务的假定就不现实了。本章研究所有市场，即产品市场、货币市场和劳动力市场同时达到均衡的总供求模型，并运用这一模型来解释一些宏观经济现象。

第一节　总需求曲线

一、总需求曲线的推导

前面的分析过程中，假定总供给是给定的，经济社会的均衡收入或均衡产出取决于总需求。同时，我们一直将一般价格水平视为给定的参数，不考虑价格变化带来的各种效应，不考虑价格变动对产出的短期和长期影响。本章开始放松这些假定，考察总供给本身的决定因素，以及收入(产出)与价格水平之间的关系。

从逻辑上来看，本章所谓的总需求曲线(Aggregate Demand Curve，AD 曲线)与前面所称的总需求曲线是一致的，只是前面没有考虑价格变动，在此重新定义，总需求是指某一时期一个经济愿意购买或计划购买的产品和劳务的总量，它取决于一般价格水平，并受到投资、消费、政府支出、净出口以及货币供应量的影响，它反映了在其他条件不变的情况下，一个经济社会的总需求量与一般价格水平之间的关系。

总需求曲线可以从前面分析的 *IS-LM* 模型推导出来。*IS-LM* 模型的结构是：

$$\begin{cases} IS = LM & \text{均衡条件} \\ r = \dfrac{a + e - bT_0 + b\,\overline{TR} + \overline{G} + \overline{X} - M_0}{d} - \dfrac{1 - b(1-t) + m}{d} \cdot Y & IS\text{ 曲线} \\ r = \dfrac{k}{h} \cdot Y - \dfrac{\overline{M}}{hP} & LM\text{ 曲线} \end{cases}$$

(式 8.1)

此前的模型中将一般价格水平视为给定的参数，现在我们将其看作影响宏观经济的变量。那么，在这种情况下，求解模型，可以得出表达均衡收入与一般价格水平之间关系的函数表达式。

为简化表达式，上述模型中，对于 *IS* 曲线使用以收入 Y 为函数，利率 r 为自变量的表达式，即：

$$Y = \frac{a + e - bT_0 + b\,\overline{TR} + \overline{G} + \overline{X} - M_0}{1 - b(1-t) + m} - \frac{d}{1 - b(1-t) + m} \cdot r$$

(式 8.2)

令 $A = a + e - bT_0 + b\,\overline{TR} + \overline{G} + \overline{X} - M_0$，$K = \dfrac{1}{1 - b(1-t) + m}$

上式可写成：$Y = K(A - dr)$　　(式 8.3)

将 LM 曲线的表达式代入上式，可得：

$$Y=K\left[A-d\cdot\left(\frac{k}{h}\cdot Y-\frac{\overline{M}}{hP}\right)\right]$$

化简并合并同类项，可得：

$$Y=\frac{AhK}{kdK+h}+\frac{dK}{kdK+h}\cdot\frac{\overline{M}}{P} \qquad \text{（式 8.4）}$$

令 $\gamma=\frac{hK}{kdK+h}$，$\beta=\frac{dK}{kdK+h}$。γ 和 β 的经济含义十分重要，γ 是财政政策参数，反映了财政政策变化（即 A 中的某一项，尤其是税收和政府支出）对均衡收入影响方式以及受制因素。β 是货币政策参数，反映了货币政策（主要货币供应量变动）对均衡收入的影响方式及受制因素。例如，从表达式可见，财政政策参数受到货币需求对利率敏感程度参数 h、货币需求对收入的敏感程度参数 k、投资乘数 K、投资对利率的敏感程度参数 d 的影响。

上式进一步变成：

$$Y=\gamma A+\beta\cdot\frac{\overline{M}}{P} \qquad \text{（式 8.5）}$$

从上式可以清楚地看到，均衡收入和价格呈反方向变动关系，即总需求曲线是一条向右下方倾斜的曲线，结合图 8.1 将上式中的价格求解出来，可得：

$$P=\frac{\beta\overline{M}}{Y-\gamma A} \qquad \text{（式 8.6）}$$

该式反映了一个重要的关系，即总需求曲线是根据既定的名义货币量 $\overline{M}$ 和各外生支出量 A 描绘出来的。另外，当收入、外生支出量及相关参数给定时，价格与货币量成比例关系，这一点反映了货币数量论的观点，即长期来看，名义货币量提高都会反映到价格上涨上来。

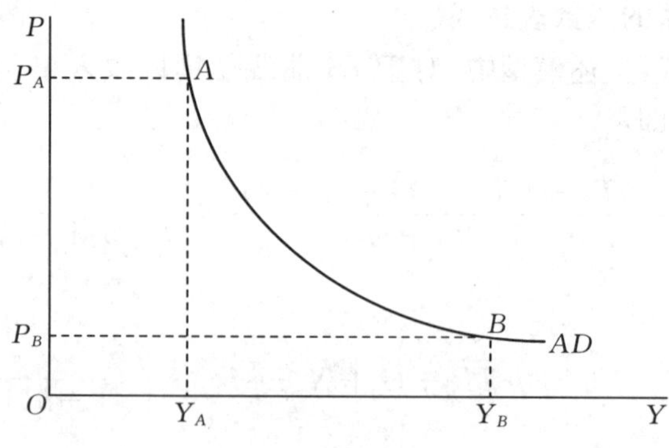

图 8.1　总需求曲线

总需求曲线还可以用图形进行推导。下面首先用收入支出模型推导总需求曲线，接下来运用 *IS-LM* 模型推导。

在图 8.2 中分为两部分，图(1)的纵轴现在用 *AE* 表示，即表示总支出，也就是在前面不考虑总供给和价格条件下的总需求。当价格水平为 P_1 时，实际货币供应量为 $\frac{\overline{M}}{P_1}$，由此决定了货币市场的利率水平为 r_1，进而决定了投资水平 I_1，这样总支出水平就是 AE_1，它与 45°线的交点决定了均衡收入为 Y_1，把 P_1 和 Y_1 画在图 8.2(2)中，就可以得到总需求曲线上一个点。同理，当价格水平下降到 P_2 时，实际供应量提高到 $\frac{\overline{M}}{P_2}$，在货币需求给定的情况下，利率水平下降，为 r_2，从而促使投资水平增加，达到 I_2，总支出曲线移动到 AE_2，它与 45°线的交点决定了均衡收入为 Y_2，同样把 P_2 和 Y_2 画在图(2)，又可以得到总需求曲线上的一个点。依此类推，我们可以得到总需求曲线上所有点。

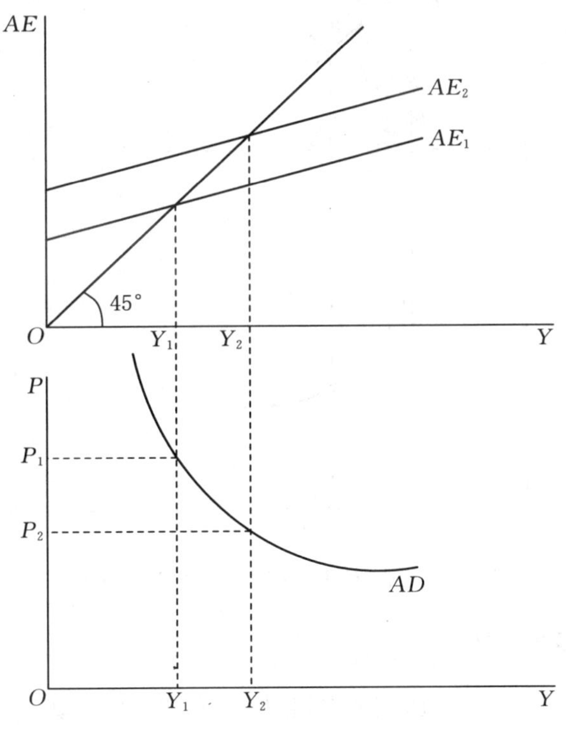

图 8.2　运用收入支出模型推导总需求曲线

在图 8.3 中也分为上下两部分，其中图(1)反映的是 *IS-LM* 模型，图(2)则反映了价格和收入。这时，当价格为 P_1 时，实际货币供应量为 $\frac{\overline{M}}{P_1}$，货币市场均衡曲线为 LM_1，它与 IS 曲线的交点决定了均衡收入为 Y_1，把 P_1 和 Y_1 画在图 8.3(2)中，就可以得到总需求曲线上的一个点。当价格水平降到 P_2 时，实际供应量提高到 $\frac{\overline{M}}{P_2}$，货币市场均衡的曲线向右移动到 LM_2，它与 IS 曲线交于 E_2 点，对应的均衡收入为 Y_2，同样把 P_2 和 Y_2 画在图(2)，又可以得到总需求曲线上的一个点。依此类推，我们可以得到总需求曲线上所有点。从 *IS-LM* 模型推导总需求曲线也有一个重要的结论，即 AD 曲线上的任何一点都能够满足产品和货币市场均衡的条件，是两个市场均衡的反映。

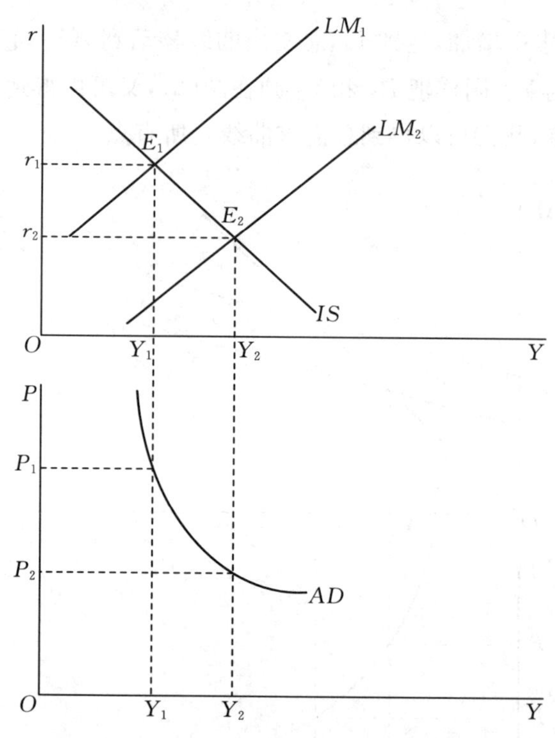

图 8.3 运用 *IS-LM* 模型推导总需求曲线

二、总需求曲线的特征

从总需求曲线的函数表达式来看，它是一条向右下方倾斜的曲线，其基本形状和位置对宏观经济变量发生变动后产生的效应有极大的影响，更重要的是能够直接影响政府采取宏观经济政策的效果。

对于总需求曲线向下倾斜，我们可区分出三个重要原因，分别称为凯恩斯效应、庇古效应(或称财富效应)和对外贸易效应。

1. 凯恩斯效应

对于给定的名义货币供给量($\bar{M}$)来说,价格水平的下降意味着实际货币供给量$\left(\frac{\bar{M}}{P}\right)$增加,在货币需求不变的情况下,利率水平下降,从而引起投资支出水平增加,进一步带来总需求水平提高,价格水平变化的方向与总需求呈反方向变动,由于价格变动的这种效应是由凯恩斯首先提出来的,因此,习惯上称为凯恩斯效应。

2. 庇古效应(或称财富效应)

当价格水平变化时,会改变人们已经积累起来的财富的实际价值,从而导致人们消费行为的改变。这种由于实际财富量变化带来的效应是由英国经济学家庇古首先进行分析的,因此称为庇古效应,又因为这种效应反映了财富变化对人们行为的影响,所以称为财富效应。例如,当股票市场价格上涨,即使实际产量并未变化,但人们的财富值增加了,会引致人们增加消费,这也是财富效应的一种表现形式。美国在20世纪90年代消费水平大幅度上升,与纳斯达克市场股价飙升有着直接的关系。具体到总需求曲线向右下方倾斜的财富效应来说,当价格水平下降时,意味着人们已经积累起来的财富的真实价值提高,人们提前实现了为退休后的消费筹措资金的目标,这样会造成储蓄水平下降和当前消费支出提高,从而增加了总需求。反之,价格水平提高,会造成财富缩水,会减少总需求。从这一效应出发,总需求与价格之间也是反方向变动的关系。

3. 对外贸易效应

对外贸易效应就是指本国价格水平变化后,引起本国与外国的相对价格水平变化,从而影响到本国和外国的进出口水平,引致总需求水平变化。例如,设本国价格水平为P,外国价格水平为P^*,则相对价格就是$\frac{P^*}{P}$。当外国价格水平不变,本国价格水平下降时,相对价格提高,即相对于国外产品和劳务而言,本国的产品显得更便宜了,那么国外会增加对本国产品的需求,即需求从外国产品转向了本国产品,从而使本国进口减少,出口增加,在这种情况下,净出口水平提高,进而使总需求水平增加。反之,当本国价格水平提高时,相对价格下降,相对于国外产品,本国产品则变得昂贵,这样与上面的情形出现相反的变化,本国进口增加、出口减少,净出口下降,总需求下降。在存在对外贸易效应时价格与总需求之间同样存在反方向变动关系。

可以说,前面分析所涉及的影响IS曲线和LM曲线的倾斜程度及位置的所有因素都会对AD曲线的倾斜状况产生影响。主要涉及投资对利率的敏感度d、投资乘数K、货币需求对收入敏感度k和货币需求对利率的敏感度h等参数。其基本关系是:当 d 较大、K 较大、k 较小及 h 较小时,AD 曲线较为平坦;当 d 较小、K 较小、k 较大及 h 较大时,AD 曲线较为陡直。

下面结合图 8.4 和图 8.5 进行分析。

图 8.4 分为上下两部分,其中图(1)反映的是 IS-LM 模型,横轴表示均衡收入,图(2)则反映了价格和均衡收入的关系。注意两图的横轴使用同一度量单位。两图实线部分代表乘数较小的情形,比如边际消费倾向较小、税率较高或者边际进口倾向较大等。点画线部分代表乘数较大的情形。先从乘数较小时的情况进行分析。当价格为 P_1 时,决定了货币市场实际货币供应量 $\frac{\bar{M}}{P_1}$,由此决定了 LM 曲线的位置为 LM_1,它与 IS_1 相交于 E_1,则均衡收入为 Y_1,将 P_1 和 Y_1 画在图(2),可得总需求曲线上的一个点。同理,可以得到整条总需求曲线,为 AD_1。为这一推导过程与前面相同。当乘数较大时,IS 曲线为图(1)中较为平坦的 IS_1',为便于比较,假定初始情况下 IS_1' 与 LM_1 也相交于 E_1 点。从图中可见,当价格从 P_1 下降到 P_2,货币市场均衡曲线移动到 LM_2,在乘数较小时均衡收入提高到 Y_2,而乘数较大时则提高到 Y_2',这样形成一条新的 AD 曲线,为 AD_2。比较 AD_1 和 AD_2,可以明显看到,AD_2 要平坦些。这一推导过程说明了乘数对价格变化进而引起总需求变化的不同效应。

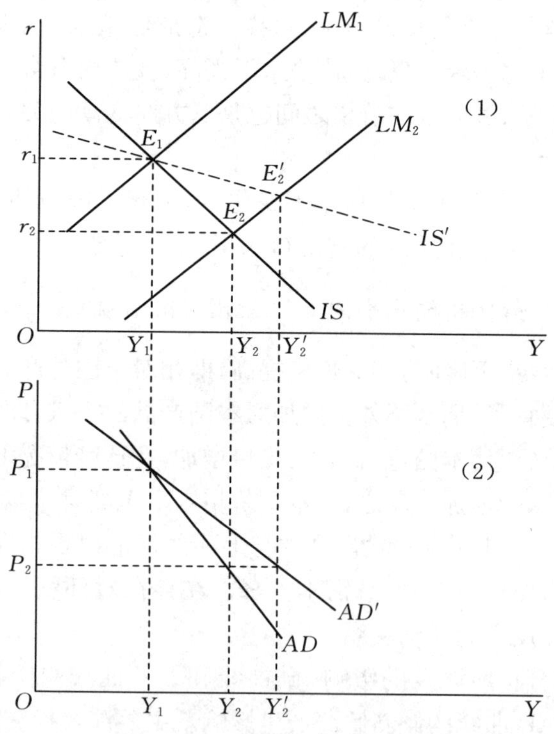

图 8.4　投资乘数不同时总需求曲线的倾斜状况

图 8.5 考察货币需求对利率敏感程度不同时总需求曲线的倾斜状况，当货币需求对利率较为敏感时，即参数 h 较大，反之，参数 h 较小。根据货币市场均衡曲线的性质，参数 h 较小时，LM 曲线较陡直，而参数 h 较大时，LM 曲线较平坦。图 8.5 同样分为上下两部分，在图(1)中实线部分反映了参数 h 较大时的总需求曲线的推导过程。点画线部分则反映了参数 h 较小时的推导过程。为便于比较，假定两种情况在初始阶段与 IS 曲线相交于同一点 E_1。实线部分推导与前面是相似的，价格水平从 P_1 下降到 P_2，LM 曲线从 LM_1 移动到 LM_1'，可以得到总需求曲线 AD_1。进一步，在参数 h 较小，LM 曲线陡直，同样价格变化，引起 LM 曲线从 LM_2 移动到 LM_2'，收入只增加到 Y_2'，得到总需求曲线 AD_2，与 AD_1 相比，AD_2 较为陡直。

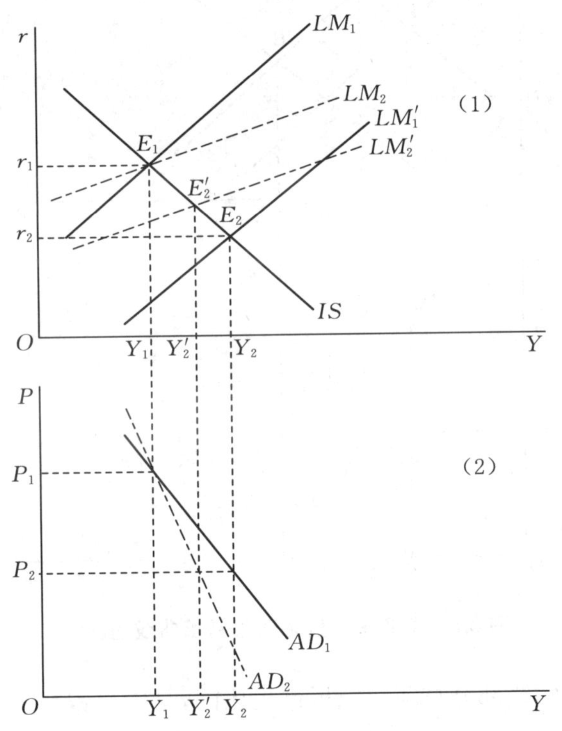

图 8.5　货币需求对利率敏感程度不同时总需求曲线的倾斜状况

在总需求曲线推导过程中，我们是在其他条件不变，分析价格变化对总需求的影响。当其他条件发生变化时，总需求曲线本身会发生移动。具体而言，当财政政策和货币政策变量发生变化时，都会引起总需求曲线移动。

如图 8.6 所示，当财政政策发生变化，即参数 A 变化，比如政府支出增加或减税时，产品市场均衡曲线从 IS_1 移动到 IS_2。IS 曲线为 IS_1 时，价格从 P_1 下

降到 P_2，LM 曲线从 LM_1 移动到 LM_1'，可以得到总需求曲线 AD_1。那么，当 IS 曲线移动为 IS_2 时，价格从 P_1 下降到 P_2，LM 曲线从 LM_1 移动到 LM_1'，可以得到总需求曲线 AD_2。这时，总需求曲线的移动反映了参数 A 变化的影响。参数 A 包含着各种自发性支出以及各种外生支出，自发性支出一般受政府政策影响较小，政府可以主动干预的支出量就是政府支出和税收，增加支出和减税时，总需求曲线向右上方移动，而减少支出和增税时，则总需求曲线向右下方移动，这正是政府能够采取财政政策影响国民经济的基础。

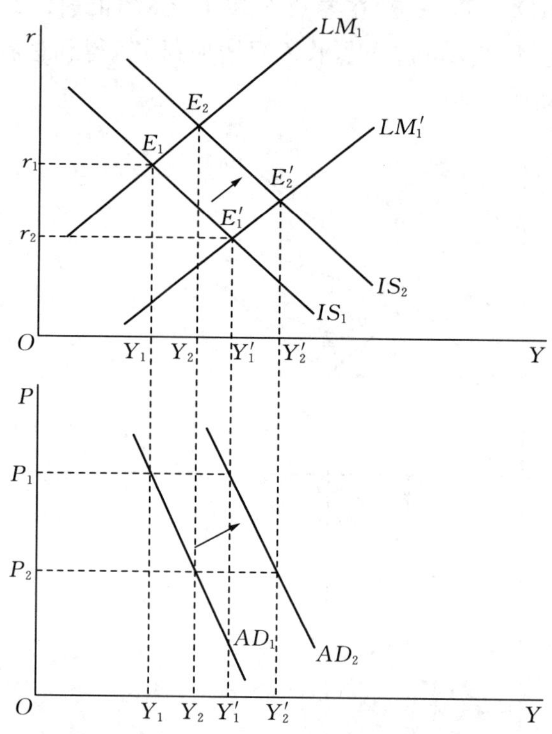

图 8.6 财政政策变化时总需求曲线的移动

在图 8.7 中，实线部分与前面分析过程相同，是中央银行货币政策给定或没有变化时，当价格从 P_1 下降到 P_2，LM 曲线从 LM_1 移动到 LM_1'，这样，得到了总需求曲线 AD_1。当中央银行改变货币供应量，例如，从 $\overline{M}_1$ 增加到 $\overline{M}_2$（具体影响货币供应量的各种货币政策工具以后章节分析），那么在价格水平为 P_1 时的 LM 曲线就是 LM_2，价格下降到 P_2，LM 曲线从 LM_2 移动到 LM_2'，总需求曲线则从 AD_1 移动到 AD_2。在这里尤其要注意区别价格变动带来的 LM 曲线移动的影响，以及货币供应量变动引起 LM 曲线移动的影响。当价格变动时，名义货币供应量并未变动，价格变动引起了实际货币供应量变动，LM 曲线移动，这样，我们得到的是一条总需求曲线。而当名义货币供应量变动时，是在新的货币供应量水平下考虑总需求曲线，LM 曲线这种移动导致整条总需求曲线的移动。

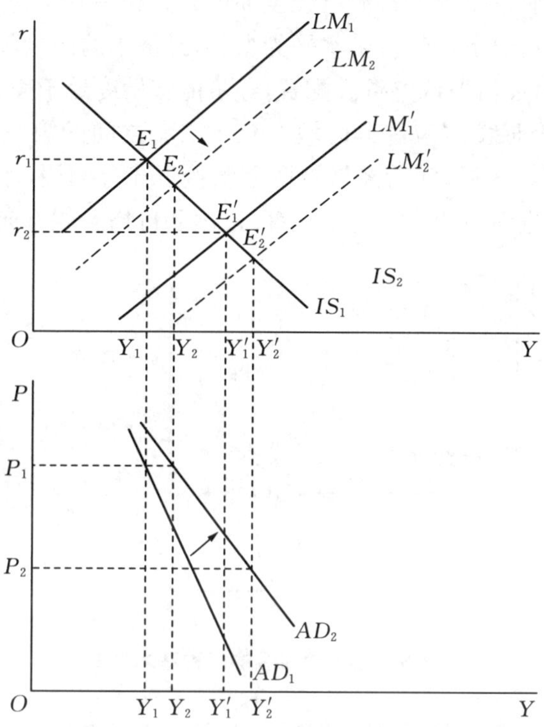

图 8.7 货币政策变化时总需求曲线的移动

第二节 总供给曲线

一、劳动力市场均衡与总供给

总供给描述的是在各既定的价格水平下，生产者愿意供给的产品和劳务的总量，这里的价格指一般价格水平。生产者能够提供的产量取决于投入的生产资源如劳动、资本及其他资源的数量质量和技术水平，生产者提供一定量产品和劳务时所索取的价格则取决于成本状况。这样，在整个经济社会总量生产函数给定条件下，一个社会的总供给曲线（Aggregate Supply，AS 曲线）具有图 8.8 所示的三种基本形式。

在图 8.8 中，总供给曲线划分为三个部分，第一部分为水平直线，即水平区域，称为凯恩斯区域，这时整个社会资源出现大量闲置，生产能力利用不足，产量增加时，成本保持不变，价格也不发生变化，这是凯恩斯“有效需求”理论研究的关键区域，不需要考虑总供给对产出的限制。第二部分为垂线，即其垂直部分，称为古典区域，这时整个社会资源已经全部被充分利用，图中标为 Y_f，达到了充分就业状态，这种情况下不管价格水平为多高，经济中的产量都不会增加。古典学派认为价格自由灵活地调整资源配置，经济能够始终处于充分就业状态，因此垂线形式的总供给曲线称为古典区域。介于二者之间的第三部分称为中间区域，即向右上方倾斜区域，随着经济资源逐渐接近充分利用，产量水平提高会带来生产成本上升，进而造成价格水平提高，产出和价格呈同方向变动关系。

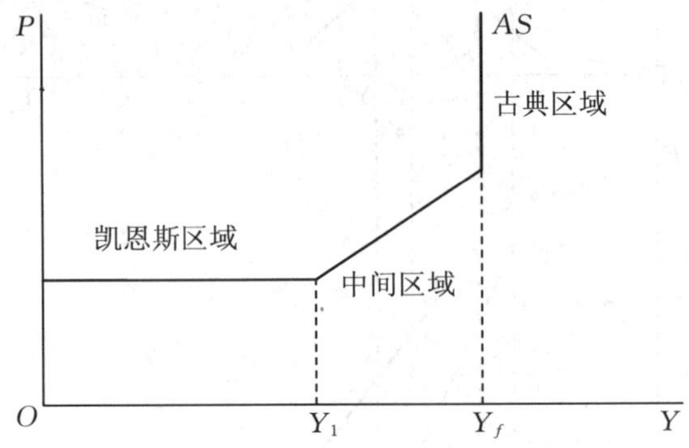

图 8.8　总供给曲线的三种基本形式

考察宏观经济在短期和中期的情况时，我们先来看总量生产函数的情况。一个经济社会的总量生产函数的基本形式如下：

$$Y = AF(K,\ N) \qquad \text{(式 8.7)}$$

式中，Y 代表总产出量或总收入，A 代表技术系数，K 代表资本量，N 代表劳动投入量，$F(\cdot)$则表示资本和劳动与产出之间存在的某种函数关系。

从短期来看，资本量变动较小，或者较为稳定，可以视为给定的量，而技术系数 A 在短期的变化也不大，那么上述总量生产函数可以重新表示为：

$$Y = \bar{A}F(\bar{K},\ N) \qquad \text{(式 8.8)}$$

由此，短期内决定一个经济社会产出量的主要因素就是劳动力投入，总量生产函数可以进一步改写成：$Y = f(N)$。当劳动力投入数量决定后，总产出就决定了。因此，我们有必要在宏观层次上研究劳动力市场中均衡劳动量的决定问题。

生产函数 $Y = f(N)$ 表现出劳动的边际产量(MPN)递减的特征，即随着使用的劳动力数量的增加，增加的劳动力数量所带来的产量的增量是递减的。图

8.9 画出生产函数的图形，劳动边际产量递减表现为生产函数变得越来越平缓，其斜率逐渐下降。

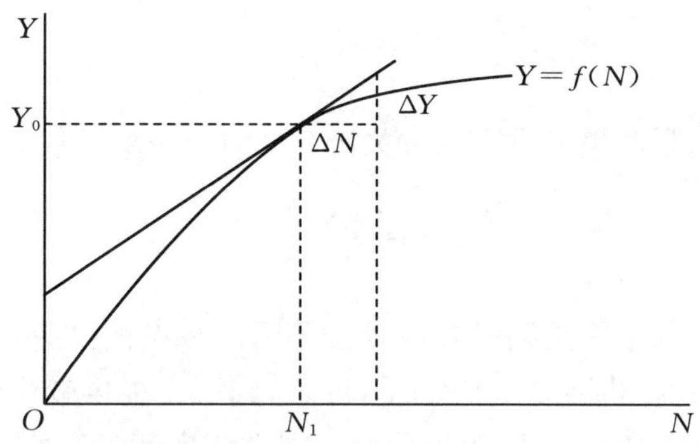

图 8.9 生产函数和劳动边际产量

微观经济学中指出，从生产者的角度来看，考虑劳动力投入量的大小主要是考虑运用劳动力生产出来的产品出售以后能够获得的收益，只要获得的收益能够超过额外的工资成本，那么，生产者继续增加雇用劳动力就是有利可图的。额外劳动力的成本由实际工资决定，即名义工资除以价格水平，设名义工资为 w，则实际工资就是 w/P。生产者会一直增加劳动力的投入，直到劳动的边际产量等于实际工资为止。如图 8.10 所示，当实际工资水平为 $(w/P)_0$ 时，生产者最优的劳动需求量就是 N_0。

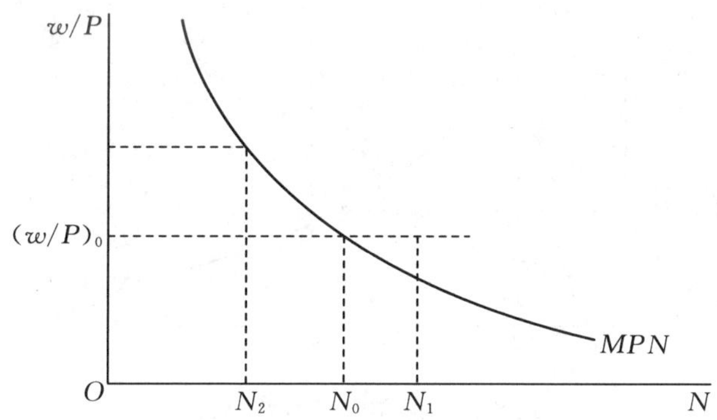

图 8.10 实际工资给定时的最优劳动需求量

图 8.10 中，如果生产者当期雇用了 N_1 单位的劳动力，实际工资水平为 $(w/P)_0$ 时，劳动边际产量小于实际工资，生产者减少劳动力的雇用量能够增加利润，因此 N_1 不是最优的劳动需求量。反之，若当期生产者雇用了 N_2 单位的劳动力，实际工资水平为 $(w/P)_0$ 时，劳动边际产量大于实际工资，生产者继续

增加劳动力的雇用量能够增加利润，因此 N_2 也不是最优的劳动需求量。

因此，生产最优劳动需求量的选择条件就是：

$$MPN = \frac{w}{P} \tag{式 8.9}$$

由于劳动的边际产量是生产函数关于劳动力的一阶导数，上式还可表示为：

$$\frac{\partial Y}{\partial N} = \frac{\partial f(N)}{\partial N} = \frac{w}{P} \tag{式 8.10}$$

劳动者劳动力供给决策则是在收入和闲暇间权衡的结果，当实际工资水平较高时，劳动者愿意提供更多的劳动量，反之，则愿意提供较少的劳动量。劳动力的供给曲线是一条向右上方倾斜的曲线，是关于实际工资的函数。

如图 8.11 所示，劳动力的需求曲线为 N_d，劳动力的供给曲线为 N_s，两条曲线相交于 E 点，这时，均衡的实际工资水平为 $(w/P)^*$，均衡的就业量（劳动量）为 N^*。

如果实际工资水平高于均衡实际工资，为 $(w/P)_1$，那么，劳动力的需求量就是 N_1，供给量就是 N_1'，供给大于需求，存在劳动力的超额供给，使实际工资有下降的压力，只有实际工资下降才能使市场达到均衡，劳动者之间竞争的结果会使实际工资下降，实际工资有趋向均衡工资的趋势。

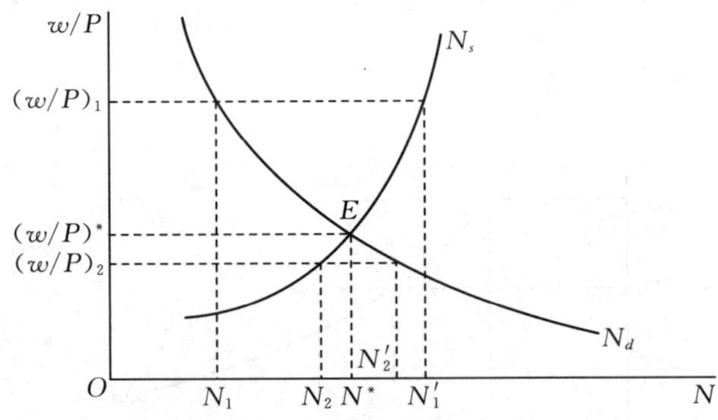

图 8.11　劳动力市场的均衡

如果实际工资水平低于均衡实际工资，为 $(w/P)_2$，那么，劳动力的需求量就是 N_2，供给量就是 N_2'，供给小于需求，存在劳动力的超额需求，使实际工资有上升的压力，只有实际工资提高才能使市场达到均衡，生产者之间竞争的结果会使实际工资上升，实际工资有趋向均衡工资的趋势。因此，劳动力市场供求相互作用的结果其达到均衡，从而决定了均衡实际工资水平。当劳动力工资水平能够根据市场供求关系进行灵活调整时，实际工资的调整将导致劳动力市场在实际工资$(w/P)^*$和就业量N^*达到充分就业均衡，进而由总量生产函数决定了充分就业的产量水平，见图8.12。

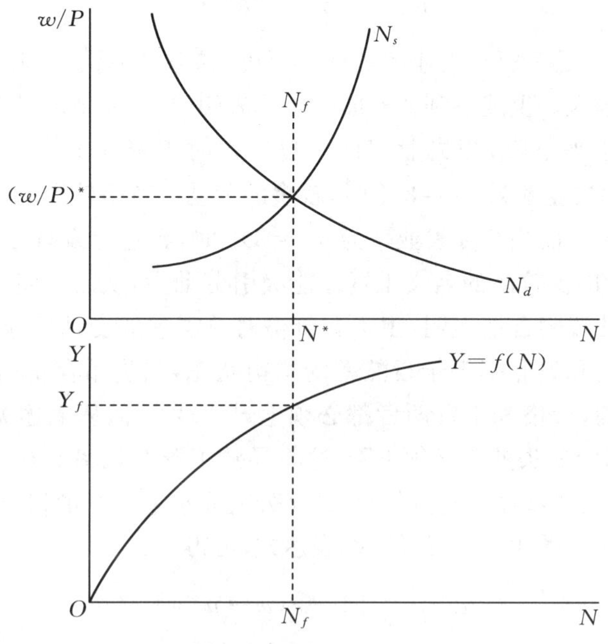

图8.12　充分就业的产出水平

二、总供给曲线的推导

为推导总供给曲线①，我们首先需要引入菲利普斯曲线（Phillips Curve）。关于这条曲线的详细内容，将在第九章详细分析，本处只运用菲利普斯曲线的基本关系，即失业率与通货膨胀率之间呈反方向变动关系，失业率越高，通货膨胀率越低，反之，则通货膨胀率越高。

令w表示本期名义工资，w_{-1}表示上期名义工资，那么工资增长率g_w可以定义为：

$$g_w=\frac{w-w_{-1}}{w_{-1}} \qquad \text{（式 8.11）}$$

再令u^*代表自然失业率，自然失业率是指在没有货币因素冲击的条件下，

① 本推导引用了多恩布什和费希尔教材中的方法、定义和过程。参见[美]多恩布什、费希尔：《宏观经济学》（第6版），中国人民大学出版社1997年版，第181—191页。

劳动力市场和产品市场的供求力量自发相互作用时，总供求处于均衡状态下的失业率，也可以理解为在这种情况下经济中不存在非自愿失业。这些概念在下一章会详细介绍。菲利普斯曲线可以写为：

$$g_w = -\varepsilon(u - u^*) \tag{式 8.12}$$

其中，参数 ε 是工资对失业率的敏感程度，该参数越大，意味着失业率对工资的影响程度越大。上述菲利普斯曲线关系表明，当失业率超过自然率，即 $u > u^*$，名义工资水平下降，当失业率低于自然率时工资就上升。例如，设 $u^* = 5\%$，那么，实际失业率为 $u_1 = 8\%$ 时，较多的劳动力竞争较少的岗位，会促使名义工资水平下降。而当实际失业率为 $u_1 = 3\%$ 时，企业会发现很难雇用到合格的劳动力，只有提供较高的名义工资才能吸引劳动力，从而促使工资水平提高。上述菲利普斯曲线隐含地表明，工资和价格对总需求的变动反应迟缓。假如经济处于价格稳定和失业率等于自然率的均衡状态，当货币存量增加 10%，为了使经济恢复均衡，价格和工资两者都必须上升 10%。但从上述关系表明，为使工资额外上升 10%，失业率必须下降，这将导致工资增长率上升，工资开始不断上升，价格也将上涨，最后经济将回复到充分就业水平的产量和失业状态。

将菲利普斯关系代入工资增长率表达式，可得：

$$w = w_{-1}[1 - \varepsilon(u - u^*)] \tag{式 8.13}$$

进一步，用 N^* 表示充分就业时的就业水平，N 表示实际就业水平，失业率为失业人数占充分就业的劳动力人数 N^* 的比例，即：

$$u = \frac{N^* - N}{N^*} \tag{式 8.14}$$

将式 8.14 代入式 8.13，可以得出以就业水平与工资增长率表示的菲利普斯关系：

$$g_w = \frac{w - w_{-1}}{w_{-1}} = \varepsilon\left(\frac{N - N^*}{N^*}\right) \tag{式 8.15}$$

也可以将式 8.15 表示成本期工资、上期工资和实际就业水平之间的关系：

$$w = w_{-1}\left[1 + \varepsilon\left(\frac{N - N^*}{N^*}\right)\right] \tag{式 8.16}$$

上式 8.16 也称为工资就业关系，如图 8.13 所示的 WN 曲线，当本期工资等于上期通行工资，必须伴随着就业水平的某种调整。在充分就业的情况下，本期工资等于上期工资。如果就业水平高于充分就业水平，工资水平将提高，反之则下降。从时间进程来看，如果本期存在过度就业，即失业率低于自然率，下期工资就业线将向上移动到 WN'。反之，如果本期存在就业不足，即失业率高于自然率，下期工资就业线将向下移动到比如 WN''。

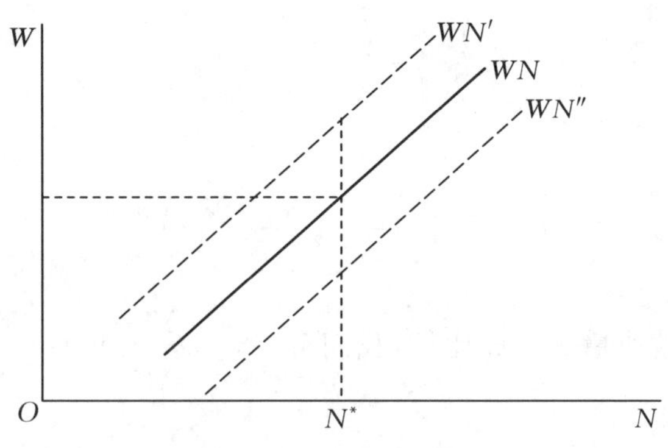

图 8.13　工资就业关系

确立了上述关系后，接下来具体推导总供给函数。为简化起见，我们将总量生产函数 $Y=f(N)$ 写成最简单的形式：

$$Y=aN \tag{式 8.17}$$

系数 a 实际上就是劳动生产率，或者称为投入系数。$a=\dfrac{Y}{N}$，即单位劳动投入所带来的产出量。这样我们就建立了关于产出量与劳动投入之间的关系。

总供给曲线涉及价格，接下来将厂商的价格和成本联系起来。由于劳动力成本是产品总成本的最重要构成部分，假定厂商的价格是以劳动力的生产成本为基础，加上一个百分率，即成本加成定价方法。因为劳动生产率为 a，劳动力的工资水平为 w，因此，每单位产出的劳动力成本就是 $\dfrac{w}{a}$，这一关系也可以结合生产函数得出。由于劳动力投入总量为 N，那么厂商支付的工资总额就是 $w\cdot N$，由于产出总量为 Y，则单位产出的劳动力成本就是 $\dfrac{w\cdot N}{Y}=\dfrac{w}{Y/N}=\dfrac{w}{a}$。所以，成本加成价格就是：

$$P=\frac{w}{a}+\frac{w}{a}\cdot\theta=\frac{w}{a}(1+\theta) \tag{式 8.18}$$

其中，θ 就是加成数，是厂商为补偿其他生产要素投入以及自身的正常利润而收取的。

将式 8.16 代入式 8.18，可得就业水平和价格水平的关系：

$$P=\left(\frac{1+\theta}{a}\right)w_{-1}\left[1+\varepsilon\left(\frac{N-N^*}{N^*}\right)\right] \tag{式 8.19}$$

根据成本加成关系，我们还可以写出上期价格与上期工资的关系：

$$P_{-1}=\left(\frac{1+\theta}{a}\right)w_{-1}$$

代入式 8.19，可得：

$$P=P_{-1}\left[1+\varepsilon\left(\frac{N-N^*}{N^*}\right)\right] \tag{式 8.20}$$

由于产量与就业量之间成比例，我们有：$N=\frac{Y}{a}$，$N^*=\frac{Y^*}{a}$，代入式 8.20，可以得出下述关系：

$$P=P_{-1}\left[1+\varepsilon\left(\frac{Y-Y^*}{Y^*}\right)\right]$$

令 $\lambda\equiv\varepsilon/Y^*$，最终可以得到总供给函数为：

$$P=P_{-1}\left[1+\lambda(Y-Y^*)\right] \tag{式 8.21}$$

经过上述一系列冗长的代换，我们得到了当期价格和产出量之间函数关系，见图 8.14，这就是我们要求的总供给曲线 AS。这条总供给曲线将工资和就业通过菲利普斯曲线联系起来，通过生产函数将产业和就业联系起来，而进一步通过成本加成定价将工资和价格联系起来。由于该曲线反映的是价格与生产函数、厂商产量之间的关系，正符合前面总供给的含义。

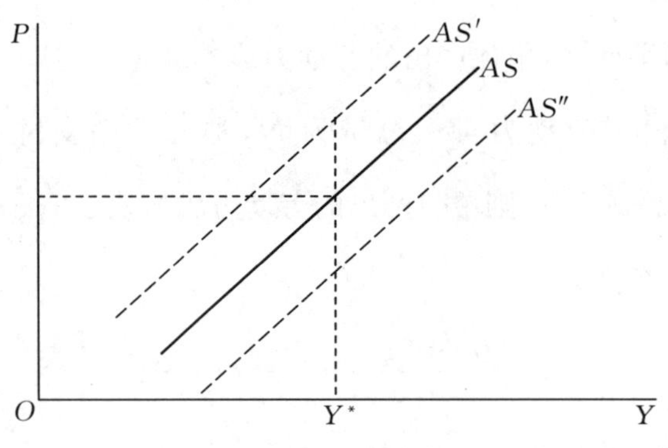

图 8.14　总供给曲线

从图 8.14 可以看出，总供给曲线向右上方倾斜，而且它随着时间的变化而变化。若本期产量高于充分就业水平，那么下一期总供给曲线将向上移动，如 AS'。其逻辑依据是，如果本期产量高于充分就业水平时，就业量高于充分就业量，失业率低于自然率，下期工资水平将提高，价格水平也将提高，这种价格水平提高针对整条总供给曲线，因此 AS 曲线向上移动了。反之，当本期产量小于充分就业水平时，下一期总供给曲线将向下移动，如 AS''，基本原理与上述是相同的，只不过方向恰好相反。

三、凯恩斯主义总供给函数

上面一般性地讨论了总供给函数，下面结合对货币工资的不同假定再来讨论两种重要的总供给函数。其一是在粘性工资假定下，其二是在弹性工资假定下。粘性工资有时也称为刚性工资，或称工资存在向下刚性，二者含义稍有区别，一般而言，如果说工资存在粘性，是指工资变化较为缓慢，劳动力市场供求关系变化后，工资不会马上调整，而是经过一段时间才能与市场供求关系统一起来。工资刚性则是指工资不能调整，尤其不能向下调整。在短期情况下，二者混用不会有什么问题，但从长期来看，二者还是有区别的。

粘性工资假定是凯恩斯主义的重要假定，对粘性工资的研究是凯恩斯主义的重要内容。现代新凯恩斯主义提出了许多理论来解释，大致分为名义工资刚性和实际工资刚性，有代表性的观点有：长期合同理论、交错合同理论、隐性合同理论、内部人—外部人理论以及效率工资理论。

长期合同理论认为经济社会中存在工会的部门，劳资双方往往签订的是长期工资合同，在合同期限内名义工资通常不进行调整，即使调整一般也是按发生了的通货膨胀率进行修正，名义工资调整存在滞后。当经济衰退时，企业不能通过降低工资来扩大劳动力需求，这样工资就高于市场出清水平，从而造成失业。交错合同理论认为社会对经济中各部门的工资合同签订期往往是错开的，当发生通货膨胀时，有些到期的合同会根据通货膨胀调整名义工资水平，而没有到期的合同则无法即时调整工资，这样整个社会的工资水平调整就会滞后于通货膨胀，从而造成工资变动缓慢。隐性合同理论强调了劳资双方之间除了依靠纯粹的经济合同关系外，还有其他一些非经济的甚至默契的配合关系，当经济中出现短期波动时，劳动者可能不会马上要求调整工资，这样工资水平就可能偏离市场出清水平。内部人—外部人理论则认为已经在某个企业就业的劳动者有与雇主讨价还价的优势，能够排挤外部人，使愿意接受更低工资的劳动者不被企业雇用，从而使内部人的工资水平高于市场出清水平，造成了工资粘性。效率工资理论强调了工资所具有的激励作用，认为高工资将导致效率。雇主会主动将工资水平维持在高于市场出清的水平。这样会增加工人怠工的机会成本，他们会努力工作，提高效率。同时高工资也容易吸引较优秀的劳动力，降低工作的转换率，也提高了效率。因此，劳动力市场将出现剩余的劳动供给，出现失业。

以下部分结合该假定用图形方法推导凯恩斯主义的总供给函数。图 8.15 分为四个部分。图(1)表达名义工资和价格之间的相互关系，在凯恩斯主义粘性价格假定下，名义工资水平不变，为ϖ。图(1)中纵轴表示价格，横轴表示实际工资，因此，ϖ曲线是一条向右下方倾斜的曲线，即随着价格水平下降，实际工资水平提高。图(2)表示劳动力市场的均衡，当图(1)决定了实际工资水平后，根据劳动市场的情况决定就业量。图(3)表示总量生产函数，与一般情况不同，为便于推导，我们用纵轴表示劳动力，横轴表示产出，那么总量生产函数曲线就是一条弯曲向上的曲线。图(4)纵轴表示价格，横轴表示产出，反映总供给曲线的状况。

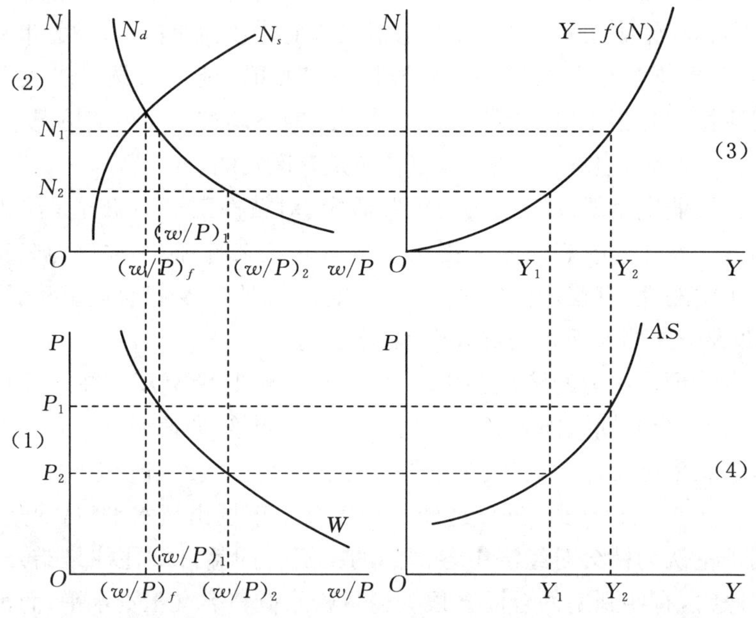

图 8.15　凯恩斯主义的总供给曲线

从图 8.15 的图(1)开始，当价格水平为 P_1 时，根据给定的名义工资曲线ϖ，实际工资水平为$(w/P)_1$，从图(2)的劳动力市场可知，劳动力需求曲线为 N_d，就业量为 N_1，再到图(3)，根据总量生产函数，在就业量为 N_1 时，产出水平为 Y_1。因此，在图(4)中将价格 P_1 和产出 Y_1 的组合画出，可得总供给曲线上的一个点。进一步，当价格水平为 P_2 时，实际工资水平为$(w/P)_2$，从图(2)可得就业量为 N_2，再到图(3)，得到产出水平为 Y_2。同样，在图(4)中将价格 P_2 和产出 Y_2 的组合画出，可得总供给曲线上的另一个点。依此类推，就可以得出整条总供给曲线。从图中可以看到，凯恩斯主义的总供给曲线是一条向右上方倾斜的曲线。

四、古典学派总供给函数

弹性工资假定是古典学派总供给函数赖以成立的基础，所谓工资是指名义工资水平能够灵活调整，从而使实际工资总维持在劳动力市场均衡的水平。详见下图 8.16。图中仍分为四个部分，除了图(1)，其他各图与图 8.15 中的含义一致。图(2)反映了劳动力市场均衡，均衡时确定了达到充分就业时的实际工资水平为$(w/P)_f$。假定在图(1)中初始价格水平为 P_1，由于名义工资可以灵活调整，直到实际工资等于劳动市场均衡的实际工资水平，这时，名义工资水平会调整到 w_1，从而使 $\frac{w_1}{P_1}=\left(\frac{w}{P}\right)_f$。那么，由图(2)决定的均衡就业量 N_f 就决定了图(3)中的均衡产出 Y_f。将价格 P_1 和 Y_f 画在图(4)中，得到总供给曲线上的一个点。同理，当价格水平提高到 P_2，名义工资将迅速调整到 w_2，实际工资仍为$(w/P)_f$，这样，产出水平仍为 Y_f，价格 P_2 和 Y_f 描在图(4)可以得到总供给曲线上的另一个点。当价格水平下降到 P_3 也是一样，产出水平仍为 Y_f。因此，不管价格水平如何，名义工资总能调整到使实际工资维持充分就业的水平，所以，产出水平始终是 Y_f，由此得出的总供给曲线就是一条起始于产出 Y_f 的垂线。

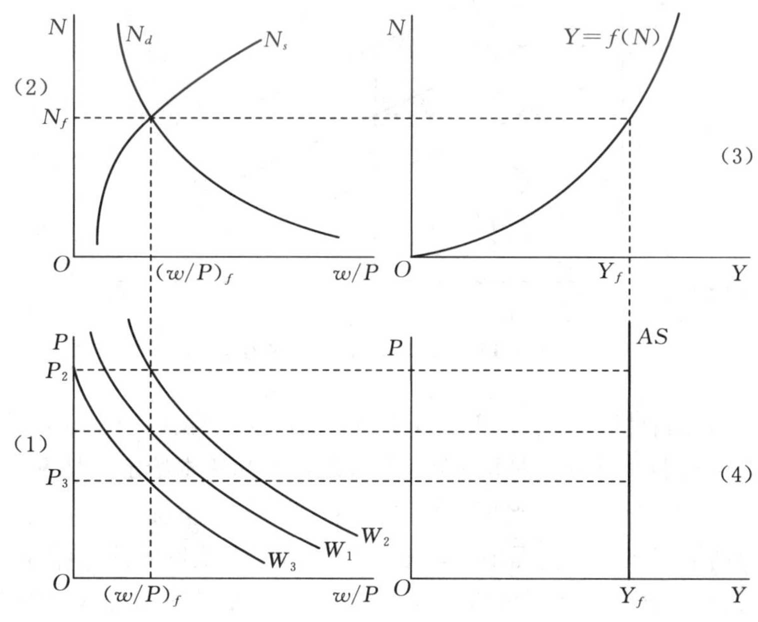

图 8.16　古典学派的总供给曲线

第三节　总供求模型

一、古典学派总供求模型

将第一节分析的总需求曲线和第二节分析古典学派总供给曲线结合起来，就可以形成古典学派的总供求模型。由于古典学派的总供给曲线是一条垂线，因此其总供求模型也相当简单。如图 8.17 所示，AS 曲线是一条起始于充分就业产出水平 Y_f 的垂线。当总需求水平为 AD_1 时，产出水平不变，仍为 Y_f，价格水平为 P_1。反映了这时价格水平主要取决于总需求水平的高低，总需求变化只有价格效应而不存在产出效应。当总需求水平提高到 AD_2 时，产出水平仍不变，但价格水平提高到 P_2，总需求水平提高的部分一对一地反映到了价格水平上。在均衡点，意味着三个市场同时达到均衡，即产品市场、货币市场和劳动力市场同时均衡。这是因为，总需求曲线是从产品市场和货币市场同时均衡的 *IS-LM* 模型推导出来的，AD 曲线上的任何一点都能够满足产品和货币市场同时均衡。而总供给曲线是从劳动力市场均衡推导出来的，AS 曲线上的任何一点也都能满足劳动力市场的均衡条件，这样在均衡点上所有市场达到均衡状态。

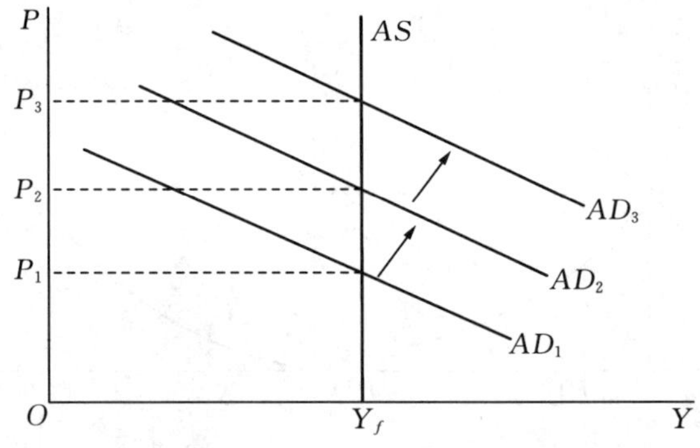

图 8.17　古典学派的总供求模型

古典学派的总供求模型有两个重要的方面需要注意。一是产出水平要想增加，只有总供给曲线移动才是可能的，在短期技术和资本给定的情况下，总供给的移动是缓慢的，只有技术水平提高、资本投入增加的情况下，才能推动总供给移动，从而增加产出。这就提出了需求管理政策没有实际效应的结论。二是总需求的扩张只会全部反映到价格上涨上来，通货膨胀归根到底是总需求作用的结果，控制通货膨胀，只要控制好总需求就能取得预期的效果，其他政策手段不起作用。

二、凯恩斯主义总供求模型

凯恩斯主义总供求模型为宏观经济政策留下了充分的发挥余地。详见图8.18。总供给曲线在达到充分就业水平 Y_f 以前是向右上方倾斜的，到达 Y_f 以后，变成一条垂线。假定初始的总需求曲线为 AD_1 与总供给曲线 AS 相交于 E_1 点，由此决定了均衡价格 P_1 和均衡收入 Y_1。在这种情况下，$Y_1 < Y_f$，经济中资源利用不足，存在失业，假定这时的就业量为 N_1，相应的失业率为 u_1。这时，如果政府采取扩张性的经济政策将总需求曲线推动到 AD_2，那么，均衡价格和均衡收入变为 P_2 和 Y_2，相应地，就业量为 N_2，失业率为 u_2。明显可以看到，$P_2 > P_1$、$N_2 > N_1$、$u_2 < u_1$，即虽然一般物价水平上涨(出现了通货膨胀)，但换来了就业量提高，失业率下降，改善了国民经济的运行状况。

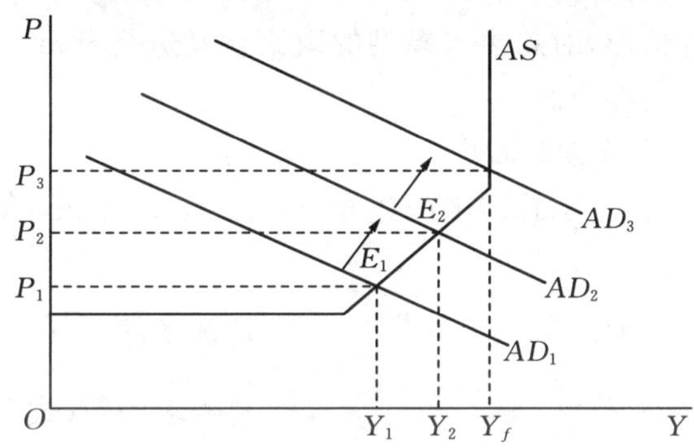

图8.18 凯恩斯主义总供求模型

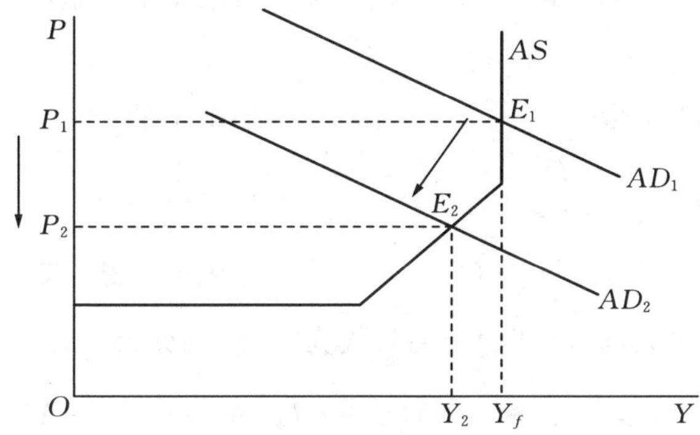

图8.19 通过宏观经济政策抑制经济过热

结合前面的分析，我们知道当改变政府支出和税收以及改变货币供应量都会影响到总需求曲线的位置。从上述分析可见，凯恩斯主义总供求模型为其“需求管理”政策提供了充分的理论依据。政府通过财政政策和货币政策可以改变总需求曲线的位置，从而实现政府的目标。当经济衰退时，即总供给和总需求在没有达到充分就业的情况下已经达到均衡，那么政府可以通过扩张性的政策增加总需求，使经济走出衰退，如图 8.18 所示。当经济过热时，即总需求水平过高，出现高通货膨胀时，政府可以通过紧缩性的政策减少总需求，使经济降温，如图 8.19 所示。图 8.19 中，当总需求曲线为 AD_1 时，与 AS 曲线垂直的部分相交，价格水平为 P_1，经济过热，这时，政府通过紧缩性的政策将总需求曲线向下推动到 AD_2，则产出出现稍微的下降，但价格水平下降幅度较大，到达 P_2，即以损失较小的产出，抑制了通货膨胀。

三、总供求模型的政策含义

总供求模型为我们分析宏观经济形势、理解宏观经济政策提供了有效的工具。下面结合三种情形，对总供求模型的政策含义进行分析。这些内容在宏观经济政策一章中还会涉及。

1. 产出和价格的动态变化①

前面两节，我们得出了总需求函数和总供给函数，那么，总供求模型可以使用代数方法表示为：

$$\begin{cases} AD = AS & \text{均衡条件} \\ P = \dfrac{\beta \bar{M}}{Y - \gamma A} & \text{总需求函数(式 8.5)} \\ P = P_{-1}[1 + \lambda(Y - Y^*)] & \text{总供给函数(式 8.6)} \end{cases}$$

由于要考虑产出和价格的动态调整，需要为相关变量添加时间下标，模型调整为：

$$\begin{cases} AD = AS & \text{均衡条件} \\ P_t = \dfrac{\beta \bar{M}}{Y_t - \gamma A} & \text{总需求函数(式 8.5)} \\ P_t = P_{t-1}[1 + \lambda(Y_t - Y^*)] & \text{总供给函数(式 8.6)} \end{cases}$$

为分析简单起见，假定其他相关参数为常数，例如 A、β、γ、λ。我们将各参数的含义列在下边，$A = a + e - bT_0 + b\overline{TR} + \bar{G} + \bar{X} - M_0$，$\beta = \dfrac{dK}{kdK + h}$，

---

① 本部分参考了布兰查德的分析思路。参见[美]奥利维尔·布兰查德：《宏观经济学》(第 2 版，国际版)，清华大学出版社 2003 年版，第 157—159 页。

$\gamma=\frac{hK}{kdK+h}$，$K=\frac{1}{1-b(1-t)+m}$，$\lambda\equiv\varepsilon/Y^{*}$。在这些参数给定时，总需求曲线不会发生变动。

如图 8.20 所示，按产出和价格调整的时间进程划分为三个图形，即第 t 年、第 $t+1$ 年和第 $t+1$ 年以后。

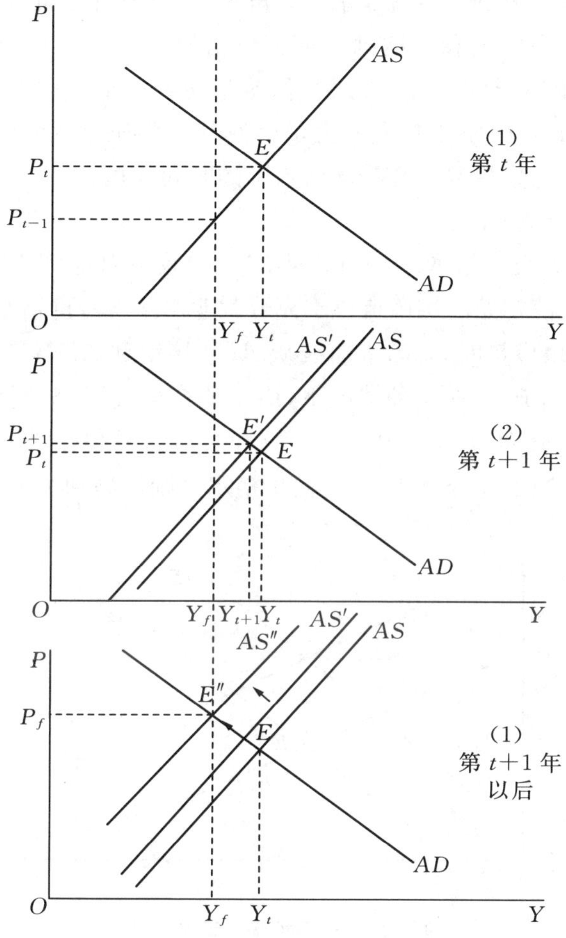

图 8.20　产出和价格的动态调整

假设在第 $t-1$ 年经济处于充分就业均衡，如点 F 所示。第 t 年总需求曲线 AD 和总供给曲线 AS 相交于 E，均衡价格为 P_t，均衡产出为 Y_t。Y_f 为充分就业的产出水平。在这种情况下，均衡产出大于充分就业产出，即 $Y_t>Y_f$，根据总供给曲线的表达式，价格水平将提高，高于充分就业水平的价格 P_{t-1}。在第 $t+1$ 年，由于价格水平提高，总供给曲线向上移动到 AS'，这时，均衡价格和均

衡产出分别为 P_{t+1}、Y_{t+1}。均衡产出仍高于充分就业水平，价格水平仍将提高，从而总供给曲线进一步向上移动。这一过程持续进行下去，在第 $t+1$ 年以后，总供给曲线不断向 AS''接近，直到与 AS''重合为止。

上述动态调整过程反映了，当初始增加总需求，会使均衡产出水平暂时性地超过充分就业水平，但产生了价格上涨的压力，在其后时期，总供给曲线会向上移动，从而使逐渐回复到充分就业水平。可见，需求管理政策在短期存在产出效应和价格效应，而在中期和长期则只存在价格效应，产出会恢复到充分就业水平。这一分析的政策含义在于，如果我们希望使经济永久性地高于充分就业水平，实际是不可行的，经济中自发的力量会使其回到充分就业水平。当然，就实际经济而言，还要考虑恢复到充分就业水平的时间长短。

2. 货币扩张的影响

现在考虑中央银行采取增加货币供应量的政策对经济影响的问题。如图8.21所示，假定经济初始的均衡点位于充分就业水平 Y_f，价格水平为 P_f。当中央银行增加货币供应量时，总需求曲线从 AD_1 移动到 AD_2，产出增加到 Y_1，同时价格水平提高到 P_1。在这种情况下，由于均衡偏离了充分就业水平，价格提高，总供给曲线又会向上移动，经过一段时间以后，总供给曲线从 AS_1 上移到 AS_2，产出水平又回到充分就业水平，而价格水平则提高到了 P_2。

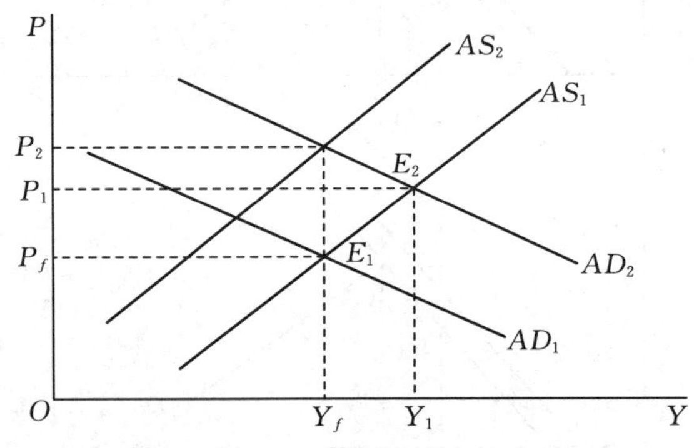

图 8.21　货币扩张的动态影响

习题八

1. 长期总供给曲线是(　　)。

A. 一条向右上方倾斜的曲线　　B. 一条水平线

C. 一条垂直线　　D. 一条向右下方倾斜的曲线

2. 当生产成本(如工资)增加时,总供给曲线将(　　)。

A. 向右下方移动　　B. 向左上方移动

C. 不变动　　D. 无法确定

3. 凯恩斯效应反映了价格与(　　)之间的关系。

A. 利率　　B. 收入　　C. 货币需求　　D. 失业

4. 技术进步会引起(　　)。

A. 短期和长期总供给曲线都向右方移动

B. 短期和长期总供给曲线都向左方移动

C. 短期总供给曲线向右方移动,长期总供给曲线向左方移动

D. 短期总供给曲线向左方移动,长期总供给曲线向右方移动

5. 当价格水平变动时,总需求曲线(　　)。

A. 向右移动　　B. 向左移动

C. 不变　　D. 无法确定

6. 试述总需求曲线向右下方倾斜的三种主要效应。

7. 在何种情况下,总供给曲线是水平的、向右上方倾斜以及垂直的?

8. 已知某经济的总供给曲线为 $Y_s=500P$,总需求曲线为 $Y_d=600-50P$,求均衡收入和价格水平。如果政府支出增加 10,均衡收入和价格水平如何变化?

第九章

宏观经济的主要问题：通货膨胀和失业

当你看到一个人提着一篮子“货币”，紧紧抱着篮子生怕被抢去，而置满地飘落的“货币”于不顾，通货膨胀已经将经济蹂躏得再也没有可被破坏之处了。

——题记

学 习 目 标

通过本章的学习，你应当能够：

1. 掌握通货膨胀的定义和基本衡量指标；
2. 了解通货膨胀的基本分类依据及类型；
3. 掌握通货膨胀的成因；
4. 了解通货膨胀对社会经济的两种基本效应；
5. 了解治理通货膨胀的主要政策；
6. 熟悉失业的含义及其基本类型；
7. 了解失业的成本，熟悉奥肯定律的含义；
8. 了解自然失业率的概念及决定因素；
9. 掌握反映通货膨胀和失业关系的短期菲利普斯曲线，了解预期和菲利普斯曲线的关系，了解长期菲利普斯曲线。

通货膨胀和失业通常被视为现代经济的两大病症，可以说宏观经济理论是为相关宏观经济政策提供依据，而宏观经济政策就是要对付这两大经济问题。本章主要介绍关于通货膨胀和失业的涵义、类型及其基本关系，并简略说明一般性的调整政策。

第一节　通 货 膨 胀

一、通货膨胀的定义与衡量

通货膨胀是指一般物价水平普遍的持续上涨过程,或者是货币价值普遍的持续下跌过程,反映了名义货币的购买力降低。在这一定义中测度的一般物价水平的变化,单个商品或劳务由于市场供求关系变化而出现价格上涨不能归入通货膨胀,只有全社会大多数产品和劳务价格提高才认为发生了通货膨胀。许多产品的生产、消费以及生产和消费(即有些产品是在生产领域有季节性,例如,农产品;有些产品则是在消费领域,如烟花爆竹;而有些既在生产领域和消费领域都有季节性,如雪糕)过程中受季节性的影响很大,因此,这些产品随着季节的变化而出现上涨和下跌的有规则的变化,这时,假如出现了产品和劳务季节性上涨也不认为发生了通货膨胀。所谓季节性变动是指每到某一季节,这种产品的价格就会出现类似的价格上涨或下跌现象。如图 9.1 所示,横轴表示时间、季节变化,假如按自然季节划分为四季,纵轴表示价格,中间的横线表示价格均值。从图 9.1 中可见,每年第一季度该产品的价格水平较低,即低于价格均值,而每年的第三季度价格达到高位,高于价格均值,每年均呈现同样的价格变动模式。

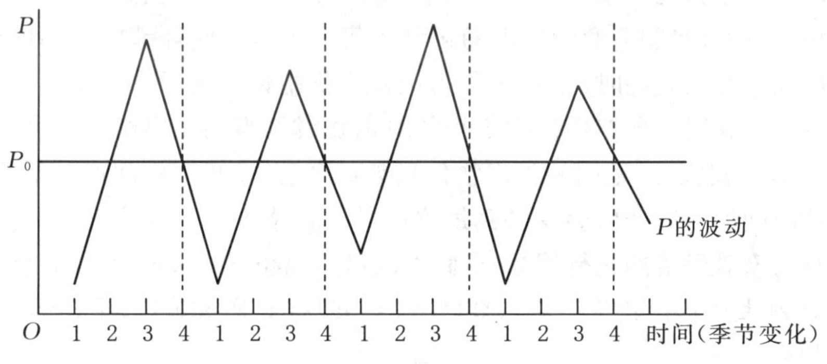

图 9.1　商品价格的季节性波动

对商品价格季节性波动进行调整的方法有两种,一种方法是每年的某一季节与上年的同一季节进行比较,如果这时价格出现了上涨,可以确认价格上涨,由此剔除了不同季节进行比较带来的偏差;另一种方法是计算每年的价格均值,然后比较各年价格均值的变化情况,只有价格均值出现上涨才认为价格确定提高了。

具体而言,衡量通货膨胀常用的物价指数有三种类型,即消费物价指数、批发物价指数或生产者价格指数以及国内生产总值物价平减指数。

1. 消费物价指数(Consumer Price index，CPI)

消费物价指数是根据典型家庭购买有代表性的“一篮子”商品与劳务支出的变化所编制的指数。构造这一指数时，首先选取一定数量的家庭，考察其支出结构，根据支出结构的典型情况构造家庭消费“有代表性的一篮子”商品与劳务。在此基础上再根据各种商品和劳务的相对重要性程度的不同赋予不同的权重。通常经过一段时间以后，各种商品和劳务的重要性程度会发生变化，因此一般定期根据典型家庭的支出结构调整权重。例如，美国大约每10年修订一次。权重结构确定后，由统计人员收集这些商品和劳务的价格数据，根据这些数据来计算消费物价指数。例如，美国劳工统计局(Bureau of Labor Statistics，BLS)每个月要走访85个城市、约22 000个零售商店、汽车代销店、加油站和医院等机构。从上述分析可见，消费物价指数是一种基期加权指数(权重定期调整)，即拉氏指数。当某一时期被确定为基期后，该时期的CPI指数就是1或100，假如本期指数为150，那么意味着与基期相比，消费物价上涨了50%。只要将本期指数减去基期指数加上百分号，就可以得到物价上涨比率，即(150－100)%。CPI的优点在于产品和劳务的结构固定、权重固定，数据比较容易收集，这样可以随时计算消费物价的变化情况，实践中一般以月度作为衡量期间。

2. 生产物价指数(Producer Price Index，PPI)和批发物价指数(Wholesale Price Index，WPI)

生产物价指数是度量制造业、采矿业、农业、渔业、林业等行业中间产品价格的变化情况，如果将制造商到批发商再到零售商这些中间环节中商品的流动也看作是中间产品的流动时，也可以称为批发物价指数。这一指数反映了企业生产成本的变化状况。虽然生产物价指数对消费者的当期支出影响不大，但对后期支出的影响较大，这是因为生产物价指数提高后，意味着中间产品价格提高，经过一段时间的滞后期后会反映到最终产品的价格上来。因此，生产物价指数也可以视为宏观经济的先行指标，据此可以对宏观经济未来走向作出判断。

3. 国内生产总值物价平减指数(Gross National Product Deflator，GDP物价平减指数)

GDP物价平减指数也常常译作GDP物价缩减指数、GDP物价折算指数、GDP物价减缩指数等。直观来看，这一指数就是将物价变动的水分挤出，以反映经济中实际产量的变化情况。在国民收入核算一章中，我们得出名义GDP和实际GDP，那么GDP物价平减指数就是指按当期价格计算的名义GDP与按基期不变价格或可比价格计算的实际GDP之比，即：

$$GDP\text{ 物价平减指数}=\frac{\text{名义 }GDP}{\text{实际 }GDP}\times 100$$

例如，美国 2012 年的名义 GDP 为 156 815 亿美元，实际 GDP 为 135 911 亿美元（2005 年作为基期），那么，GDP 物价平减指数就是 $\frac{156\ 815}{135\ 911}\times 100=115.31$，即就全社会所有最终产品和劳务而言，2012 年比 2005 年物价提高了 15.31%。

GDP 物价平减指数主要反映了一个经济社会所生产的全部最终产品和劳务的平均价格，与消费物价指数包含的项目不同，GDP 物价平减指数较为全面，而 CPI 与消费者所消费产品和劳务的种类相关。两种价格指数基本变化趋势相同，但不尽相同。主要是因为 GDP 统计中有一部分如机器设备并不是消费品，消费者所购买的某些产品不是本国生产的。此外，CPI 是小样本指数，只包含了消费者消费的一部分产品和劳务。

大多数国家运用上述三种方法衡量通货膨胀。不过，具体国家的指标及其定义也有差别。例如，英国主要采用零售物价指数（Retail Price Index，RPI），这一指数测度着典型家庭所购买的有代表性的“一篮子”商品与劳务的月度间费用变化。在计算零售物价指数时，首先选择 RPI 指数中所包含的商品和劳务项目，并根据这些项目在平均家庭开始中的相对重要性赋予权重。如表 9.1 所示，在家庭开支中占有较大比例的项目具有较大的权重。例如，2013 年住房的权重为 254，而各种交通费的权重为 18。

表 9.1　英国零售价格指数（RPI）：各组权重

项　　目	1987	1992	1997	2002	2007	2012	2013
食　　物	167	152	136	114	105	114	116
饮　　食	46	47	49	52	47	47	47
酒　　类	76	80	80	68	66	56	61
烟　　草	38	36	34	31	29	29	30
住　　房	157	172	1861	199	238	237	254
燃料与照明	61	47	41	31	39	46	43
家庭用品	73	77	72	73	66	62	60
家庭劳务	44	48	52	60	65	67	62
服装鞋类	74	59	56	51	44	45	43
个人用品与劳务	38	40	40	43	39	39	40
机动车花费	127	143	128	141	133	131	122
各种交通费	22	20	20	20	20	23	18
休闲用品	47	47	47	48	41	33	30
休闲服务	30	32	592	69	68	71	74
合　　计	1 000	1 000	1 000	1 000	1 000	1 000	1 000

数据来源：英国统计局，www.statistics.gov.uk。

此外，英国还公布消费物价指数等，2013 年的权重情况见表 9.2。

表 9.2 英国 2013 年 CPI 权重

序号	项　目	权　重
1	食品与非酒精饮料	10.6
2	烟酒	4.4
3	服装和鞋类	6.8
4	住房和家庭服务	13.7
5	家具和家用品	5.9
6	保健	2.5
7	交通	14.8
8	通讯	3.1
9	娱乐和文化	14.1
10	教育	2.1
11	餐饮和旅馆	11.7
12	其他产品和劳务	10.3

数据来源：英国统计局，www.statistics.gov.uk。

表 9.3 给出了美国的消费物价指数。例如，以 1967 年作为基期，2013 年 1 月的物价指数为 689.818，意味着与 1967 年相比消费物价水平上涨了 589.818%，或者可以理解为，1967 年 100 美元能够购买到的产品和劳务，在 2013 年 1 月需要 689.818 美元。对物价上涨还可以从货币购买角度理解，表中给出了 1982—1984 年 1 美元，到 2013 年 1 月只值 0.434 美元，货币购买力大幅度下降。相对于 1967 年，货币购买力下降幅度更大，1967 年的 1 美元，到 2013 年 1 月只值 0.145 美元，或者可以理解为 2013 年 1 月的 1 美元只能购买到 1967 年 0.145 美元能够购买到的产品和劳务。

表 9.3 美国的消费物价指数(CPI)

支出项目	权重(Jan.2013)	指数(Dec.2012)	指数(Jan.2013)
所有项目	100.00	299.601	230.280
所有项目(1967 年 = 100)		687.782	689.818
食品和饮料	15.261	235.230	236.183
住房	41.021	224.032	224.790
燃料和公用事业	5.300	218.496	220.228

(续表)

支出项目	权重(Jan.2013)	指数(Dec.2012)	指数(Jan.2013)
服装	3.564	125.656	124.687
交通	16.846	211.853	212.299
医疗服务	7.163	418.654	420.687
娱乐	5.990	114.442	114.816
教育和通讯	6.779	134.694	135.225
其他商品和劳务	3.376	396.814	397.543
购买力(1982—1984 = $1.00)	—	$.436	$.434
购买力(1967 年 = $1.00)	—	$.145	$.145

数据来源:美国劳工统计局,www.bls.gov。

中国衡量消费物价水平的指数有两个,一是商品零售价格指数,二是消费物价指数,中间包含的项目不尽相同。原来我国一直使用商品零售价格指数,1993年以后为了便于进行国际比较,也构造了消费物价指数,目前主要运用该指数描述消费物价水平的变化。

表 9.4 中国商品零售价格分类指数(2013 年 1 月)

	上年同月 = 100			上年同期 = 100		
	全国	城市	农村	全国	城市	农村
商品零售价格指数	101.3	101.1	101.7	101.3	101.1	101.7
一、食品	102.8	102.6	103.3	102.8	102.6	103.3
二、饮料、烟酒	101.9	101.7	102.3	101.9	101.7	102.3
三、服装、鞋帽	102.4	102.5	102.2	102.4	102.5	102.2
四、纺织品	101.2	101.4	100.9	101.2	101.4	100.9
五、家用电器及音像器材	98.1	97.9	98.7	98.1	97.9	98.7
六、文化办公用品	98.1	97.7	99.3	98.1	97.7	99.3
七、日用品	101.5	101.5	101.4	101.5	101.5	101.4
八、体育娱乐用品	101.1	101.0	101.2	101.1	101.0	101.2
九、交通、通信用品	96.6	96.4	97.6	96.6	96.4	97.6
十、家具	100.9	101.0	100.8	100.9	101.0	100.8
十一、化妆品	102.3	102.4	102.1	102.3	102.4	102.1
十二、金银珠宝	102.0	102.3	100.9	102.0	102.3	100.9
十三、中西药品及医疗保健用品	100.9	101.0	100.6	100.9	101.0	100.6
十四、书报杂志及电子出版物	101.5	101.2	102.1	101.5	101.2	102.1
十五、燃料	103.0	103.0	103.1	103.0	103.0	103.1

数据来源:国家统计局,http://www.stats.gov.cn/tjsj/jdsj/t20130218_402875586.htm。

表 9.5　中国历年居民消费价格分类指数(2013 年 1 月)

项目名称	上年同月 = 100			上年同期 = 100		
	全国	城市	农村	全国	城市	农村
居民消费价格指数	102.0	102.0	102.2	102.0	102.0	102.2
一、食　　品	102.9	102.7	103.4	102.9	102.7	103.4
粮　　食	104.7	104.5	104.9	104.7	104.5	104.9
肉禽及其制品	101.4	101.5	101.4	101.4	101.5	101.4
蛋	111.0	110.8	111.5	111.0	110.8	111.5
水 产 品	102.5	101.9	105.0	102.5	101.9	105.0
鲜　　菜	102.6	102.0	104.4	102.6	102.0	104.4
鲜　　果	93.3	93.1	93.8	93.3	93.1	93.8
二、烟酒及用品	101.4	101.1	101.9	101.4	101.1	101.9
三、衣　　着	102.5	102.5	102.5	102.5	102.5	102.5
四、家庭设备用品及维修服务	101.5	101.6	101.2	101.5	101.6	101.2
五、医疗保健及个人用品	101.8	101.8	101.7	101.8	101.8	101.7
六、交通和通信	99.7	99.6	100.2	99.7	99.6	100.2
七、娱乐教育文化用品及服务	100.5	100.3	101.2	100.5	100.3	101.2
八、居　　住	102.9	103.2	102.2	102.9	103.2	102.2

数据来源:国家统计局,http://www.stats.gov.cn/tjsj/jdsj/t20130218_402875585.htm。

中国衡量物价水平变化的指数还有工业品出厂价格指数、农产品生产资料价格指数和农产品收购价格指数。

二、通货膨胀的类型

通货膨胀可以从不同角度进行分类,即程度、预期、公开度、原因等,下面分别予以介绍,π 表示通货膨胀率。

1. 按通货膨胀的程度分类

如果按通货膨胀程度来划分,可以分为以下几种类型:一是爬行的通货膨胀,一般是指年通货膨胀率小于 3%,这种情况下,通常人们很难察觉到价格上涨;二是温和的通货膨胀,这时年通货膨胀 $3\% \leqslant \pi \leqslant 10\%$,人们已经能够明显感觉到物价水平提高,但对人们生活的影响不太大;三是飞奔的通货膨胀,年通货膨胀率处于 $10\% < \pi \leqslant 100\%$,这时通货膨胀对社会经济会产生极大的破坏;四是恶性通货膨胀,当年通货膨胀率超过 100%时就是这种情形。发生恶性通货膨胀时,经济处于完全崩溃的状态,货币已经失去了便利交易的功能。有些学者认为月通货膨胀率达到 20%时就称为恶性通货膨胀,当月通货膨胀率为 20%时,那么,年通货膨胀率就是 $(1+20\%)^{12}=891.61\%$,即年初 1 元的商品,第 1

月末为 1.2 元,第 2 月末为 1.44 元,以此类推,到第 12 月末为 8.916 1 元。表 9.6 列出了 20 世纪 20 年代和 40 年代 7 个国家的恶性通货膨胀,可以看到,虽然恶性通货膨胀历年都在 1 年左右,但物价上升到了天文数字,会对社会经济产生毁灭性的影响。

表 9.6 20 世纪 20 年代和 40 年代 7 个国家的恶性通货膨胀①

国 家	起始日期	截止日期	P_T/P_0	月平均通胀率(%)	月平均货币增长率(%)
奥地利	1921.10	1922.8	70	47	31
德 国	1922.8	1923.11	1.0×10^{10}	322	314
希 腊	1943.11	1944.11	4.7×10^{6}	365	220
匈牙利Ⅰ	1923.3	1924.2	44	46	33
匈牙利Ⅱ	1945.8	1946.7	3.8×10^{27}	19 800	12 200
波 兰	1923.1	1924.1	699	82	72
俄 国	1921.12	1924.1	1.2×10^{5}	57	49

表 9.6 中 P_T/P_0 是指恶性通货膨胀最后一个月的价格水平除以第一个月的价格水平,如德国在 1922 年 8 月价格为 1 马克的商品,到 1923 年 11 月价格为 100 亿马克。如果月通货膨胀率为 322%,那么年通货膨胀率就是$(1+322\%)^{12}=3\,189\,696\,865\%$。布兰查德用产品形象地反映了德国当时通货膨胀之高,他指出:“1913 年,在德国流通的所有货币价值 60 亿马克。10 年后,也即 1923 年 10 月,在柏林,60 亿马克仅够买一块 1 000 克的黑麦面包。一个月后,这样一块面包的价格已经涨到 4 280 亿马克。”②类似的例子还有。在我国,1937 年 100 元法币可以购买两头牛,而到 1947 年,100 元法币只能买到两粒大米。

2. 按通货膨胀是否被预期到分类

如果按通货膨胀是否被预期到进行分类,则可以划分为两种类型。一是预期到的通货膨胀,即在人们的经济行为中已经将通货膨胀考虑在内,这时通货膨胀除了提高社会交易成本外,不会产生较大的产量效应。当人们已经预期到通货膨胀时,在签订各类经济合同时就会把这种因素考虑在内。例如,签订较为短期的合同,除了设定价格条款,同时辅之以实物数量条款,或者在合同中明确通货膨胀调整条款。在拉丁美洲的一些国家,劳动合同期限往往只有三个月,这就是为了规避通货膨胀的影响,不至于使劳动者的实际工资水平下降过大。在签

---

① 资料来源:Philip Cagan, “The Monetary Dynamics of Hyperinflation,” in Milton Friedman ed., *Studies in the Quantity Theory of Money*(Chicago: University of Chicago Press, 1956), Table 1.转引自[美]奥利维尔·布兰查德:《宏观经济学》(第 2 版,国际版),清华大学出版社 2003 年版,第 539 页。

② [美]奥利维尔·布兰查德:《宏观经济学》(第 2 版,国际版),清华大学出版社 2003 年版,第 538 页。

订合同时，例如出售钢材合同，可以明确按交货日价格付款。贷款合同也可以规定实物数量条款，例如签订一笔100万元的贷款合同，合同当日如果100万元可以购买1 000吨钢材，合同中可以规定还款时归还能够购买1 100吨钢材的款项，从而可以保证获得10%的利息。二是没有预期到的通货膨胀，当通货膨胀没有被各个经济主体预期到，突然的通货膨胀会产生一定的产出效应，即能够使产出水平暂时性提高。

3. 按通货膨胀公开程度分类

按通货膨胀的公开程度，可以划分为公开的或显性的和隐蔽的或隐性的通胀两种类型。前者是指通货膨胀直接以名义价格水平提高的方式表现出来，一般市场经济国家的通胀多数是公开的通胀。后者是指通胀并不以直接的名义价格上涨方式体现出来，名义价格水平往往不变，或者比较稳定，而消费者支付的实际价格已经上涨了。通常隐性的通胀是由行政性的方法控制名义价格，使其保持不变，但是这种情况下，价格不能调整有效资源的分配，往往要辅之以其他数量配给的方式，如票证，即购买商品除了要支付名义价格外，还有具备一定的某种票证，比如粮票、油票等，只有两者都具备都能购买到商品。隐性通胀其他的具体表现还有黑市交易、排队、走后门等。

4. 按通货膨胀的原因分类

按照通货膨胀的原因一般可以分为四大类，即需求拉上型、成本推进型（供给推进型）、供求混合型和结构型。具体内容在下一部分详细分析。

三、通货膨胀的成因

1. 需求拉上型通货膨胀

需求拉上型(Demand Pull Inflation)的通货膨胀是一种最常见的通货膨胀，是指产品和劳务的总需求量超过产品和劳务的总供给量所造成的过剩需求拉动了价格水平的普遍持续上升。根据拉动总需求上升的因素可以分为实质因素的需求拉动和货币因素的需求拉动。当需求上升是由于产品市场的消费、投资、政府支出和净出口需求增长造成时，称为实质因素的需求拉动。而当需求上升是由于货币市场上货币供应量过度增加造成时，称为货币因素的需求拉动。如图9.2所示，当政府支出增加造成 IS 曲线从 IS_1 移动到 IS_2 时，总需求曲线从 AD_1 向上移动到 AD_2，价格水平提高，如果持续不断地增加总需求，那么价格将持续上涨。

在图9.3中，当中央银行增加货币供应量，使 LM 曲线从 LM_1 移动到 LM_2 时，总需求曲线也从 AD_1 向上移动到 AD_2，价格水平提高，这样，货币供应量增加造成了物价水平持续提高。

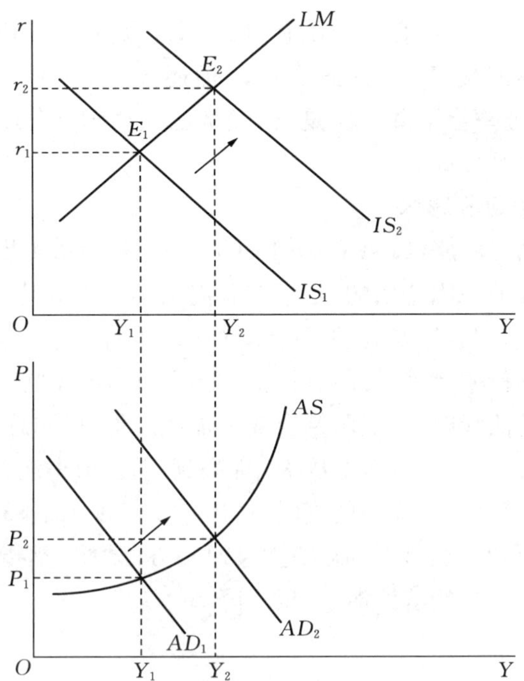

图 9.2　实质因素造成的需求拉上型通货膨胀

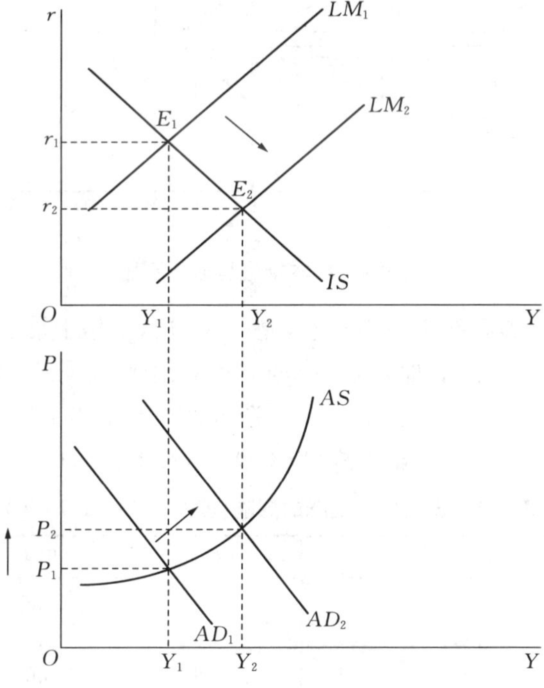

图 9.3　货币因素造成的需求拉上型通货膨胀

从短期来看，当经济中存在着闲置资源，未达到充分就业水平时，增加总需求虽然会使物价水平提高，出现通货膨胀，但还会产生一些正面的效应，产出也有一定的增长，失业率会下降。但是，当经济已经达到充分就业水平时，增加总需求只会使物价水平提高。

2. 成本推进型通货膨胀

成本推进型通货膨胀(Cost-Push Inflation)也称为供给推进型通货膨胀，主要由于总供给方面的原因造成的，是指在总需求不变的情况下，由于生产要素价格(包括工资、租金、利息以及利润)提高，导致企业的生产成本上升，进而传递到最终产品和劳务的价格上来。详见图 9.4。在图 9.4 中，当生产成本上升时，根据前面推导总供给曲线时的原理，结合成本加成定价，可知总供给曲线将向上移动，从 AS_1 上移到 AS_2，价格水平从 P_1 提高到 P_2。值得注意的是，发生成本推进通胀情况下，当价格水平提高的同时，产出水平出现了下降，从 Y_1 下降到 Y_2，这就是经济学中所谓的出现"滞胀"现象，即一方面"胀"是指物价上涨、通货膨胀；另一方面，"滞"是指经济停滞、产出下降。

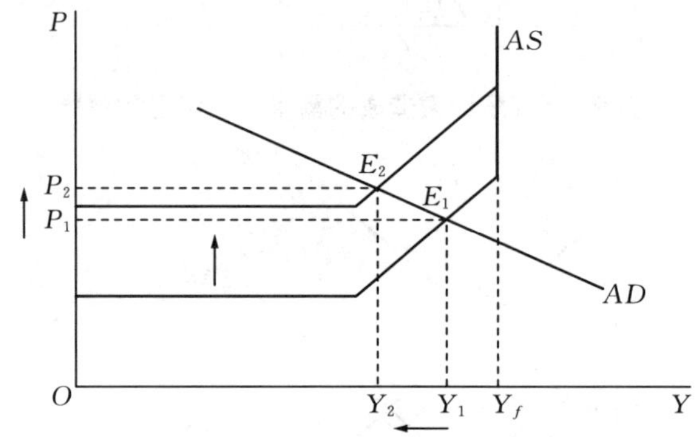

图 9.4　成本推进型通货膨胀

造成成本全面提高的主要因素有，基础原材料价格上涨、工资水平提高等。例如 1973 年到 1975 年石油危机造成西方世界出现"滞胀"，就是因为石油价格从 1973 年到 1975 年累计上涨了 77.3%造成的。如表 9.7 所示，物价水平提高(以 GDP 平减指数表示)，产出下降(以 GDP 增长率表示)。

表 9.7　石油价格上涨的影响(美国 1973—1975 年)

年　份	1973	1974	1975
石油价格变化率(%)	10.4	51.8	15.1
GDP 平减指数变化率(%)	5.6	9.0	9.4
GDP 增长率(%)	5.8	−0.6	−0.4
失业率(%)	4.9	5.6	8.5

3. 供求混合型通货膨胀

在现实经济生活中，产生通货膨胀的需求因素和供给因素往往同时作用于经济，很难明确地区分出到底哪种因素占多大比例，只能说是以需求主导的还是以供给主导的通货膨胀，换言之，通货膨胀一般是需求和供给两种因素交织作用的结果，同时两者之间存在相互推动的影响。

例如，当石油价格提高后，产生了成本推进通货膨胀，这时产出水平下降，失业水平提高，政府有动机提高总需求以摆脱经济衰退，当总需求扩张时与更高的总供给达到均衡，从而促使价格进一步提高。如图9.5所示，假定经济原来在E_1点达到均衡。石油价格提高后，总供给曲线从AS_1上移到AS_2，价格水平从P_1提高到P_2，与此同时，产出水平从Y_1下降到Y_2，均衡点为E_2。如果政府为摆脱衰退增加总需求，使总需求曲线从AD_1移动到AD_2，价格水平进一步提高到P_3，产出增加到Y_3。到此为止，影响并没有结束，由于物价提高，劳动者的实际工资水平下降，劳动者会要求增加工资，因此名义工资水平存在提高的压力，当名义工资水平提高后，又出现了成本推进因素，总供给曲线进一步向上移动。由此物价出现"螺旋"式上涨的态势。而产出则在一定范围内波动，如图9.6所示。

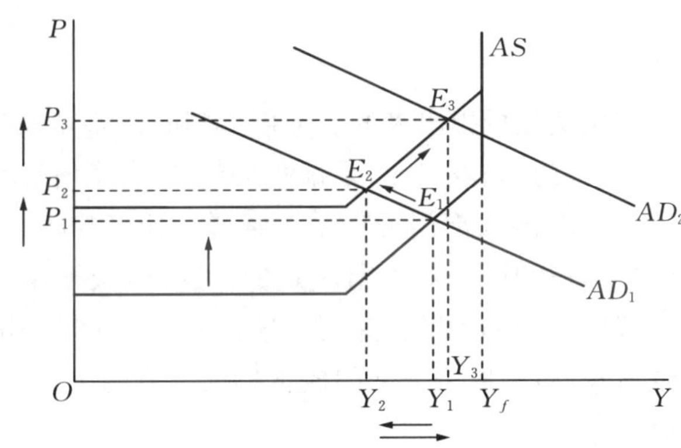

图9.5　供求混合型通货膨胀

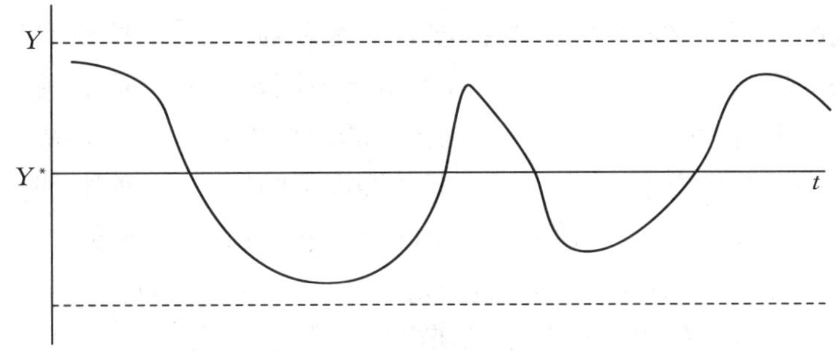

图9.6　供求混合型通货膨胀下的总产出变动

4. 结构型通货膨胀

前三种通货膨胀都是经济中需求或供给因素造成的，除此之外，经济中存在的结构性原因也会造成通货膨胀，而且这种类型的通胀更加难于对付，通常需要一个经济社会进行较大幅度的结构调整，也需要较长的时间才能真正摆脱这种通胀的影响。简单地说，结构型通货膨胀(Structural Inflation)是在总需求和总供给大体处于均衡状态下，由于经济结构方面的因素所引起的价格水平持续上涨。具体来看，这种通胀还可以再细分为需求结构转移型、部门差异型、斯堪的纳维亚小国型以及落后经济的结构型通货膨胀。

(1) 需求结构转移型。

这种结构型通胀是指在总需求不变的情况下，当某个部门的一部分需求转移到其他部门，而劳动力及其他生产要素却不能及时转移，这时需求增加了的部门的工资和产品价格上涨，而需求减少了的部门的产品价格却未必相应下降，结果导致价格总水平提高。其中存在着价格粘性或向下刚性的影响，即当部门需求增长时，该部门产品价格会即时反应，价格迅速上涨，而部门需求下降时，该部门产品价格反应较为迟滞，经过一段时间后才会下跌，在这一过程中，价格总水平会提高。

(2) 部门差异型。

这是由英国的萨尔沃教授提出来的。他用部门间的差异来解释结构型通货膨胀。一般来说，产业部门(如制造业、采掘业)劳动生产率增长率快于服务业部门，由于示范效应的作用，两大部门的货币工资增长速度却相同，而且这种增长速度是由产业部门生产率的增长速度所决定的。这样，服务业部门货币工资的增长速度便超过其劳动生产率的增长速度。这种部门间生产率增长速度的差异和货币工资的一致增长，就造成服务部门成本持续上升的压力，从而成为一般物价水平上涨的原因。

(3) 斯堪的纳维亚小国型通货膨胀。

挪威经济学家奥德·奥克鲁斯特在研究北欧国家通货膨胀的基础上，将结构型通货膨胀同开放经济结合起来，创立了著名的“小国开放模型”。所谓“小国”不是根据国土和人口因素而言的，而是指该国在世界市场上只是价格接受者，小国生产者行为的改变对世界市场价格的影响微乎其微，不能决定产品的国际价格。“小国开放模型”分析了处于开放经济中的“小型国家”如何受世界通货膨胀的影响而引起国内通货膨胀的，即世界性通货膨胀如何传递到小国国内。这个模型将一国经济划成两大部门，一是“开放经济部门”，即产品与世界市场有直接联系的部门，如制造加工业等；二是“非开放经济部门”，即产品与世界市场没有直接联系的部门，如服务业、建筑业等。由于小国在世界市场上是价格接受者,因此,当世界市场上的价格上涨时,开放经济部门的产品价格也随之上涨,结果也会使开放经济部门的工资相应上涨。一旦开放经济部门的工资上涨后,由于示范效应的作用,非开放经济部门也必然会向开放经济部门看齐而提高工资,结果造成非开放经济部门的生产成本上升,产品价格也必然随之提高。这样,就导致了"小国"全面的通货膨胀。

(4) 落后经济的结构型通货膨胀。

这种观点是由产生于拉丁美洲的结构主义经济学家所提出的,反映了发展中国家中存在着的结构性因素对物价水平的影响。结构主义经济学家认为,在发展中国家,由于落后的、不合理的经济结构不适应经济发展的需要,尤其是农业、外贸和政府部门具有的制度性刚性(Institutional Rigidities),使物价水平随着经济的发展一起上涨,如果不改变这种经济结构,通货膨胀难以被根除。拉丁美洲的一些国家的物价变化类似"心电图",经常会出现规律性的通货膨胀,每隔一段时间就会出现高通货膨胀,经过一系列调整措施恢复正常后,再隔一段时间又会发生通胀。

在发展中国家的农业部门,劳动生产率低下,农产品供给不能满足经济增长和人口增长的需求,供不应求促使农产品价格上涨。由于许多工业都需要农业提供各种原材料,因此农产品价格是一种基础性价格,其上涨会产生连锁效应,从而带动了一般价格水平提高。

发展中国家的对外贸易部门也存在结构性问题,主要是出口以初级产品为主,初级产品的需求价格弹性较低,附加价值较少,受世界市场状况的影响较大,出口增长受到很大限制。而发展中国家的进口则主要是高附加价值的资本品,进口价值量相对于出口较高,因此会经常性地出现对外贸易逆差。一国经济中假如只是某年出现逆差,其后年份出现顺差就可以弥补,不会出现较大问题,但是如果每年都出现对外贸易逆差,那么,势必会造成本币贬值的压力,当本币贬值后,进口品的国内价格会立即上升,从而推动本国生产成本上升,进而造成物价水平提高。

从政府部门而言,由于发展中国家的人均收入水平低,税收收入极大地依赖于间接税,由于间接税可以通过产品加价的形式全部或部分向外转嫁,这样直接就会引起价格水平提高。从政府支出角度看,许多发展中国家政府又承担着发展本国经济的重任,政府支出庞大,而且政府支出存在内在膨胀的趋势,政府收入难以赶上支出增长的速度,从而年复一年地出现预算赤字。当出现预算赤字时,可以通过几种方式弥补,预算盈余、发行国债、对外贷款、增发货币。从发展中国家的实际情况来看,经常出现预算赤字,几乎没有预算盈余,这种方式难以为继。由于发展中国家的国民收入水平较低,很难通过发行国债筹集到足够的资金弥补预算赤字,而且国债也需要今后的税收进行偿付,会累积大量的政府债务。对于第三种方式而言,发展中国家的对外信誉程度较低,也难以满足政府支出的需求,而且与第二种方式类似,今后仍需要由税收来偿付。因此,剩下只有一种方式来解决赤字问题,即增长货币,政府开支印刷机印制纸币,通过这种方式弥补赤字直接会诱发高通货膨胀。

四、通货膨胀的成本

在高通货膨胀的情况下,尤其是出现了恶性通货膨胀后,货币节约交易成本的功能不复存在,社会经济的交易成本大幅度增加,许多交易合同不得不更加谨慎,需要使用多种条款来保证利益不会受损。即使从看上去较小的方面来看,整个社会也不得不付出较高的成本。例如,高通胀情况下,企业的会计账簿也需要加厚许多,这对企业可能是一种小额成本,但是对全社会则是一笔高额支出。现代社会的货币体系是一种依赖于人们相互信任的信用货币,即我之所以愿意接受一张记载着某个面值的纸币,只是因为我相信拿这张纸币能够购买到我所需要的商品和劳务,而且能够买到的商品和劳务的数量不会因为我持有一段时间而减少。一旦发生了高通货膨胀,这种信任机制就很难维持下去,每个人获得货币后都希望将其尽快转化为实物资产或产品,从而使货币流通速度加快,进一步造成物价水平提高。

即使对于爬行的和温和的通货膨胀,社会成本有时也是相当高的。其具体表现在以下四个方面:

一是"磨鞋底"成本。从较长时期来看,当通货膨胀率比较高的情况下,名义利率水平也较高(名义利率等于实际利率加通货膨胀率),从而造成持有货币的机会成本增加。因此,人们比没有通货膨胀时更频繁地转换资产类型,例如从存款转化为现金,再从现金转化为存款,从而增加了调整资产组合的交易成本。

二是税收效应。所得税是按名义收入征收的,在累进所得税的情况下,当发生通货膨胀时,人们的名义收入水平提高,人们会进入到更高的纳税等级,需要缴纳更多的税,但人们的实际收入并没有变化,反而由于税收增加减少了。例如,在我国原先个人所得税起征点为月收入 800 元,是在 20 世纪 80 年代制定的,当时很少有人的收入超过 800 元,大多数工薪阶层不需要缴纳个人所得税,但经过 20 年后,人们的名义收入提高了,许多人都要缴纳个人所得税,减少了人们的实际收入。当然,我国居民名义收入提高有经济发展的因素,但也有通货膨胀的因素,比如,按消费物价指数计算 1994 年到 2000 年物价水平提高了近 60%,这种因素反映到名义收入的变化上来。

三是货币幻觉(Money Illusion)。货币幻觉是指人们在评估名义变化和实际变化时,通常只考虑名义变化,对实际变化的真实情况并不了解。在没有通货膨胀的情况下,许多投资、消费和储蓄决策较为容易进行比较判断,但是如果出现通货膨胀后,名义利率与实际利率发生偏离,人们往往难于鉴别其对相关决策的影响,从而造成企业和家庭作出错误的决策。这种错误决策会导致资源配置效率下降,因此会带来相关社会成本提高。

四是通胀波动性带来的风险成本。当通货膨胀率越高时,通货膨胀的波动性也越大。在这种情况下,加大了人们进行资产组合选择的风险。例如,债券通常是以固定名义金额支付债息的,发生通货膨胀后,人们会遭受损失。因此,要作出长远的投资和储蓄决策的风险成本就会加大。

五、通货膨胀的经济效应

从通货膨胀发生后,对经济主体行为的影响来看,主要产生两种效应,其一是产出效应,其二是分配效应。所谓产出效应是指通货膨胀会影响一个经济社会的产出总量,可能会使产出增加或者减少。所谓分配效应是指通货膨胀会影响到经济社会的收入再分配,使一部分人的利益受损,使另一部分人得益。

宏观经济学对通货膨胀的经济效应也按其正面和负面效应来分类,基本上可以分为“促进论”、“促退论”和“中性论”三种观点。促进论认为较低的通货膨胀(爬行的和温和的)能够促进经济增长,对经济存在积极的效应。促退论认为从根本上说通货膨胀对经济是有害的,会损害一国的经济增长。中性论则认为通货膨胀不会对实际经济产生影响,持有这种观点的学者较少。

促进论的立论依据主要是:

(1) 在通货膨胀的情况下,由于商品价格的提高一般快于工资的提高,结果导致实际工资降低,厂商的利润增加,这样就会刺激厂商扩大投资,进而促进经济增长。如下式所示,当价格水平提高,名义工资水平给定或调整较为缓慢时,实际工资下降,生产者增加对劳动的需求,从而使产出水平增加。

$$P \uparrow \Rightarrow \frac{\bar{w}}{P \uparrow} \downarrow \Rightarrow N_d \uparrow \Rightarrow Y \uparrow$$

(2) 在货币经济中,通货膨胀是一种有利于高收入阶层(即利润收入阶层)而不利于低收入阶层(即工资收入阶层)的收入再分配,由于高收入阶层的边际储蓄倾向较高,因此,通货膨胀会促使社会储蓄率的提高,增加了可供投资的资金,从而有利于经济增长。假定一个经济社会的人口分为两类,一类是高收入阶层,占社会总收入的比例为 p_h,其储蓄率 s_h,另一类是低收入阶层,占社会总收入的比例就是 $p_l = 1 - p_h$,边际储蓄倾向为 s_l,设 $s_h > s_l$,当社会总收入为 Y

时，那么，总储蓄量就是 $S_T = Y \cdot p_h \cdot s_h + Y \cdot (1 - p_h) \cdot s_l$，当发生通货膨胀时，相当于使高收入者占社会总收入的比例 p_h 提高，这样，社会总储蓄量就会增加。即在上述总储蓄量公式中，当收入从低收入者转移 1 元至高收入者，由于 $s_h > s_l$，那么收入总量不变，但总储蓄量增加了。

(3) 通货膨胀时相当于政府从社会公众手中征收了一笔"通货膨胀税"（实际经济生活中不存在这个税种，这里是从效果的角度来说的）。例如，不考虑货币流通速度，假定整个社会的货币总量是 100 万元，实际商品数量（例如面包）为 10 万个，那么，用货币来衡量面包的价格就是 10 元。这时，假定政府增发 100 万元货币，货币总量成为 200 万元，实际商品数量不变，面包价格变为 20 元，社会公众原来持有的 100 万元货币现在只能购买 5 万个面包，政府增发的货币也能购买 5 万个面包，相当于向社会公众征收了 50%的税。通过这种方法政府可以筹集到一笔收入，假如政府利用这笔收入进行基础设施等方面的投资，那么会提高社会的投资率，进而促进经济增长。当然，这一分析只是假定政府利用这笔收入进行投资，如果政府将这笔资金用于其他方面则不会对经济增长带来任何好处。有人论证道，即使政府将这笔收入用于行政开支或者行政官员进行奢侈消费，消费增加从而通过乘数效应使国民收入增加，这样，也会对经济增长产生有益的影响。这种论证的逻辑在不考虑这笔收入的来源时是部分正确的，但问题是这笔收入原本属于社会公众，这时政府消费的增加只是替代了私人消费而已，私人消费因为政府收入增加而减少了，整个社会的总需求并未变化。在收入支出模型中相当于原来属于 C 的一部分，现在转移到了 G，正负相抵，并未对总需求产生正的净效应。

促退论主要是基于以下理由：

(1) 价格机制受到破坏。在市场经济中，价格起着传递信息的作用，是经济生活中的有效而低成本的指示器，企业和个人依据市场价格进行决策，调整自己的生产或消费行为。在通货膨胀的情况下，每个经济主体对价格所传递的信息的理解都可能是不同的，从而导致决策错误，资源配置效率低下。用一个通俗的例子来说，价格像是交通中的信号灯，在通货膨胀的情况下，相当于信号灯在不同的人看来颜色都是不同的，有的人看到的是绿色，而有的人则看到的是红色，有些人甚至看到颜色在不停地变换，如此等等，那么，这种情况下交通状况必定异常混乱。回到通货膨胀的分析中，可以看到价格机制一旦失去作用，会使经济社会的交易成本大幅度增加，降低经济活动效率。

(2) 通货膨胀会破坏货币赖以存在的信任机制。货币是便利交易活动的媒介，货币的产生和运用极度地深化了劳动分工，从而使单个人与社会之间的联系越来越紧密，每个人只从事社会生产环节的某个局部过程，依靠局部过程的高额产出来换取满足自己日常生活所需的各种产品和劳务。如果没有货币，现代经济生活的交易成本会提高到整个经济难以维持下去的地步，劳动生产率也会大大下降。

(3) 通货膨胀减少了人们积累的实际财富的数量。在发生通货膨胀时，人们长期积累的财富价值或资产所代表的实际购买力大幅度下降，改变储蓄和投资决策。为了避免通货膨胀带来更大的损失，人们往往只进行短期的投资，从而减少了对经济长期发展有益的长期投资量，使经济增长乏力。

(4) 通货膨胀有加速的危险，可能使经济陷入恶性循环。在发生通货膨胀时，人们为了避免更大的损失，往往希望尽快将手中的货币转移出去，这样会使货币流通速度加快，即使货币供应量没有进一步增加，这种动机也会使通货膨胀进一步加速，从而使经济走向恶性循环。

通货膨胀对收入再分配的影响主要体现在以下几个方面：

(1) 通货膨胀不利于靠相对固定收入生活的人，或者名义收入增长速度小于通货膨胀率的人。由于实际收入等于名义收入除以价格水平，发生通货膨胀时，同样的名义收入只能购买到较少数量的商品，人们的实际生活水平下降。相反，通货膨胀有利于靠变动收入生活的人，或者名义收入增长速度快于通货膨胀率的人。例如企业所有者，发生通货膨胀时，其支付的名义工资增长率小于通货膨胀率，从而使利润水平增加。这种现象相当于收入从固定收入者转移到变动收入者，因此称为收入再分配效应。

(2) 通货膨胀对债务人有利而有损于债权人。当通货膨胀未预期到时，债权人出借一笔资金的实际收益会减少。例如，当某人按 10%的名义利率贷出 100 元货币，假定 100 元货币可以购买 100 单位某种商品，在未发生通货膨胀时，年底可以获得的本利和为 110 元，那么可以购买 110 单位商品。当发生未预期到的 5%的通货膨胀时，该人年底得到的 110 元货币只能购买到 $\frac{110}{1.05}=104.76$ 单位商品，实际收益只有 4.76 单位商品，减少了 5.24 单位商品。进一步，当通货膨胀率为 15%时，只能购买到 $\frac{110}{1.15}=95.65$ 单位商品，实际收益为-4.35 单位商品，即实际收益反而小于投入的本金。对于债务人而言，年初获得贷款后，可以购买 100 单位商品，那么使用一年后，通货膨胀率为 5%时，实际支付的利息只有 4.76 元。即假定该债务人获得贷款后购买 100 单位商品储存起来(假定不存在损耗问题)，年底可以按每单位 1.05 元出售，可得 105 元货币，只要再加上 5 元货币就能够偿还年初的贷款，实际利率只有 $\frac{5}{105}\times 100\%=4.76\%$。

(3) 通货膨胀有利于政府而有损于社会公众。这是通货膨胀成本对收入分配的影响。前面我们分析了通货膨胀成本中的税收效应，这种情况实际上相当于政府从公众手中无偿地获得了更多的收入，出现了收入从社会公众转移到政府的现象。

六、通货膨胀的治理对策

基于通货膨胀对社会经济的破坏性影响，通常各国都将控制通货膨胀作为政府宏观经济政策的目标之一，一般表述为维持物价稳定。那么，根据通货膨胀的成因，我们可以采取下列宏观经济政策进行矫正。

1. 货币政策

货币主义的代表人物米尔顿·弗里德曼指出，通货膨胀归根到底是一种货币现象。因此，货币政策是对付通货膨胀的最有效的政策之一。简单来说，货币政策就是通过调节货币供应量来影响经济的政策手段，具体内容下一章详细说明。就治理通货膨胀而言，货币政策主要是降低货币供应量和提高利率。根据前面章节的分析，降低货币供应量可以使总需求曲线向左下方移动，从而促使价格下降，当然在这种情况下会损失一定的产出，这是治理通货膨胀的必要代价。当中央银行以直接方式或间接方式提高利率后，根据利率和投资的关系，提高了投资成本，能够有效抑制投资需求，从而抑制价格水平进一步提高。

2. 财政政策

根据总供求模型，政府财政支出是总需求中重要的构成部分，当政府支出增加时会引起总需求曲线向上移动，从而造成价格上涨。那么，财政政策控制通货膨胀就是进行反方向调整，即减少政府支出，促使总需求曲线向左下方移动，以降低价格水平。治理通货膨胀还可采取的财政政策主要是税收政策和转移支付政府，当政府增加税收或者减少转移支付时，能够产生与减少政府支出同样的效果，都会抑制总需求，控制价格上涨。

对于需求拉上型通货膨胀来说，财政和货币政策是最为有效的手段。进一步来说，财政政策和货币政策对成本推进型和结构型通货膨胀的效果就差一些，需要采取其他手段加以控制。

3. 收入政策

收入政策针对的主要是成本推进型通货膨胀。当劳动工资水平提高时，会推动总供给曲线向上移动，从而既带来物价水平提高，又造成产出下降，那么当政府采取一定手段限制工资水平上涨时，就能够抑制成本上升，使总供给曲线保持不变甚至有所下降，从而改变滞胀的局面。收入政策的基本方向是控制工资水平，具体来看，分为以下几种具体的手段①：

（1）中央集权性收入政策。这种政策是通过法规、道德劝说和强烈呼吁把某种特定行为强加于企业。例如，通过工资冻结的方式来控制工资水平。它是政府用强制性规定来取代企业自由决策的方法。其优点在于能够及时、有效地控制工资水平。但是缺点也是非常明显的，采取这种政策极大地限制了价格的作用，从而会降低经济活动效率。

（2）市场性收入政策。这种政策是利用激励或抑制体系（而不是制定规则）来促使收入者进行自发的反通货膨胀性的选择。例如，劳动者和企业达成协议，保持价格稳定而得到某种税收优惠。其具体有两种形式。一是创造出可转让提价许可证，即如果对价格上涨的限制是1%，而某一企业根本没有提高价格，那么该企业就可把这一权利转让给其他企业，但实施和执行存在一定的困难。二是通过税收制度，鼓励不提高价格的行为而抑制提高价格的行为，这种措施被称为与税收挂钩的收入政策或以税收为基础的收入政策。如果对不提高价格或价格提高幅度不超过一定限度的企业提供激励，称为奖励性的与税收挂钩的收入政策。反之，如果对价格过度上涨进行制裁，则称为惩罚性的与税收挂钩的收入政策。

（3）制度性收入政策。这是试图通过建立一种合理的制度性机制，如仲裁程序、社会契约等，来建立合作性劳资关系，试图改变各种收入者之间的竞争关系。其具体方法有，一是政府提出明确的合作要求或采取“最后借助”的合作解决方式，如仲裁；二是经济交易，如果企业和劳动者就工资达到一种不会引起通货膨胀的协议，那么针对他们的收入政策、劳动政策和产业政策可以保证他们的税收水平稳定、获得一定的补贴及其他奖励。

在现实经济生活中上述一些制度在一些国家曾经或正在执行，其主要有：

（1）工资—物价指导线。这是一种弱有效且被动的政策工具，是指由政府规定在一定年份内允许总货币收入增长的一个目标数值线，即根据估计的平均生产率的增长，政府估算出货币收入的最大增长限度，社会经济中各个部门的工资增长率应等于或小于全社会劳动生产率增长趋势，以控制工资成本。这种政策工具建立在指导的基础上，企业可以执行也可以不执行，政府不能强制命令企业接受，企业可能囿于劳动市场的供求状况，不得不提高工资水平，这样可能会突破政府规定的上限，使政策失去效力。

（2）以纳税为基础的收入政策，即政府以税收作为奖励和惩罚的手段来限

① 参见[意]尼古拉·阿克塞拉：《经济政策原理：价值与技术》，郭庆旺、刘茜译，中国人民大学出版社2001年版，第363—367页。

制工资—物价的增长。如果工资和物价的增长保持在政府规定的幅度内，政府就以减少个人所得税和企业所得税作为奖励，如果超出政府规定的界限，就以增加税收作为惩罚。

(3) 强制性措施，也称为冻结工资物价，即由政府颁布法令对工资和物价实行管制，硬性规定工资和物价的上涨幅度，甚至暂时将工资和物价冻结在某一既定水平上。这是一种强有力且主动的政策，当然副作用也较大。

4. 收入指数化政策

所谓收入指数化就是把所有的收入项目，例如工资、利息、资本收益以及其他收入都与物价指数联系起来，使各种收入随着物价指数的变动而变动。当与物价指数是一对一的联系时，称为全部指数化；当只与物价指数的一部分联系起来时，称为部分指数化。

收入指数化政策是一种适应性的反通货膨胀政策。所谓适应性是指该政策能够保证收入结构在一定时期内维持不变或较为稳定，缓解通货膨胀对人们实际生活水平的影响，但不能从根本上改变通货膨胀的趋势，反而有加速通货膨胀的效应。例如，物价上涨 20%，若实施全部指数化时，相应的工资、资本收益、利息等均提高 20%，从而造成生产成本也相应提高，总供给曲线向上移动，物价水平进一步提高，物价变化又会通过指数化反映到工资等收入之中，进一步提高了生产成本。如此循环下去的结果是物价水平直线上升，如果形成通货膨胀预期后，很难在短期内改变这种趋势。

除了上述政策以外，在治理通货膨胀政策中还有其他一些政策手段，例如人力政策，旨在改善劳动力市场的运行，主要是为了解决结构性失业问题，是一种辅助性的反通货膨胀政策。对外经济政策主要是为了减少国际经济波动对本国经济的影响，防止世界性通货膨胀输入本国，如采取浮动汇率制度等。供给政策则是从总供给的角度出发通过减税增加个人可支配收入，促进劳动生产率提高以及供给增加，通过削减社会福利开支来控制政府支出规模等，从而消除因供给不足造成的通货膨胀。

第二节　失业及其对国民经济的影响

一、失业及其类型

失业(Unemployment)是有劳动能力的人找不到工作的社会现象。大多数国家对失业的定义类似，但也有所不同。例如，美国是依据每月对 60 000 个家庭的访谈，将访谈期间拥有工作的人归入就业者，而将那些在最近 4 周内没有工作而在寻找工作的人归入失业者。只有没有工作但在寻找工作的人才被计入失业者，那些没有工作但不去寻找工作的人被计入非劳动力，因而这种失业定义也存在一定的缺陷。失业水平的高低通常用失业率表示，如前所述是指失业人口在劳动力中的百分比。即使在一国范围内，不同人群的失业状况也是极不相同的。如美国 2013 年 1 月劳动力总数为 15 431.6 万人，就业人数为 14 161.4 万人，失业人数为 1 318.1 万人，失业率就是 8.5%。另见表 9.8。我国 2011 年经济活动总人口为 78 579 万人，就业人员合计 76 420 万人，见表 9.9。

表 9.8　美国近年不同人群的失业率　　单位：%

项　　目	2011 年	2012 年
成年男性	9.4	8.2
成年女性	8.5	7.9
男性白人	8.3	7.4
女性白人	7.5	7.0
男性黑人或非裔美国人	17.8	15.0
女性黑人或非裔美国人	14.1	12.8

表 9.9　中国各年份就业基本情况

项目＼年份	2007	2008	2009	2010	2011
经济活动人口(万人)	**76 531**	**77 046**	**77 510**	**78 388**	**78 579**
就业人员合计(万人)	**75 321**	**75 564**	**75 828**	**76 105**	**76 420**
第一产业	30 731	29 923	28 890	27 931	26 594
第二产业	20 186	20 553	21 080	21 842	22 544
第三产业	24 404	25 087	25 857	26 332	27 282
就业人员构成(合计 = 100)					
第一产业	40.8	39.6	38.1	36.7	34.8
第二产业	26.8	27.2	27.8	28.7	29.5
第三产业	32.4	33.2	34.1	34.6	35.7
按城乡分就业人员(万人)					
城镇就业人员	30 953	32 103	33 322	34 687	35 914
＃国有单位	6 424	6 447	6 420	6 516	6 704
城镇集体单位	718	662	618	597	603
股份合作单位	170	164	160	156	149
联营单位	43	43	37	36	37
有限责任公司	2 075	2 194	2 433	2 613	3 269
股份有限公司	788	840	956	1 024	1 183
私营企业	4 581	5 124	5 544	6 071	6 912

（续表）

项目 \ 年份	2007	2008	2009	2010	2011
港澳台商投资单位	680	679	721	770	932
外商投资单位	903	943	978	1 053	1 217
个体	3 310	3 609	4 245	4 467	5 227
乡村就业人员	44 368	43 461	42 506	41 418	40 506
#私营企业	2 672	2 780	3 063	3 347	3 442
个体	2 187	2 167	2 341	2 540	2 718
城镇登记失业人数(万人)	**830**	**886**	**921**	**908**	**922**
城镇登记失业率(%)	**4.0**	**4.2**	**4.3**	**4.1**	**4.1**

宏观经济学中一般按失业产生的原因对其进行分类，通常可以分类下面几种类型：

1. 摩擦性失业(Frictional Unemployment)

摩擦性失业也称为寻业的失业，它主要是因为劳动力市场信息流动存在障碍或滞后产生的失业。其表象特征主要是一方面存在着失业人口，另一方面又存在空缺的职位，二者并存。不过，失业人口所具备的技能与空缺职位所要求的技能是能够吻合的，经过一段时间失业者都能够找到适合自己的工作岗位，那么在寻找工作的过程中就处于失业状态。经济学中认为这种失业是劳动力资源优化配置的必要条件，是经济社会的正常现象，一般不把摩擦性失业看作宏观经济中存在的重要问题。

2. 季节性失业(Seasonal Unemployment)

季节性失业是由于季节性因素所带来的失业。前已述及，现实经济生活中不少行业在生产、消费以及生产和消费过程中存在着季节性，即生产过程可能受制于某一季节性因素，如农业受气候的影响。消费中也可能受到季节性因素的影响，例如，羽绒服只在冬季穿戴。有些行业在生产和消费中都要受到季节性的影响，例如旅游业。在这种季节性因素的影响下，这些行业处于旺季时，劳动力往往处于过度就业状态，而处于淡季时，这些行业又处于就业不足的状态，而从整个季节周期来看，过度就业与就业不足相互抵消，可以将其视为正常就业，季节性失业在宏观经济学中也视为正常现象，是一种正常失业。如图 9.7 所示，图中横轴表示季节变化，按自然季节划分，分为四个阶段。纵轴表示每日工作时间(不考虑每周休息及节假日因素)。图中虚线表示无季节性因素影响的行业的正常工作时间，比如每天 8 小时。图中折线表示受季节性因素影响行业的工作时间，在第Ⅰ、Ⅱ、Ⅲ季度每天工作 12 小时，第Ⅳ季度每天工作 2 小时甚至不工作。那么,前三个季度实际处于过度就业状态,第Ⅳ季度处于失业状态,由于这种变化是有规则的,因此可以将季节性失业看作是正常失业。

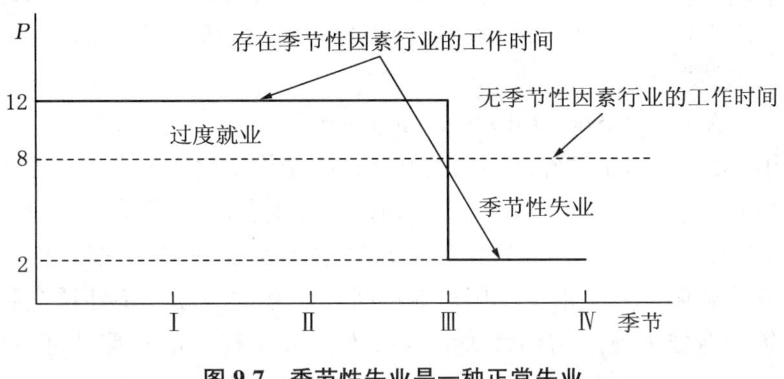

图 9.7　季节性失业是一种正常失业

3. 需求不足型失业(Demand Deficient Unemployment)

需求不足型失业是指由于总需求相对或绝对不足时造成的失业。具体而言,分为两种类型,一是周期性失业(Cyclical Unemployment),是指经济周期性波动中的衰退和萧条阶段,总需求水平绝对量下降,需求不足,由此而造成的失业;二是增长不足型失业,是由于总需求提高速度慢于劳动力增长速度或劳动生产率增长速度。在短期的情况下,总量生产函数为 $Y=f(N)$,即产出为就业量的函数,资本和技术是固定的。当总需求水平按某一比率增长,如 2%,但劳动力增长速度为 5%时,受现有的资本和技术的限制不能容纳多增加的 3%的劳动力,从而造成这部分劳动力失业。当劳动力增长速度为零时,如果劳动生产率增长速度也超过总需求增长速度时,也会出现现有资本和技术不能容纳劳动力的情形。例如,假定劳动力增长率为 1%,劳动生产率增长率为 3%,若总需求增长 4%时,既能够容纳劳动力数量的增长,也能够容纳其质量提高的影响。但如果总需求增长率小于 4%时,设为 3%,那么,3%中要消化劳动力增长率 1%,剩余的 2%则无法消化劳动生产率提高所排挤出来的劳动力。需求不足型的失业,正是宏观经济政策要对付的失业。宏观经济学认为,通过财政和货币政策能够增加总需求,从而解决需求不足的失业。

4. 技术性失业(Technical Unemployment)

技术性失业是指采用了劳动节约型技术时造成的失业。例如,当采用挖掘机进行土方作业时,原有运用手工作业的工作就不复存在,或者大量的土方作业由挖掘机替代,由此排挤出一定的劳动力,造成失业。这种失业是技术进步所产生的正常现象。通常如果技术进步不是突如其来的、冲击性的,技术性失业不会对社会经济产生多大的影响,相反可能由于技术进步扩大了某种产品的需求,原来失业的工人能够迅速在扩张的行业找到更好的工作。但如果技术进步是外部引进的，突如其来的，在短时间内在一国内释放时，会造成技术性失业大幅度增加，会对社会经济产生破坏性的影响，可能一代人会受到波及。许多由计划经济向市场经济转型的国家出现的就是这种现象，是由突然的技术进步代替了缓慢的技术变迁造成的。

5. 结构性失业(Structural Unemployment)

结构性失业是指由于经济结构尤其是产品结构变化所带来的失业。随着经济的发展以及消费者偏好的变化，产品结构会发生变迁，这样有些产业由于需求萎缩而趋于消亡，而有些产业则由于需求旺盛迅速发展起来，前者称为夕阳产业，后者称为朝阳产业。由于夕阳产业中排斥出来的劳动力不能适应朝阳产业的需要，因此造成失业。结构性失业与技术性失业有一定的重叠，但也有不同的，经济结构变迁可能是技术原因造成的，也可能纯粹是因消费者偏好的变化带来的。在表象上，结构性失业与摩擦性失业是相似的，都是失业人口和空缺职位并存，但内涵完全不同。摩擦性失业中失业人口所拥有的技能与空缺职位所要求的技能是吻合的，而结构性失业中失业人口所拥有的技能与空缺职位所要求的技能不相吻合，或者失业者要掌握新的产业的技能的成本过于高昂。例如，比如一个失业者是五级纺织工，空缺的职位也需要一名纺织工，这时就是摩擦性失业，而当空缺的职位需要一名软件工程师时，这时就是结构性失业。

除了上述失业的分类方法外，凯恩斯还提出了另一种分类方法，将失业分为两种失业类型，其一称为自愿失业(Voluntary Unemployment)，是指工人所要求得到的实际工资超过了其边际生产力，或不愿接受现行的工作条件未被雇用而造成的失业；其二是非自愿失业(Involuntary Unemployment)，指具有劳动能力也愿意按现行工资水平就业，但是由于有效需求不足而找不到工作形成的失业，这种失业能够通过提高总需求而消除，与需求不足型失业的含义是相似的。

二、失业的成本和奥肯定律

由于劳动力是经济社会中重要的资源，当出现失业时，意味着经济资源存在浪费和闲置。本节我们研究失业的成本。

失业的成本首先是一种个人成本。就个人而言，失业会带来非常严重的后果，一方面收入减少，生活遇到极大的困难；另一方面，还会失业者的心理方面产生巨大的冲击。如果失业持续较长的时间，失业者的工作技能也会贬值，人力资本的积累中断，失业持续时间越长，重新工作的可能性越小，劳动技能的贬值就越严重。这些都最终会形成一笔庞大的成本。失业的这种负面效应还会扩散到整个社会，会诱发许多社会问题，例如失业率较高时，社会治安状况可能恶化，社会开始变得不稳定等。

衡量失业成本的最主要方法是利用奥肯定律（Okun's Law），这是美国经济学家阿瑟·奥肯（Arthur Okun）发现的一条经验性定律。奥肯在研究美国经济时发现失业率每降低1个百分点，产出能够增加2.5—3个百分点，或者说当失业率每提高1个百分点，产出将下降2.5—3个百分点。他将失业变化和产出增长与正常水平的背离联系起来。令g_{yt}为产出增长率，$\overline{g}_y$为产出的正常增长率（是由劳动力增长率和劳动生产率增长率决定的，例如美国从1960年以来该值大约平均为3%），那么，本期失业率与上期失业率即失业率的变动与产出增长率变动之间存在如下关系：

$$u_t - u_{t-1} = -\beta(g_{yt} - \overline{g}_y) \qquad \text{（式 9.1）}$$

上式反映了当产出和失业一起变动时，产出增长率超过正常增长率1个百分点，会导致失业减少β个百分点。

表9.10给出了不同国家在不同时期的奥肯定律的β参数值。

表9.10　不同国家不同时期的奥肯定律β参数值

国　家	1960—1980年	1981—1998年
美　国	0.39	0.42
英　国	0.15	0.51
德　国	0.20	0.32
日　本	0.10	0.20

美国1981—1998年的β值为0.42，正常增长率$\overline{g}_y$为3%，那么，在美国情况下奥肯定律的具体形式就是：$u_t - u_{t-1} = -0.42 \times (g_{yt} - 3\%)$。当希望失业率降低1%，即保持本期失业率小于上期失业率1个百分点时，经济中产出增长率应当达到5.38%，即由式$-0.42 \times (g_{yt} - 3\%) = -1\%$，可得$g_{yt} = 5.38\%$，也就是说只有产出增长率超过正常增长率2.38个百分点，才会使失业率下降1个百分点。当失业率提高1%，经济中产出增长率为0.619%，意味着产出增长率小于正常增长率2.381个百分点。这就是失业率增加1个百分点给经济社会造成的成本，产出增长率损失了2.381个百分点。美国2012年的GDP为16.24万亿美元，假如产出增长率出现这样的损失，其代价将是3 868亿美元。由此可见，失业对经济社会的成本是相当高昂的。

三、自然失业率及其决定因素

自然失业率概念是由米尔顿·弗里德曼首先提出来的。他认为自然失业率是职位空缺数与失业人数之间存在某种均衡联系时的失业率。这一失业率是由结构性因素决定的，如经济发展水平、闲暇的价值以及劳动力市场的特征，市场特征主要是指弹性、市场分隔状况以及工作信息的可得性等因素。他认为“自然”并不意味着固定不变，也不意味着政府经济政策不能影响自然失业率，而是认为政府政策只能引导那些决定它们的结构因素，而一般性的财政和货币政策不会对这些结构因素产生影响。自然失业率决定了一个经济社会长期的失业水平，当经济自发运行时，长期内失业率会趋向这一水平，通过财政政策和货币政策只能使实际失业率偏离自然失业率，而经济中自发的力量会驱使实际失业率向自然失业率靠拢。

当一个经济社会的实际失业率等于自然失业率时，可以认为这时经济已经达到了充分就业状态。这里要注意充分就业一词，我们在使用时没有特别强调，但充分就业不等于完全就业，在充分就业的情况下仍存在着失业，这时的失业称为正常失业，如摩擦性失业、季节性失业、技术性失业和结构性失业等。

自然失业率概念有着重要的政策含义，即政府如果试图使失业水平降低到自然率水平以下是徒劳的。

影响自然失业率水平的第一个因素是人口结构，如人口老龄化程度、妇女的劳动力参与率。当人口老龄化程度较高时，妇女的劳动力参与率较高时，自然失业率水平就较高。第二个因素是工资方面的立法，如最低工资制度，例如美国、中国等国都设立了这种制度。经济学家认为设立最低工资制度造成青年人的高自然失业率，从而使得整个社会的自然失业率水平都提高了。第三个因素是失业保险制度，当失业保险时间较长，保险金支付额高时，会造成自然失业率水平提高。

第三节　通货膨胀和失业的替代关系

一、菲利普斯曲线

在凯恩斯主义的总供求模型中，我们曾经分析过，当总供给曲线向右上方倾斜时，即经济尚未达到充分就业水平时，如果推动总需求曲线向上移动，那么一方面会提高产出水平，进而使就业水平提高，失业率下降；另一方面会造成价格水平提高，即发生通货膨胀。这样，失业率的变化就与通货膨胀率之间存在着相互替代的关系，即高通货膨胀率意味着失业率较低，而低通货膨胀率使失业率水平提高。

1958 年，在英国伦敦经济学院工作的新西兰经济学家菲利普斯（A. W. Philips）通过整理英国 1861 年至 1957 年的统计资料时发现，货币工资增长率和失业率之间存在一种负相关的关系。这种关系可表示为：

$$\frac{\Delta w_t}{w_{t-1}} = f(\underline{u}_t) \qquad \text{（式 9.2）}$$

式中，$\frac{\Delta w_t}{w_{t-1}}$ 表示 t 时期的货币工资增长率，u_t 表示 t 时期的失业率，f 表示两者之间存在的函数关系，函数符号下的负号表示两者之间是负相关关系。

将式 9.2 表示的关系描在图 9.8，它是一条向右下方倾斜的曲线。如图 9.8 所示，当货币工资增长率为 $\left(\frac{\Delta w}{w}\right)_1$ 时，失业率为 u_1，而当货币工资增长率下降到 $\left(\frac{\Delta w}{w}\right)_2$ 时，失业率提高到 u_2，这一关系相当于用 $\left(\frac{\Delta w}{w}\right)_2-\left(\frac{\Delta w}{w}\right)_1$ 的货币工资增长率替代了 u_2-u_1 的失业率。

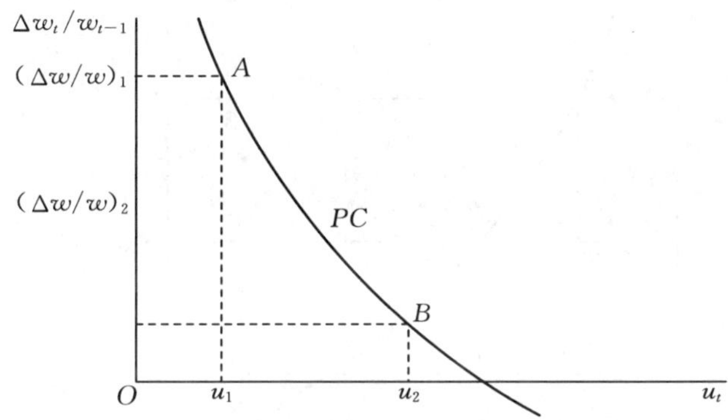

图 9.8　菲利普斯曲线的初始形式

之所心存在这样的替代关系，其基本机制是：低失业引起名义工资水平提高；当名义工资水平提高时，企业生产成本上升，索取的价格水平提高；价格水平提高时，工人要求更高的名义工资；如此等等。低失业率与高工资增长率联系起来。由于价格水平（通货膨胀率）与工资增长率之间存在一一对应的关系，工资成本是价格的重要构成部分，因此后期的菲利普斯曲线所描述的关系就由通货膨胀率和失业率的关系取代。

上一章，我们得出了总供给函数，为 $P=P_{-1}[1+\lambda(Y-Y^*)]$（式 8.21），可以通过前面推导的关系将之还原成为价格与失业率之间的关系：

$$P=P_{-1}[1-\varepsilon(u-u^*)] \quad \text{（式 9.3）}$$

经过一些数学处理（这里不再详述），我们可以将上述关系进一步调整为通货膨胀率与失业率之间的关系：

$$\pi_t=\pi_t^e+\theta-\varepsilon u_t \quad \text{（式 9.4）}$$

其中，π_t 为通货膨胀率，π_t^e 为预期通货膨胀率，参数 ε 是工资对失业率的敏感程度，θ 为成本加成数。为了便于分析预期的时间变化问题，式 9.4 中的相关变量加上了时间下标。

如果不考虑通货膨胀预期的问题，那么式 9.4 就可以写成：

$$\pi_t = \theta - \varepsilon u_t \qquad \text{(式 9.5)}$$

这正反映了菲利普斯曲线关系，只不过用通货膨胀率代替了货币工资增长率。可用图 9.9 重新表示菲利普斯曲线。左边纵轴表示通货膨胀率，右边纵轴表示货币工资增长率，两者在垂直方向相差一个劳动生产率增长率。横轴从左到右失业率从低到高变化。

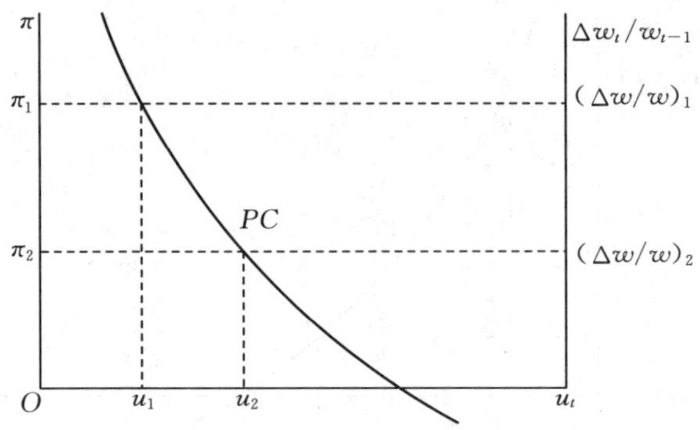

图 9.9　变形后的菲利普斯曲线

二、预期和菲利普斯曲线

在 20 世纪 60 年代，菲利普斯曲线能够很好地拟合相关经济数据，但从 20 世纪 70 年代开始，失业率和通货膨胀率之间的关系不再如从前拟合得好，失业率和通货膨胀率之间的组合呈分散状，两者之间没有替代关系。

经济学家认为 20 世纪 70 年代的石油价格上涨对企业的定价产生了重要的影响，体现在 θ（成本加成数），即其他非工资成本因素对价格起着重要的作用。而且从 20 世纪 70 年代美国的通货膨胀率持续为正，这样，对通货膨胀的预期对失业率和通货膨胀率之间的关系产生了影响。

下面我们根据适应性预期概念来分析，预期与菲利普斯曲线的关系。

假如，经济主体对价格变化的预期按以下方式形成：

$$\pi_t^e = \alpha \pi_{t-1} \qquad \text{(式 9.6)}$$

即本期通货膨胀预期取决于上一期实际通货膨胀，其中参数 α 表示上期通货膨胀对本期预期的影响程度，当 $\alpha = 1$ 时，意味着经济主体预期本期通胀与上期相同。上一小节中菲利普斯曲线的初始形式中相当于 $\alpha \to 0$。

将式 9.6 代入式 9.4,可得:

$$\pi_t = \alpha\pi_{t-1} + \theta - \varepsilon u_t \qquad (式 9.7)$$

我们分析简单的情形,当 $\alpha = 1$ 时,上式可改写为:

$$\pi_t - \pi_{t-1} = \theta - \varepsilon u_t \qquad (式 9.8)$$

式 9.8 反映了失业率与通货膨胀率变化之间的替代关系。这一关系称为附加预期的菲利普斯曲线(Expectation-augmented Philips Curve),即高失业导致通货膨胀的下降,低失业导致通货膨胀的上升,如图 9.10 所示,纵轴已经调整为通货膨胀的变化。从实证研究的结果来看,这一方程比较好地拟合了美国 1970 年以来的数据。

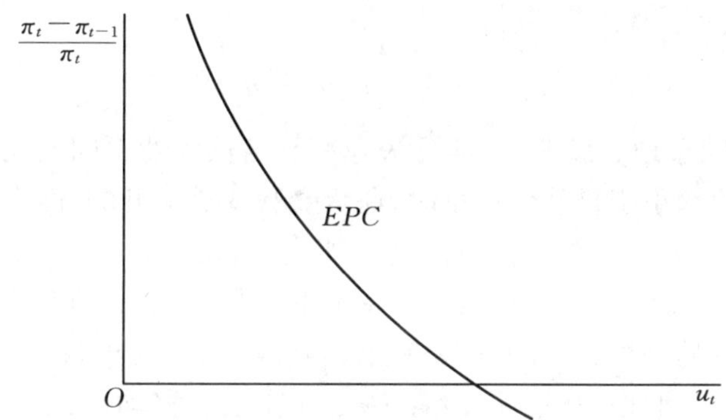

图 9.10　附加预期的菲利普斯曲线

如果仍按初始的菲利普斯曲线描述失业率和通货膨胀率之间的关系,那么,表现一簇初始菲利普斯曲线,即由于预期通货膨胀的影响,初始菲利普斯曲线向右上方移动了,见图 9.11。从图 9.11 中可见,附加预期以后,现在要想将失业率也降低到 u_1 水平,通货膨胀率为 π_2,而不是 π_1。

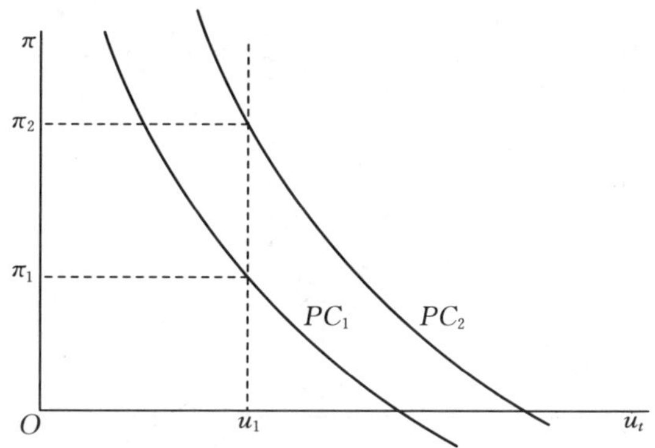

图 9.11　初始菲利普斯曲线的移动

三、长期菲利普斯曲线

我们将前面分析的自然失业率概念引入菲利普斯曲线的分析中，在这种情况下，自然失业率就是指实际价格水平等于预期价格水平时的失业率，即实际通货膨胀率等于预期通货膨胀率时的失业率，自然失业率仍以 u^* 表示，将这一关系代入式 9.8，可得：

$$0=\theta-\varepsilon u^*$$

则
$$u^*=\frac{\theta}{\varepsilon} \quad \text{（式 9.9）}$$

因此，当加成数越大，以及工资对价格程度越小，自然失业率水平越高。

将式 9.9 代回式 9.4，可以得出：

$$\pi_t-\pi_t^e=-\theta(u_t-u^*) \quad \text{（式 9.10）}$$

式 9.10 反映了通货膨胀率、实际失业率和自然失业率间的关系。其基本含义是当实际失业率小于自然失业率时，通货膨胀率是上升的，而当实际失业率大于自然失业率时，通货膨胀率是下降的。那么，从长期来看，实际失业率不可能偏离自然失业率，最终会回到自然失业率水平，因此长期菲利普斯曲线是一条起始于自然失业率的垂线。如图 9.12 所示，当经济初始处于自然失业率水平，假如政府试图降低失业率，在短期，沿着 PC_1 向左上方移动，失业率降低到 u_1，但是带来了通货膨胀，通货膨胀率为 π_1，那么，经济中自发的力量会使失业率回到自然失业率水平，但是由于已经有了 π_1 的通货膨胀预期，经济中失业率和通货膨胀率的组合点为 B 点。这时政府再试图降低失业率，又使经济移动到 C，自发的力量会使经济再次回到自然失业率水平，经济回到 D 点，但通货膨胀预期为 π_2，这是一个较高的通货膨胀与自然失业率的组合。将长期内经济将会趋向的位置联结起来，形成一条起始于自然失业率的垂线，这就是长期的菲利普斯曲线。

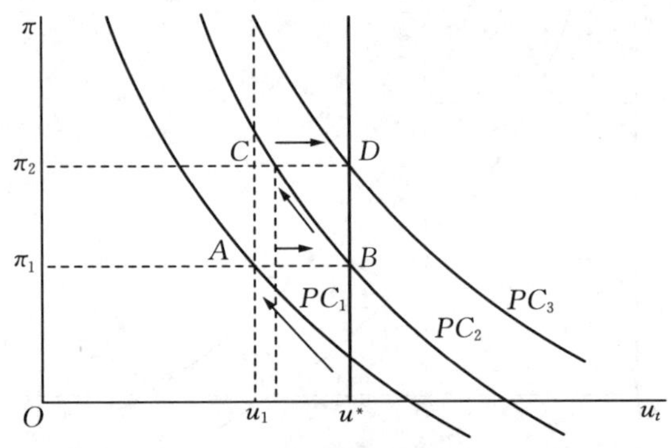

图 9.12　长期菲利普斯曲线

习题九

1. 通货膨胀是指(　　)。

A. 货币发行量过多引起物价水平的普遍的持续上涨

B. 货币发行量不能满足交易的需要

C. 货币供给小于货币需求

D. 以上均不正确

2. 抑制成本推进的通货膨胀,应当(　　)。

A. 控制总需求　　B. 控制货币供应量

C. 控制成本上升　　D. 采取紧缩性政策

3. 当经济已经达到充分就业,下列哪种情况下会引发通货膨胀?(　　)。

A. 进口增加　　B. 出口减少

C. 劳动生产率提高　　D. 减少税收

4. 由于经济萧条而形成的失业是(　　)。

A. 季节性失业　　B. 摩擦性失业

C. 技术性失业　　D. 周期性失业

5. 充分就业就是(　　)。

A. 不存在非自愿失业时的就业状况　　B. 完全就业

C. 没有通货膨胀时的失业　　D. 存在固定资产闲置时的就业状况

6. 长期菲利普斯曲线说明(　　)。

A. 通货膨胀和失业之间不存在相互替代关系

B. 通货膨胀和失业之间存在替代关系

C. 失业率能够降低到零

D. 通过造成通货膨胀能够降低失业率

7. 造成通货膨胀的原因有哪些?发生通货膨胀后会对宏观经济产生何种影响?

8. 结构性失业是如何形成的?为什么我国当前的失业难以运用扩张需求的方法解决?

9. 通货膨胀和失业之间的短期关系如何?长期内这种关系是否存在?为什么?

10. 弗里德曼认为通货膨胀归根到底是一种货币现象,你对此如何认识?为什么?

第十章

宏观经济政策的原理和运用

国家干预的有利影响……是直接的、即刻的和可以说是看得见的，而它的坏的影响是逐步和间接的，并且为人们所不能看到……大多数人也不会记住，国家检查员可能不胜任、粗枝大叶或甚至偶然贪污腐化……很少有人理解到国家的帮助会消除自我帮助这一不能否认的真理。因此，大多数人几乎肯定会出于实际的需要而以过分赞成的态度去看待政府干预。

——迪赛，1914 年，《英国法律和舆论》

学 习 目 标

通过本章的学习，你应当能够：

1. 掌握财政政策的含义及基本的财政政策工具；
2. 理解财政政策工具的自动稳定器作用；
3. 掌握财政政策的挤出效应；
4. 了解财政政策的基本限制因素；
5. 掌握货币政策的基本工具；
6. 掌握货币政策的传导机制及各传导环节的基本关系；
7. 了解货币政策效果的决定因素及货币政策的限制因素。

宏观经济政策是整个宏观经济学的落脚点，各种或简单或复杂的理论模型，除了使我们更好地理解宏观经济的运行特点、内在机理外，更重要的是为相关政策的设计和执行建立理论依据。本章着重阐述现代经济生活中的两大经济政策，即财政政策和货币政策，分别对其政策工具、效果及限制进行研究。

第一节　财 政 政 策

一、财政政策工具

正如前面一再运用的那样，所谓财政政策是政府运用财政支出和税收等手段，影响总需求，以达到充分就业、物价稳定、经济增长以及国际收支平衡等宏观经济目标的宏观经济政策。

根据财政政策对宏观经济产生影响的基本方向，可以将其划分为两种类型，即扩张性财政政策(Expansionary Fiscal Policy)和紧缩性财政政策(Contractionary Fiscal Policy)。每一种方向又有两种最基本的政策工具，政府支出和税收。如图 10.1 所示。

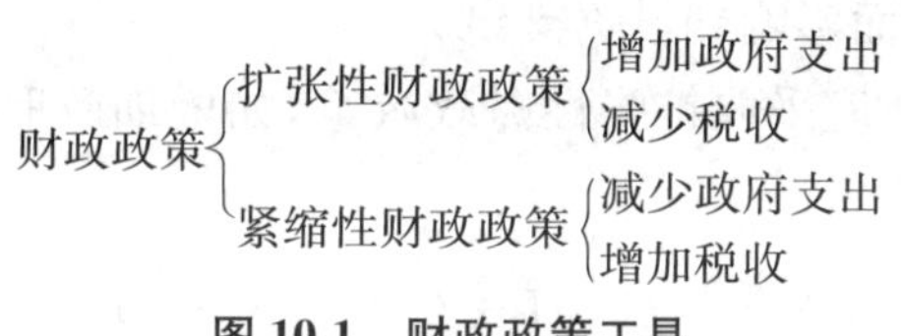

图 10.1　财政政策工具

当然，由于政府支出还有许多具体的类别，例如公共投资、国防支出、纯粹行政性支出(或称政府消费)、社会福利支出等，对宏观经济运行的影响也存在差异，作用的渠道也有不同。就其对宏观经济的总体影响来看，主要是改变了总需求，不同类别的政府支出则主要是改变了总需求的结构。

财政政策的基本作用机制就是"逆经济风向而动"、"相机抉择"，即当经济处于衰退状态时，采取扩张性政策，而当经济处于过热状态时，则采取紧缩性政策。如图 10.2 所示，横轴代表时间，纵轴代表收入水平。图中间的粗箭头线表示整

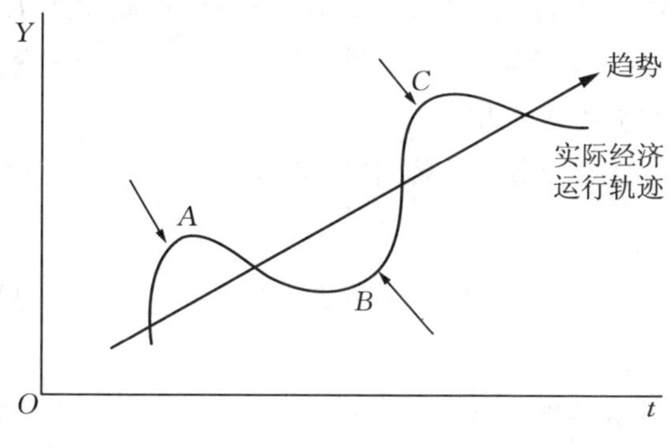

图 10.2　财政政策的作用机制

个宏观经济运行的趋势，表示从长期来看，宏观经济稳定协调发展的基本路径。图中波动的细实线表示经济的实际运行轨迹。所谓逆经济风向而动，就是在实际经济向上偏离趋势线时，采取紧缩性财政政策，使经济回到趋势位置，避免经济过热。当实际经济向下偏离趋势线时，采取扩张性财政政策，同样驱使经济回到趋势位置，避免经济衰退。从图中可以看出，财政政策的最终目的是要将经济维持在一个稳定增长的框架内，一般也称为"熨平经济波动"，防止经济出现大起大落。

下面我们结合前面介绍的三个主要宏观经济模型说明财政政策的具体作用过程。

收入支出模型中，总支出（总需求）由消费支出 C、投资支出 I、政府支出 C 和净出口支出 NX 四项构成。采取财政政策时，政府支出政策直接影响到上述总支出的 G 部分，而税收政策影响到个人可支配收入，进而影响到消费支出，同时通过改变投资成本而影响到投资支出。

如下所示，假如政府采取扩张性财政政策，如增加政府支出，对总支出的影响就是：

$$Y\uparrow = C + I + G\uparrow + X - M$$

即通过增加 G，从而增加总支出，引起均衡国民收入水平提高。

如果减税，对总支出的影响就是：

$$Y\uparrow = C\uparrow + I\uparrow + G + X - M$$

即通过减少 T，达到增加 C 和 I 的目的，从而增加了总支出，引致均衡国民收入水平提高。

当政府采取紧缩性财政政策时，作用机制与上面的相似，只要将上述箭头方向反向即可。

IS-LM 模型中，财政政策主要影响到产品市场均衡曲线 IS 曲线，即财政政策变化时引起自发性税收 T_0、转移支付 TR 和政府支出 G 变化，从而使 IS 曲线发生移动，引起均衡收入变化。

如果政府采取扩张性财政政策，增加政府支出，或者减少税收，那么，对 IS 曲线的影响是：

$$\rho\uparrow = \frac{a + e - bT_0\downarrow + b\,\overline{TR}\uparrow + \overline{G}\uparrow + \overline{X} - M_0}{d}$$

即使 IS 曲线的纵截距 ρ 变大，向右上方移动，从而使均衡收入水平增加。

反之，如果政府采取紧缩性财政政策，减少政府支出，或者增加税收，那么，

对 IS 曲线的影响是：

$$\rho\downarrow=\frac{a+e-bT_0\uparrow+b\,\overline{TR}\downarrow+\overline{G}\uparrow+\overline{X}-M_0}{d}$$

即使 IS 曲线的纵截距 ρ 变小，向左下方移动，从而使均衡收入水平减少。

AD-AS 模型中，财政政策主要影响到 AD 曲线，当财政政策变化时，引起参数 $A=a+e-bT_0+b\,\overline{TR}+\overline{G}+\overline{X}-M_0$ 变化，进而使总需求曲线移动，引致均衡国民收入变化。

当政府采取扩张性财政政策时，增加政府支出和减少税收都使参数 A 变大，AD 曲线向右上方移动，从而增加均衡收入，即：

$$Y\uparrow=\gamma A\uparrow+\beta\cdot\frac{\overline{M}}{P}$$

反之，当政府采取紧缩性财政政策时，减少政府支出和增加税收都使参数 A 变小，AD 曲线向左下方移动，从而减少均衡收入，即：

$$Y\downarrow=\gamma A\downarrow+\beta\cdot\frac{\overline{M}}{P}$$

二、自动稳定器

财政政策主要是政府主动对宏观经济进行干预，以达到政府的政策目标。但是，由于政府收入和支出自身所具有的特点，许多收入和支出项目本身就具有一种自动逆经济风向而动的倾向和趋势，能够减缓宏观经济的波动性。这些财政收入和支出项目就称为自动稳定器（Automatic Stabilizers），也可以称为内在稳定器，或者将这种情况称为财政政策的内在稳定作用和自动稳定作用。

自动稳定器类似于汽车的减震器，即在经济处于过热状态时，自动具有冷却的作用；而当经济处于衰退状态时，则自动具有扩张性的影响。下面结合几个财政收入和支出工具具体说明。

个人所得税就是一种重要的自动稳定器。大多数国家的个人所得税制都是累计税制，即随着应纳税所得逐渐提高，增加部分应纳税所得适用的税率越来越高。例如，我国现行个人所得税的起征点为 3 500 元（可以将这 3 500 元看作是税率为零），超过 3 500 元收入且小于 1 500 元的部分，适用 3％的税率；超过 1 500元小于 4 500 元的部分，适用 10％的税率；等等，最高边际税率为 45％。个人所得税的自动稳定机理是，当人们名义收入水平提高，税收有自动提高的趋势，从而产生紧缩作用，当人们名义收入水平降低时，税收有自动降低的趋势，从而产生扩张作用。

例如，按我国现行所得税制，某人月收入为 5 000 元，其应纳税额就是 45 元（$3\,500\times0\%+1\,500\times3\%=45$ 元），当经济繁荣时，其月收入提高至 6 000 元，其应纳税额就是 45 元（$3\,500\times0\%+1\,500\times3\%+1\,000\times10\%=145$ 元），名义收入增长率为 $\frac{6\,000-5\,000}{5\,000}\times100\%=20\%$，而税收增长率为 $\frac{145-45}{45}\times100\%=122.22\%$。税收增长速度明显快于名义收入增长速度，因此有增税效应。将上述过程反过来，假如月收入为 6 000 元，当经济衰退时，其月收入降低至 5 000 元，那么，名义收入下降率为 $\frac{6\,000-5\,000}{6\,000}\times100\%=16.67\%$，税收下降率为 $\frac{145-45}{145}\times100\%=68.97\%$，即税收下降速度更快，因此有减税效应。当然，其中也要注意百分比计算时收入及税收变化在提高时与降低时相比其基点是不同的，基点不同也会对变化百分比产生一定的影响。

综合上述分析可见：

个人所得税
- 繁荣时期→个人名义收入↑→进入更高纳税等级→税收↑→紧缩效应
- 衰退时期→个人名义收入↓→退回较低纳税等级→税收↓→扩张效应

再来分析失业救济金的自动稳定作用。在经济繁荣时期，整个社会的就业水平提高，失业水平下降，那么，领取失业救济金的人数减少，从而自动地减少了政府在这方面的转移支付，有减少政府支出的趋势，因此在紧缩的效应。反之，经济衰退时期，失业水平提高，领取失业救济金的人数增加，有增加政府支出促使经济扩张的趋势。如下所示：

失业救济金
- 繁荣时期→就业水平↑→失业水平↓→领取失业救济金人数↓→政府支出↓→紧缩效应
- 衰退时期→就业水平↓→失业水平↑→领取失业救济金人数↑→政府支出↑→扩张效应

三、挤出效应

挤出效应（Effectiveness of Crowding Out）反映了政府采取一定的财政政策后，对经济中其他主体行为的影响，进而使得政府政策效果减弱。挤出效应主要出现在政府采取扩张性财政政策的情况下，当政府支出增加或减少税收时，会引起货币需求增加，在货币供应量既定的情况下，诱致利率水平提高，从而导致私人投资水平下降，即政府支出增加导致私人投资减少，由政府支出取代了私人投资。"Crowding out"一词在英文中的直接含义就是替代。如果政府支出完全取代了私人投资，那么采取扩张性财政政策就是完全无效的，总需求水平并未因此而增加，只是支出主体由私人转向政府而已。用参数来表示这一过程就是：

$$G\uparrow\Rightarrow\begin{cases}\bar{M}\\ L\uparrow\end{cases}\Rightarrow r\uparrow\Rightarrow I\downarrow$$

我们运用 IS-LM 模型来分析挤出效应问题。如图 10.3 所示，假定经济初始的均衡点在 IS_1 和 LM 的交点 E_1，利率为 r_1，均衡收入为 Y_1。现在政府增加支出，增加量为 ΔG，IS 曲线从 IS_1 移动到 IS_2，利率提高到 r_2，均衡收入增加，为 Y_2。可见，在增加均衡收入的同时，利率水平也提高了，对私人投资产生了负面影响。如果利率水平仍保持在原来均衡位置 r_1 的水平，根据 IS_2，均衡收入水平能够增加到 Y_2'，但现在由于利率提高，均衡收入只增加到 Y_2，那么两者之间的差异 $Y_2'-Y_2$，就是政府支出增加挤出的私人投资所减少的国民收入，挤出的私人投资为 $\Delta I=\dfrac{Y_2'-Y_2}{K_I}$，$K_I$ 为投资乘数。

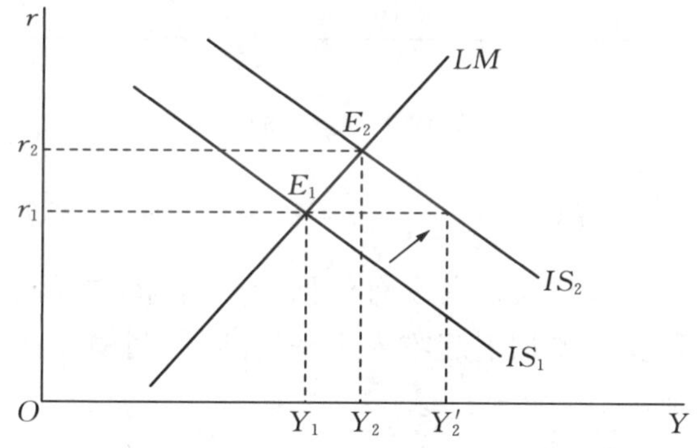

图 10.3　挤出效应

根据乘数及其相关理论，我们可以计算出均衡点从 E_1 变化到 E_2，均衡国民收入的变化量，即 $\Delta Y=Y_2-Y_1=\Delta G\cdot K_G$，也可计算出挤出的私人投资部分所带来的国民收入的减少量 $\Delta Y'=Y_2'-Y_2=\Delta I\cdot K_I$。

因此，利率保持在 r_1 不变所能带来的均衡收入 Y_2' 与原均衡收入 Y_1 之间的差异就是：

$$Y_2'-Y_1=\Delta Y+\Delta Y'=\Delta G\cdot K_G+\Delta I\cdot K_I$$

由此，我们就可以计算挤出效应的大小，定义挤出效应为 Cr，即有：

$$Cr=\frac{Y_2'-Y_2}{Y_2'-Y_1}=\frac{\Delta Y'}{\Delta Y+\Delta Y'}=\frac{\Delta I\cdot K_I}{\Delta G\cdot K_G+\Delta I\cdot K_I}$$

由于,投资乘数与政府支出乘数在数值上是相等的,上式可进一步写成:

$$Cr=\frac{\Delta I}{\Delta G+\Delta I}$$

挤出效应 Cr 的取值在 0 到 1 之间,当 $Cr=1$ 时,意味着 $Cr=\frac{\Delta I}{\Delta G+\Delta I}=1$,$\Delta Y=0$,即是完全挤出,政府支出增加使私人投资出现一对一的下降,在图中反映了 LM 曲线这时是垂线,政府支出增加引起利率水平提高,但均衡收入没有变化,财政政策没有效果,如图 10.4 所示。

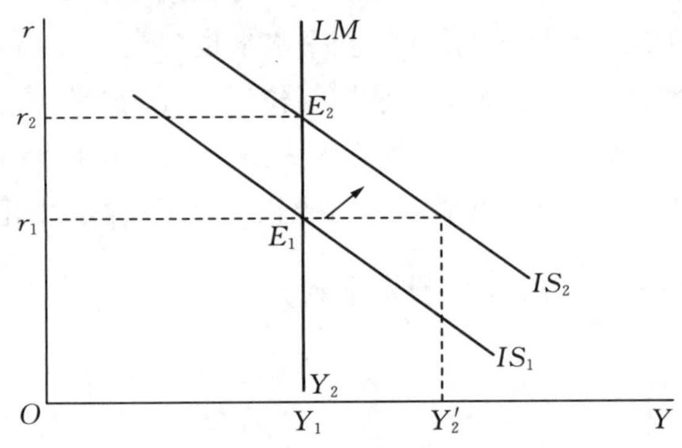

图 10.4　完全挤出

当 $Cr=0$ 时,意味着 $Cr=\frac{\Delta I}{\Delta G+\Delta I}=0$,$\Delta Y'=0$,即完全没有挤出,政府支出增加没有使利率变化,私人投资没有任何减少,在图中反映了 LM 曲线这时是一条水平线,政府支出增加引起收入水平提高,但利率没有变化,财政政策效果最大,如图 10.5 所示。

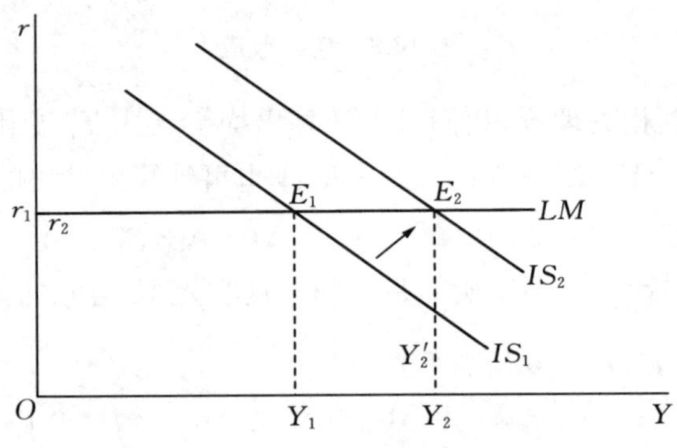

图 10.5　完全没有挤出

从两个极端的例子可以得出如下结论：

在 IS 曲线斜率给定时，LM 曲线越陡直，挤出效应越大，财政政策效果越小；LM 曲线越平坦，挤出效应越小，财政政策效果越大。原因在于同样政府支出变动，投资对利率的敏感程度也相同时，LM 曲线越陡直所引起的利率提高幅度越大，从而挤出了更多的私人投资。

在 LM 曲线斜率给定时，IS 曲线越平坦，挤出效应越大，财政政策效果越小；IS 曲线越陡直，挤出效应越小，财政政策效果越大。原因在于货币需求对利率的敏感程度给定，同样政府支出变动，IS 曲线越平坦对利率越敏感，挤出的私人投资越多。

对上述结论的第二部分，见图 10.6 和图 10.7，两图中政府支出增加量相同，即 IS 曲线垂直向上移动的幅度相同。在图 10.6 中，IS 曲线较陡直，由利率提高所挤出的私人投资而减少的均衡收入的比例较小，因此财政政策的效果强。在图 10.7 中，IS 曲线较为平坦，由利率提高所挤出的私人投资而减少的均衡收入的比例较大，因此财政政策的效果较弱。

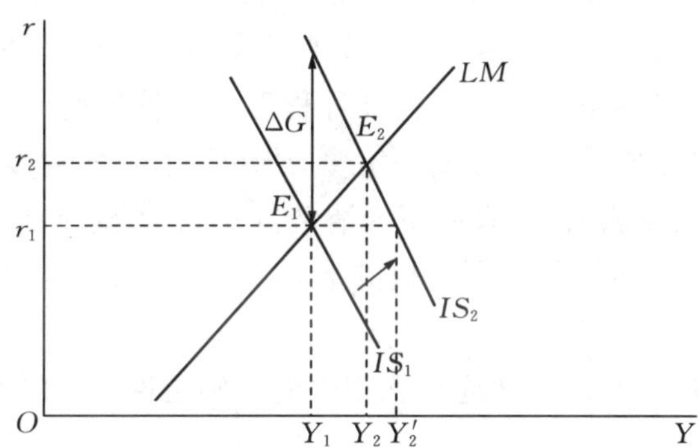

图 10.6　*IS* 曲线陡直时的挤出效应

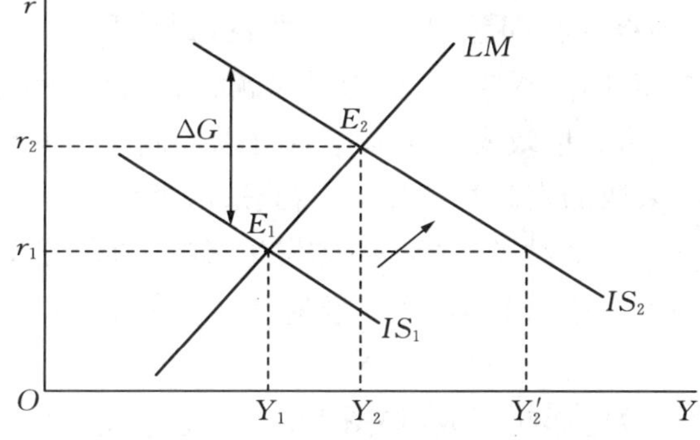

图 10.7　*IS* 曲线平坦时的挤出效应

四、财政政策的限制

从理论上说，如果政府能够在恰当的时机采取恰当的政策能够熨平经济波动，但是实践中财政政策会受到各种各样的限制，有时政府采取政策时会受到各种政治利益团体的制约，使政策可能偏离政府原定的方向，对此本处不予讨论。从经济理论角度看，财政政策主要受到几个方面的限制：

1. 政策效应的不确定性

假如经济社会中存在着高失业率，当政府准备采取某项财政政策进行干预时，应当首先回答下面这些问题：目前的失业率与自然失业率的关系如何？是自然失业率提高了还是实际失业率水平本身的变化？需求不足型的失业、摩擦性失业、结构性失业等在总失业率中所占比重如何？当采取该项财政政策以后，公众的行为将会如何变化？当采取该政策后，利率将如何变化？投资将如何变化？政府支出会不会挤出私人投资？如果会挤出，那么挤出效应有多大？这项政策将在多长时间内发挥作用？作用时间有多长？经过一段时间后，经济变量将变化到什么状态？我们按什么指标确定政策确实起作用了？我们依据什么认为这些指标的变化确实反映了政策的作用？如此等等。这个问题清单还可以不断开下去。可以说现代宏观经济学能够在某种程度上回答这些问题，但是我们对宏观经济不了解的程度与了解的程度一定多，或者不了解的程度更大。在这种情况下，正像是开车出发旅游时，我们不太清楚目的地，走到路上，我们不清楚方向是否正确，更糟的是，即使我们到了目的地，也没有办法确定是否真得到了想去的地方。

由于存在这些问题，政策效应存在很大的不确定性，从而使财政政策的效果大打折扣。

2. 政策效应的时滞

政府采取某种财政政策以后，还要受到政策效应时滞的影响。所谓时滞是指从政府发现宏观经济存在问题，判断问题所在，到采取政策，以及政策发挥作用的时间过程。这一时间过程越大，称为时滞越大。时滞分为内部时滞和外部时滞两部分。内部时滞是指政府政策制定者可以控制的时间滞后，如发现宏观经济问题，确定应当采取的宏观经济政策，直到采取某种政策。外部时滞是指一旦政府政策实施以后，政策对经济行为主体发生影响，消费者改变消费和储蓄行为，企业改变投资行为，这一时间过程是政府无法控制的，这部分时滞称为外部时滞。

时滞问题对政策效应影响巨大，如图 10.8 所示，假定政府在时刻 t_A 发现宏观经济过热，采取了紧缩性的财政政策，但是政策发挥效力要经过一段时间，比

如到时刻 t_B 效应才完全发挥出来，但经济自身发展的轨迹已经走向了衰退，紧缩性财政政策无疑是雪上加霜，使经济衰退的更加严重。如果我们在衰退期，如时刻 t_B 采取扩张性财政政策，但效力可能在时刻 t_C 发挥出来，时刻 t_C 经济已经走出衰退走向扩张，这时政策效力发挥会使经济扩张更为迅猛。政策作用的结果可能使整个宏观经济沿虚线所示的路径变化，与不受干预时的实际经济运行轨迹相比，波动程度更大了，没有达到熨平经济波动的效果，反而放大了经济波动，即使经济波动更为频繁，波幅更大。从理论上说，我们可以在时刻 t_A 前的某个时刻，预先采取紧缩性的财政政策，即政策实施中设计一个"提前期"，当经济扩张开始时，紧缩政策就开始发挥作用，减缓经济波动。但是这种提前期政策很难在实践中实施，一方面是因为在提前期时刻，经济处于正常期，没有理由采取这样的政策，也无法判断政策力度是否恰当；另一方面是因为我们对政策效应的时滞长短也是不确定的，即同样一种政策在某一时刻的时滞为 6 个月，而在另一时刻时滞为 12 个月，也可能在其他时刻时滞为 2 个月，从而无法使政策在恰当时刻发挥效力。

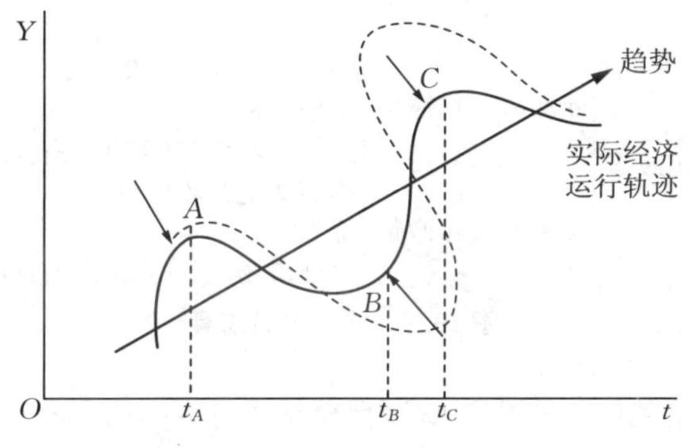

图 10.8　财政政策的限制

3. 经济主体的预期

一项政策的效果不仅取决于它会如何影响当前的经济变量，还在于它如何影响公众对将来的预期。预期的重要性在于，有时政府只是发出采取某种政策的信号，即使没有采取实质行动，也会改变人们的行为。当公众的预期改变时，当前的实际经济变量就可能相应变化。例如，假定目前财政赤字庞大，人们预期未来政府会紧缩开支，增加税收，那么当前人们就会根据这种预期调整自己的行为，比如调整资产组合，规避可能发生的增税情形，增加储蓄以避免政府支出减少时收入下降等等。又如，我国人们预期政府将开征遗产税，在购买住房时就把刚出生的子女写入所有权证中。人们预期明年政府会紧缩支出，就会通过各种渠道争取政府拨款，或者增加今年立项的投资项目。在这种情况下，人们如果预期未来政府采取扩张性政策，当前可能就会增加支出，减少储蓄。而人们若预期未来采取紧缩性政策，当前就可能增加储蓄。

基于财政政策的这些限制，有些经济学家认为最好的政策是不采取任何政策，起码可以避免人为错误干预造成的经济波动。

第二节　货币政策

一、货币政策工具

所谓货币政策(Monetary Policy)是指中央银行通过货币政策工具控制货币供应量，从而影响利率水平，进而改变经济中的投资量，以调节均衡国民收入的政策。按货币政策的作用方向来划分，也可以分为紧缩性货币政策(Contractionary Monetary Policy)和扩张性货币政策(Expansionary Monetary Policy)两种类型。每种类型又分为三种基本货币政策工具。如图 10.9 所示。

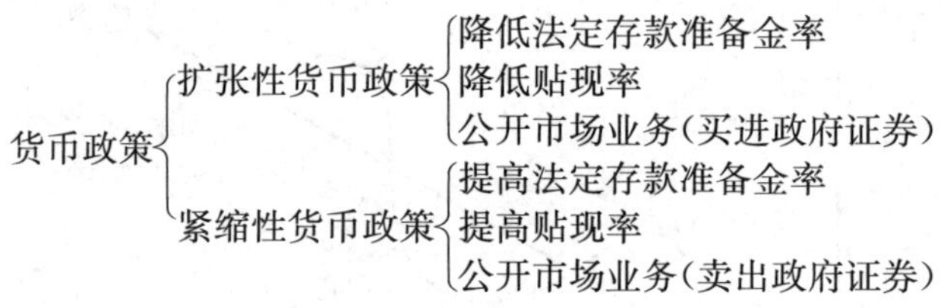

图 10.9　货币政策工具

至于货币政策如何一步步影响国民经济在下一小节分析，这里先对三大基本货币政策工具进行一些分析。

1. *法定存款准备金率*

前面章节已经介绍过法定存款准备金率的概念。当中央银行调整法定存款准备金率时，直接改变了货币乘数，从而改变了商业银行能够创造的存款货币量，使整个社会的货币供应量发生变化。第六章得出的最简单货币乘数为 $K_{mm}=\frac{1}{e}$，即法定存款准备金率的倒数，一般性货币乘数为 $K_{mm}=\frac{1+c}{c+e+R_O}$。可见，$e$ 越大，货币乘数越小；反之，则货币乘数越大。如果中央银行希望减少货币供应量，那么可以提高法定存款准备金率；反之，通过降低该比率来增加货币供应量。另一方面，法定存款准备金率对商业银行贷款业务的实际成本也产生了重要的影响，准备率越高，实际成本越高；反之，实际成本越低。

一般而言，商业银行的准备金存放在中央银行的准备金账户，许多国家中央银行并不向准备金支付利息，即使支付利息，利率也较低。假定中央银行不向准备金支付利息，那么，商业银行吸收100元存款，存款利率假定为5%，准备金率为20%时，其实际可贷资金就是80元，贷款利率假定为10%，那么商业银行的实际收益就是$80\times10\%-100\times5\%=3$元，按存款额计算的实际收益率为$\frac{3}{100}\times100\%=3\%$，表面上看，每元存款商业银行可以获得5%的利差，实际上利差只有3%。当然如果中央银行向准备金账户支付利息，会使实际利差提高。接着上例，央行支付的利率假定为2%，那么，商业银行的实际收益率就是：

$$(80\times10\%+20\times2\%-100\times5\%)/100=3.4\%$$

假定中央银行降低法定存款准备金率，从20%降低到10%，存贷款利率不变，那么，商业银行的实际收益率就是：

$$(90\times10\%-100\times5\%)/100=4\%$$

如果央行对准备金也支付利息，如2%，商业银行的实际收益率就是4.4%。

由此可见，改变法定存款准备金率会影响到商业银行的实际收益和成本关系，当贷款成本降低，或者贷款收益增加，那么商业银行就愿意增加贷款，从而扩大了货币供应量；反之，则会减少货币供应量。

2. 贴现率

确切地说，贴现率应当称为再贴现率，它反映了企业、商业银行和中央银行之间的业务关系。在经济生活中，企业经营中会出现赊销，即交易方先行提货，货款在某一个期限以后支付，对方向赊销方提供一张商业票据，承诺在到期后支付货款。企业持有这张商业票据一段时间但尚未到期，急需资金时，可以将这张商业票据出售给商业银行，商业银行从中预先扣除利息，将剩余资金支付给企业。这一过程称为贴现。由于商业银行在票据到期后，如果不能全额收回货款，有权向原出售票据的企业追偿，因此，贴现业务实际上相当于企业以商业票据作为抵押向商业银行申请的一笔抵押贷款。其中，扣除的利息与贷给企业的资金之间的比率就是贴现率，相当于抵押贷款的利率。例如，某企业持有一张三个月到期的商业票据，已持有了一个月，票面利率为12%，到期可收回1 000元货款，那么出售给商业银行时，商业银行预先扣除两个月的利息，即20元$\left(1\,000\times\frac{12\%}{12}\times2=20\right)$，贴现率就是$\frac{20}{980}\times100\%=2.04\%$，这是两个月利率，如果换算成年利率就是12.24%。

商业银行持有商业票据也可能会出现资金不足的情况，例如，商业银行吸引了 1 000 万元存款，法定存款准备金率为 10%，可贷款资金为 900 万元，但现在有一个 1 200 万元的优质贷款项目，这样，商业银行可贷款资金尚有 300 万元的缺额。那么，商业银行就可以将未到期的商业票据再向中央银行出售，这一过程与前面相似，称为再贴现，其中的利息率就称为再贴现率。

由于再贴现过程相当于中央银行向商业银行提供贷款，那么再贴现率就相当于贷款利率。当再贴现率提高时，商业银行向中央银行贷款的成本就增加，商业银行就不愿意向央行贷款，从而间接控制了商业银行向外发放贷款的数量，减少了货币供应量。反之，当再贴现率降低时，商业银行向中央银行贷款的成本降低，商业银行愿意更多地向央行贷款，从而扩大了货币供应量。

除了商业银行向中央银行出售票据以获得贷款外，当商业银行出现临时性准备金不足时，也可以向央行贷款以补充准备金，或者将商业银行自己持有政府证券作为担保向央行贷款，由于这种情形与前面的类似，这时商业银行向中央银行贷款的利率也称为贴现率。控制该贴现率同样会控制银行体系的贷款规模，进而控制货币供应量。

3. 公开市场业务

公开市场业务是指中央银行在公开市场（面对社会公众的市场）上买卖政府证券以控制货币供给和利率的政策行为。虽然公开市场业务反映了中央银行与社会公众的证券买卖关系，但一般操作中是通过商业银行进行的，中央银行不直接与社会公众进行交易。

由于政府证券是一种债权债务凭证，不能在市场上流通，即不能作为交易过程中的媒介，当中央银行购买政府证券时相当于向社会增发了相应的货币量，这些基础货币量通过货币乘数的作用影响到货币供应量。当中央银行出售政府证券时相当于从社会回笼了相应的货币量，同样经过货币乘数的作用减少了货币供应量。

另一方面，当中央银行介入政府证券市场（主要是政府债券、国库券的二级交易市场）进行交易时，也改变了市场的供求关系，引起债券价格变动，从而影响到市场利率水平。

表 10.1　三种货币政策工具的比较

货币政策工具	效力	主动性	灵活性
法定存款准备金率	强	主动	弱，不能微调
贴现率	弱	被动	弱，能微调
公开市场业务	中	主动	强，能微调

表10.1比较了三种基本货币政策工具的效力、主动性和灵活性，从中可以看出，法定存款准备金率政策效力较强、主动，但灵活性差，比较僵硬。这是因为，一旦中央银行调整准备金率，对整个银行体系会产生即时的影响，执行新的准备金率的当天就会使货币供应量出现强有力的改变，如降低准备金率，当天会收缩货币供应量，因此作用力强。不过，这样对整个银行体系的影响缺乏选择性。贴现率政策的效力就弱一些，虽然能够在一定的范围内对经济进行微调，但是它是一种被动的政策，当经济扩张时，即使贴现率提高，商业银行需要贷款时，可能也会向央行贷款，难以达到减少货币供应量的目的。而当经济衰退时，央行降低贴现率，商业银行也可能因为市场前景不好，不愿意向央行贷款，同样难以达到增加货币供应量的目的，可以说，贴现率政策的主动权掌握在商业银行的手中，央行借以调控经济显得较为困难。相对而言，公开市场业务就具有许多良好的性质，也是当今世界各国央行货币政策手段中最为常用的工具。这主要是因为公开市场业务效力适中、主动，同时能够对宏观经济进行微调。当需要较大幅度地扩张时，可以大量买进政府债券，反之，可以大量卖出政府债券。当央行希望对宏观经济进行逐渐的调整时，可以每次少量买卖，具有充分的灵活性。更为重要的是公开市场业务能够隐藏央行的政策意图，避免公众预期对政策效力的影响，例如央行可以同时在公开市场上既买进、又卖出政府债券，通过买卖差额来影响货币供应量。

4. 选择性货币政策工具

除了上述三大货币政策工具外，中央银行还可以运用一些其他的货币政策工具，通常称为选择性货币政策工具。其主要有：(1)消费信贷控制，即对各种消费信贷的条件、用途、还款方式、利率等进行限制，从而达到控制某些类型贷款的目的。(2)房地产信贷控制，主要是对土地和房屋等不动产信贷进行控制，对贷款中的首付款成数，贷款期限等进行控制，例如，如果将贷款成数从70%放宽到80%，那么会促进这类贷款增加，反之，则可以控制贷款数量。通过这些控制可以在一定防止因房地产投机造成经济波动。(3)证券信用交易的保证金比率，即中央银行对以信用方式购买各类证券规定最低应付现款的比率，限制信用规模，从而控制市场投机行为。(4)道义劝告，是指中央银行利用其特殊的地位，向商业银行和其他金融机构通过发布通告、指示、指南或者进行人员沟通等，传达央行的政策意图，从而达到一定的政策目的。虽然道义劝告不具备法律效力，但商业银行往往愿意遵循央行的指示，以免对自身业务造成不利的影响。

二、货币政策的传导机制

由于货币政策不直接对总需求产生影响，而是通过政策工具间接调整总需求的投资项目，因此，货币政策与财政政策相比更为间接、迂回，涉及的中间变量和环节较多。货币政策的传导机制如下：

货币政策工具 → 货币供应量 → 货币市场供求关系
→ 利率 → 投资 → 国民收入

或者可以表示为：工具 $\rightarrow \bar{M} \rightarrow \begin{cases} \bar{M} \\ L \end{cases} \rightarrow r \rightarrow I \rightarrow Y$

上述传导机制说明，当中央银行调整某个货币政策工具后，引起货币供应量发生变化，进一步使货币市场的供求关系出现相对的供过于求或相对的供不应求，从而使利率发生变化，当利率变化后，引致投资变动，投资变动带来国民收入变化。

下面我们结合具体的货币政策工具进行说明。假如中央银行提高法定存款准备金率，那么，使货币乘数变小，同样的基础货币量带来较低的货币供应量，从而改变了货币市场上的供求关系，出现相对的供不应求，使利率水平提高。由于利率与投资之间存在反方向变动关系，因此，引致投资减少，进而带来均衡国民收入水平降低。可见，提高法定存款准备金率是一种紧缩性的货币政策。

假如中央银行降低贴现率，那么商业银行向中央银行贷款的成本会降低，商业银行愿意向中央银行更多地贷款，从而扩大了货币供应量，货币市场出现相对的供过于求，利率下降，投资增加，均衡国民收入提高。当然，均衡国民收入提高的另一含义就在于增加了就业量，减少了失业量。可见，降低贴现率是一种扩张性的货币政策。

三、货币政策效果

对于货币政策效果的分析，同样可以运用产品市场和货币市场一般均衡的模型进行分析。

如图 10.10 所示，图(1)和图(2)中 LM 曲线的斜率是一致的，且都表示当货币供应量增加 $\Delta\bar{M}$ 后 LM 曲线的移动，图中 LM 曲线垂直移动的距离都是 $\frac{\Delta\bar{M}}{hP}$。但 IS 曲线的斜率不同，图(1)中较为陡直，图(2)中较为平坦。我们使用效果比率来衡量货币政策效果的大小，即使用比率 $M_e=\frac{Y_2'-Y_2}{Y_2'-Y_1}$，$M_e$ 的取值介于 0 到 1 之间，当 $M_e\rightarrow 1$ 时，货币政策的效果较小，即同样货币供应量变动只带来均衡收入少量的增加，当 $M_e\rightarrow 0$ 时，货币政策的效果较大，即同样货币供应量变动能带来均衡收入较大的增加。

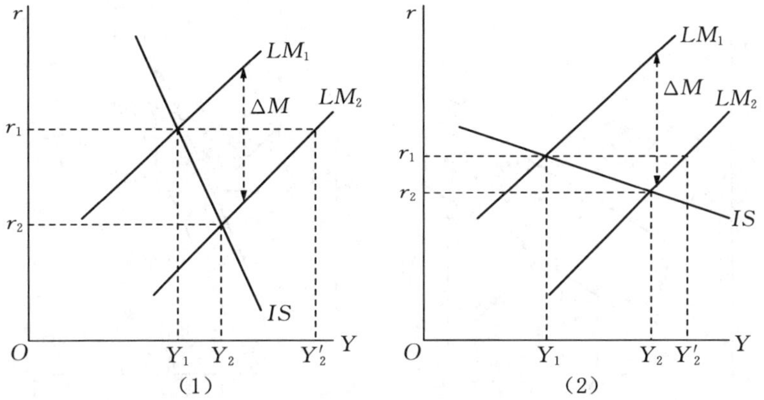

图 10.10 *IS* 曲线斜率不同时的货币政策效果

在图 10.10 中，可以明显看出，当货币供应量增加后，LM 曲线向右下方移动，经济均衡点从 E_1 移动到 E_2，当利率维持在原来均衡利率 r_1 水平时，均衡收入可以增加到 Y_2'。在图(1)由于 IS 曲线较为陡直，均衡收入增加量较小，在图(2)中均衡收入的增加量就较大。根据前面对 IS 曲线的分析，IS 曲线较为陡直时，决定其斜率的投资乘数和投资对利率的敏感程度均较小，因此，意味着同样货币供应量增加带来的利率变化，只能引起投资的少量变化，而投资的少量变化又因为乘数较小，只能引起均衡收入少量变动，这样货币政策的效果就不明显。在图(2)IS 曲线较平坦，意味着投资乘数和投资对利率的敏感程度均较大，同样货币供应量增加带来的利率变化，能够引起投资的较大变化，再加乘数较大，能够带来均衡国民收入较大量的增加，由此表明，货币政策的效果就较为明显。

同样，可以分析 LM 曲线斜率不同时的货币政策效果。如图 10.11 所示，图(1)和图(2)中 IS 曲线的斜率给定不变，图(1)中 LM 曲线的斜率较小，较为平坦，图(2)中 LM 曲线的斜率较大，较为陡直。当货币供应量增加 $\Delta\bar{M}$ 后 LM 曲线发生移动，图中 LM 曲线垂直移动的距离都是 $\frac{\Delta\bar{M}}{hP}$。仍然用效果比率来看，图(1)的效果比率较接近于 1，而图(2)中的效果比率较接近于 0。注意图中不能使用收入变化的绝对数量来判断，要根据货币供应量变化前后均衡收入的变化来确定政策效果的大小。

总结上述分析可以得出如下结论：在 LM 曲线斜率不变的情况下，IS 曲线越陡直，货币政策的效果越小；IS 曲线越平坦，货币政策的效果越大。

在 IS 曲线斜率不变的情况下，LM 曲线越陡直，货币政策的效果越大；LM

曲线越平坦,货币政策的效果越小。

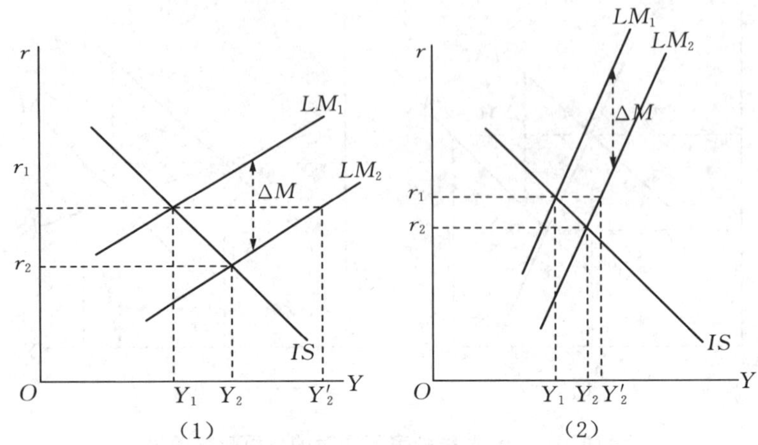

图 10.11 *LM* 曲线斜率不同时的货币政策效果

四、货币政策的限制

与财政政策相似,货币政策在制定和执行过程中也会受到许多制约,主要表现在:

(1) 货币政策效应的不确定性更大。与财政政策一样,货币政策也会面临不确定性的问题,但相比而言,不确定性程度更大,主要是因为倾向政策是一种更加间接的政策,从货币政策工具要经过更多的环节才会影响到国民经济,那么,很难确定在这一传导过程中经济变量的精确变化情况。因此,货币政策出现错误的可能性就会较大一些。

(2) 货币政策作用的时滞更长。弗里德曼指出,货币供应量增加导致名义收入的变化一般在 6—9 个月才会发生,名义收入变动后 6—9 个月才会对一般价格水平产生影响,因此,从货币供应量的增加到通货膨胀发生的时滞为 12—18 个月。美国经济学家布兰德认为货币政策的时滞很长,货币紧缩一开始就对国民收入产生一定的效应,但是很小,然后这种效应不断积累,在第 8 个季度到第 12 个季度之间达到最大,接着这种效应开始消失,约 20 个季度后,紧缩政策对国民收入的效应才会完全消失。因此,政策的目的性和影响力在传递过程中会受到极大的影响,这种长时滞可能还会人为造成经济波动。

(3) 货币政策对抑制通货膨胀较为有效,但反衰退效果不明显。在通货膨胀尤其是需求拉上型通货膨胀时期,实行紧缩性的货币政策效果一般较为明显,因为通货膨胀从根本上说是一种货币现象,当货币供应量减少时,物价水平上涨的势头就会受到抑制。但是,从反衰退角度来看,货币政策的效果就大打折扣,主要是因为货币政策的间接性导致其主动权掌握在企业和个人手中，不像政府支出可以直接由政府调控，直接影响总需求。货币政策要通过利率传导到投资，才能影响总需求。当企业和个人对未来经济前景看淡时，即使当前利率水平较低，企业也不愿意投资，事实上从利率到投资之间的联系受到抑制，货币政策无法发挥效力。

(4) 货币流通速度在经济稳定时往往较为稳定，当出现通货膨胀时，货币流通速度一般加快。当货币流通速度变化时，即使基础货币量不发生改变，货币供应量也会发生多倍的变化。例如，假定基础货币量为 1 000 万元，货币流通速度是每年 5 次，表明每元货币每年平均媒介 5 元的交易，这时，如果货币流通速度变化到每年 10 次，基础货币量仍为 1 000 万元不变，货币供应量也会增加 1 倍。因此，当发生通货膨胀时，中央银行采取紧缩性货币政策，货币流通速度加快，这时，即使中央银行减少货币供应量，可能也无法降低通货膨胀率。中央银行的政策会被货币流通速度变化所抵消，从而限制了货币政策的作用。

习题十

1. 宏观经济政策的目标是(　　)。

A. 充分就业和物价稳定

B. 物价稳定和经济增长

C. 同时实现充分就业、物价稳定、经济增长和国际收支平衡

D. 充分就业和国际收支平衡

2. 财政政策是指(　　)。

A. 政府管理价格的手段

B. 周期性变动的预算

C. 为使政府收支平衡的手段

D. 利用税收、支出及债务等政策手段实现宏观经济目标

3. 自动稳定器的功能是(　　)。

A. 消除经济波动　　B. 缓解经济周期性波动

C. 推迟经济的周期性衰退　　D. 推动宏观经济的繁荣

4. 当经济中存在失业时，应当采取的财政政策工具是(　　)。

A. 增加政府支出　　B. 提高所得税

C. 开设新的税种　　D. 增加货币供应量

5. 货币政策工具中最为常用的是(　　)。

A. 法定存款准备金率　　B. 公开市场业务

C. 贴现率　　D. 道义劝告

6. 法定存款准备金率提高，会使（　　）。

A. 货币供应量增加　　B. 货币供应量减少

C. 利率降低　　D. 收入增加

7. 在凯恩斯区域内，（　　）。

A. 货币政策有效　　B. 财政政策有效

C. 财政政策无效　　D. 货币和财政政策均有效

8. 在古典区域内，（　　）。

A. 货币政策有效　　B. 财政政策有效

C. 财政政策无效　　D. 货币和财政政策均有效

9. 试运用 *IS-LM* 模型说明政府采取扩张性财政政策对宏观经济的影响。

10. 什么是挤出效应？什么情况下挤出效应最大？

11. 三大货币政策工具的有效性如何？

12. 财政政策和货币政策各有何局限性？

第十一章
经济周期波动

经济繁荣往往始于某些改变了盈利机会的事件。它可以是任何一个事件:如战争、和平、降低利率、提高利率、新的发现、创新等。财富持有人与投机者往往以转向新的、更有利可图的投机方式作为对"外部冲击"事件的反应。……如果一国的制造业、建筑业和其他行业有大量资本流入,那么,一旦资本流入突然逆转、甚至流出,该国经济将面临严重问题。这类似于美国孩子的一种游戏,一群孩子手牵着手站在一条直线,向一个方向越跑越快,领头的孩子突然停住,并改变奔跑的方向,从而使得排在最后的孩子被甩了出去。

——金德尔伯格,1996 年,《经济过热、经济恐慌及经济崩溃》

学 习 目 标

通过本章的学习,你应当能够:

1. 了解经济周期的概念及基本阶段;
2. 熟悉经济周期的三种基本类型;
3. 了解经济周期的基本理论;
4. 了解卡尔多经济周期模型;
5. 熟悉乘数—加速数相互作用模型及其政策含义。

前面章节的分析中侧重于短期分析,实际国民收入水平可能不同于均衡收入,这样经济中自发中的力量会促使实际收入进行调整,这种调整可能需要经过一定的时间,由此带来了经济的上下起伏波动。本章介绍关于经济周期性波动的含义和类型,在此基础上介绍主要的经济周期理论,最后分析和介绍卡尔多经济周期模型和乘数与加速数相互作用的模型。

第一节　经济周期概述

一、经济周期的定义和阶段

经济周期(Business Cycle，Trade Cycle)一般也译作经济循环、景气循环或商业循环。通常有两种含义有差别的定义：一个是古典定义，是指经济中产出的绝对水平周期性地出现繁荣、衰退的交替变动现象；另一个定义是现代定义，是指经济中产出增长率周期性地出现上升和下降的交替变化现象。后一种定义不强调产出的绝对变化，认为即使出现了产出增长速度变化也是经济周期。美国经济学家韦斯利·C.米切尔和亚瑟·F.伯恩斯提出了经济周期中经典的古典性定义："经济周期是某些国家问题经济活动中可以发现的一种波动，在这些国家中经济工作主要以实业企业的形式来组织：一个周期包括同时发生在许多经济活动中的扩张，接下来是同样一般性的衰退、紧缩和复苏，复苏又溶入下一周期的扩张之中；这一系列的变化是周期性的，但并不是定期的。在持续时间上各周期不同，从多于一年到十年或十二年；它们不能再分为再短的与具有相同特征的周期。"美国国民经济研究局对经济周期的第二个定义称为增长型周期或离差型周期，通过经济中增长率的增减来描述周期。

如图 11.1 所示，横轴表示时间 t，纵轴为产量水平 Y，中间的粗箭头线表示整个宏观经济的总体趋势，细实线表示经济的实际运行轨迹。运用产出绝对水平变化说明实际经济运行的周期性变动，就是古典定义所表达的基本含义。假如下图的纵轴表示产出增长率的变动，运用产出相对水平变化说明了实际经济运行的周期性变动状况，即当产出增长速度下降也会造成经济衰退。

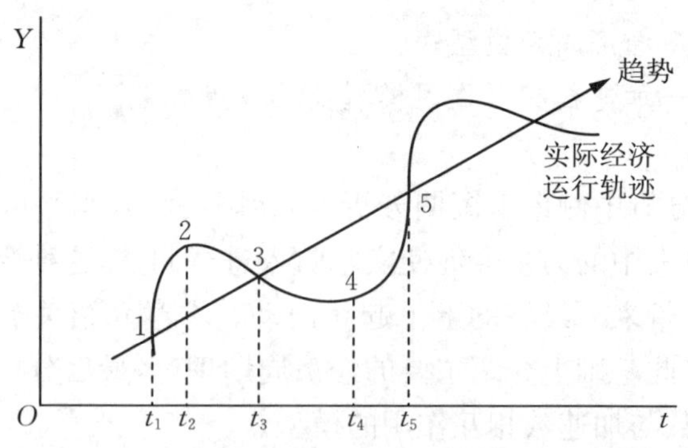

图 11. 1　经济周期的古典定义(古典型周期)

在经济分析中，一般将一个周期划分为四个阶段，即扩张或繁荣(Prosperity)阶段、衰退(Depression)阶段、萧条或危机(Crisis)和复苏(Recovery)阶段。也可以分为两个阶段和两个转折点，把繁荣称为波峰(Peak)，把萧条称为波谷(Trough)，从繁荣到萧条称为处于衰退阶段，把萧条到繁荣称为复苏阶段。图11.1中分别标出了t_1到t_5五个时刻，从t_1到t_2称为扩张阶段，t_2到t_3称为衰退阶段，t_3到t_4称为萧条阶段，从t_4到t_5称为复苏阶段。

经济周期的各个阶段都具有一些典型特征，大致如下：

(1) 繁荣阶段：该阶段的经济活动水平高于趋势水平，经济活动较为活跃，需求不断增加，产品销售通畅，投资持续增加，产量不断上升，就业不断扩大，产出水平逐渐达到高水平，经济持续扩张。不过，繁荣阶段一般持续时间不长，当需求扩张开始减速时会诱发投资减速，经济就会从峰顶开始滑落。通常当国内生产总值连续两个季度下降时，可以认为经济已经走向衰退。

(2) 衰退阶段：该阶段经济活动水平开始下降，消费需求也开始萎缩，闲置生产能力开始增加，企业投资开始以更大的幅度下滑，产出增长势头受到抑制，国民收入水平和需求水平进一步下降，最终将使经济走向萧条阶段。

(3) 萧条阶段：这时，经济处于收缩较为严重的时期，逐渐降低到低水平，即低于长期趋势值，就业减少，失业水平提高，企业投资降至低谷，一般物价水平也在持续下跌。当萧条持续一段时间后，闲置生产能力因投资在前些阶段减少逐渐耗尽，投资开始出现缓慢回升，需求水平开始出现增长，经济逐渐走向复苏阶段。

(4) 复苏阶段：这时经济活动走向上升通道，经济活动开始趋于活跃，投资开始加速增长，需求水平也开始逐渐高涨，就业水平提高，失业水平下降，产出水平不断增加。随着经济活动不断恢复，整个经济走向下一个周期的繁荣阶段。

当然，上述周期的起止点是人为主观划分的，事实上，无论从哪点开始，只要经济完整地完成一个上下交替往复的变动过程，就认为经济经过一个周期。由于每一个周期变动过程受到不同因素冲击的影响，因此，各个周期的时间进程并不完全相同，而且有些因素造成经济长时期的变化，形成较长时间的周期性变动，而有些因素则只造成经济短期内的变化，形成较短时间的变动。

二、经济周期的类型

由于影响经济活动的因素不同，当宏观经济受到冲击时，反应有大有小，根据周期交替变动时间长短的不同，一般把经济周期划分为短周期、中周期和长周期等类型。这些不同的类型混杂在一起，使宏观经济出现纷繁复杂的变动态势，见图 11.2。从图 11.2 中可见，中周期中混杂着短周期，而长周期中又混杂着中周期。

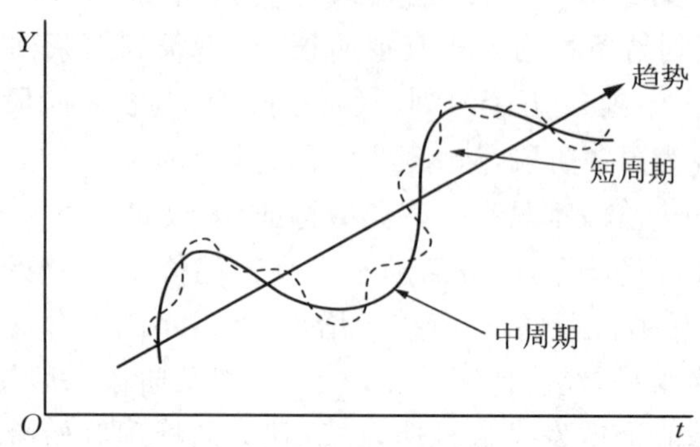

图 11.2　不同类型周期的交错状况

(1) 短周期或基钦周期(Short Cycle, Kitchin Cycle)。英国统计学家基钦(Joseph Kitchin)1923 年根据美国和英国资料得出，经济周期分为大小两种。小周期长度约为 42 个月(3—4 年)，大周期是小周期的总和，一个大周期包含 2—3 个小周期(10 年左右)。宏观经济学中一般把平均长度约为 40 个月的短周期被称为基钦周期。短周期通常与总需求水平的短期波动相关，当总需求出现暂时的冲击时，初始总需求的扩张引发经济开始扩张，并进一步扩散到国民经济的各个领域，从而形成经济的短期繁荣。当总需求的暂时扩张没有持续性时，由于缺乏后续的推动，宏观经济开始下跌，从而走向衰退和萧条。

(2) 中周期或朱格拉周期(Mediate Cycle, Juglar Cycle)。法国朱格拉(C.Juglar)在 1862 年提出，在经济活动中繁荣、危机、清算三个阶段周期地反复出现，周期的平均长度约为 9—10 年。经济学中把这种长度的周期称为中周期或朱格拉周期，是人们最为关注的一类周期。中周期通常与固定资产的大规模更新联系在一起，当资产的平均使用寿命为 10 年左右时，每隔 10 年会出现一个固定资产更新的高峰期，由此带来投资扩张，总需求也随之扩张，使经济走向繁荣。当固定资产集中更新过程结束后或者趋于缓和后，投资开始下降，从而使经济走向衰退。

(3) 长周期或康德拉捷耶夫周期(Long Cycle, Kondratieff Cycle)。前苏联经济学家康德拉捷耶夫(N.Kondratiev) 在 1925 年根据美国、英国、法国等国一百多年批发物价指数、利率、对外贸易、煤炭产量与消耗量等的变动，认为存在一种更长的周期，其平均长度为 50 年左右。他根据资料认为，从 18 世纪末开始，世界经济经历过三个长周期:第一个长周期的时间范围是 1789—1849 年，其中上升 25 年，下降 35 年，一共 60 年；第二个长周期的时间范围是 1849—1896 年，其中上升 24 年，下降 23 年，总共 47 年；第三个长周期的时间范围从 1896 年起，上升 24 年，1920 年以后开始趋于下降。后来经济学界把这种约 50 年左右的长周期称为康德拉捷耶夫周期。长周期一般与重大的发明和发现有关，当出现重大发明和发现后，引发经济较长时间范围的创新活动，使经济在较长时间内持续扩张。当这种发明或创新的潜力被利用完全时，经济又开始走向较长时期的下滑过程。

(4) 建筑业周期或库兹涅茨周期(Construct Cycle, Kuznets Cycle)。美国经济学家库兹涅茨(Simon Kuznets)在 1930 年根据英、美、法等国 19 世纪初到 20 世纪初 60 种工农业主要产品产量和 35 种工农业主要产品价格的变动情况，提出了平均时间长度为 15—25 年的周期，这是一种长期的也是一种短期的周期现象，短期波动与信贷市场关系密切，而长期波动则与人口变动状况有关。由于这种周期与建筑业的繁荣和衰退密切相关，后来将这种周期称为建筑业周期或库兹涅茨周期。库兹涅茨周期中在其发展阶段，需求上升引起建筑业投资增加，空置率下降、房租上涨，地价开始持续提高，时间大约为 3—5 年。当建筑开工建造量持续地超过销售量时，过渡到过度建造阶段。这时，开发商对需求下降作出相应反应，从而减少建筑投资量，空置率开始提高，租金下跌，建筑活动进一步收缩。

第二节　经济周期的基本理论

一、经济周期理论的分类

在整个经济学的发展历史中，许多经济学家提出了对经济周期性波动的解释，形成了各种风格各异的经济周期理论，表 11.1 中列出了经济周期理论的大致情况，表中按照四个角度分类，一是相对简单的单一原因理论，二是实业周期理论，三是强调储蓄投资过程的理论，四是新古典主义理论。

表 11.1　经济周期理论分类①

分　　类	理论学派	强调原因	代表人物
相对简单的单一原因理论		农业	W.S.杰文斯、H.S.杰文斯、L.穆尔
		心理	米尔斯、庇古
		纯货币	霍特里

① 引自[美]Michael P.Niemira and Philip A.Klein:《金融与经济周期预测》，邱东等译，中国统计出版社 1998 年版，第 50 页。本书进行了适当调整。

（续表）

分　类	理论学派	强调原因	代表人物
实业周期理论		价格成本关系，利润率	米切尔、莱斯居尔
		存货周期	阿布拉莫维茨、斯坦别克
强调储蓄投资过程的理论	前凯恩斯主义	过度投资—货币学派	威克塞尔、哈耶克、米塞斯、马克卢普、罗宾斯、罗普凯、斯维格尔
		过度投资—非货币学派—资本短缺	图冈—巴拉诺斯基、斯皮特霍夫、卡塞尔
		过度投资—非货币学派—创新	熊特特
		消费不足	罗德戴尔、马尔萨斯、迈泽、道格拉斯、西斯蒙第、福斯特和凯庆斯、莱德勒、霍布森
		马克思主义	
	凯恩斯主义		
	后凯恩斯主义	乘数加速因子交互作用	J.M.克拉克、阿弗塔莱昂、萨缪尔森、费尔纳
		成长周期	哈罗德、希克斯、多马、伦德伯格、卡莱斯基、卡尔多
		新马克思主义	谢尔曼、艾文斯
		混沌理论	鲍莫尔和匡特、布罗克和塞耶斯
新古典主义理论	货币主义		弗里德曼、布朗南、梅尔泽、舒尔茨、卡甘
	实际经济周期		金、普洛塞、沃尔斯
	供应学派		拉弗、克莱格
	政治经济周期		卡莱斯基、诺德豪斯、迈克雷、迈泽尔曼
	理性预期学派		马思、卢卡斯、萨金特、华莱士、巴罗

除了上述的分类方法，宏观经济学家还将经济周期理论概括为两个类别，即外部因素或外生理论和内部因素或内生理论。外部因素理论的主要特征，是认为经济周期的根源在于宏观经济之外的某些事物的冲击性波动，如太阳黑子或星象、战争、革命、政治事件、金矿的发现、人口和移民的增长、新疆域、新资源的发现、科学发明和技术进步等等。内部因素理论的主要特征，是从宏观经济内部的某些因素，如投资、消费、储蓄、货币供给、利率等之间的相互制约和相互促进

的机制来解释导致经济周期性波动。

二、单一因素周期理论

单一因素周期理论主要有三种理论，即强调农业、心理和纯货币因素。其中强调农业因素的最为著名的理论是杰文斯的“太阳黑子论”，认为由于太阳黑子的周期性运动造成了10年左右的经济周期。这种理论虽然只强调了单一的外部气象条件变化的影响，但也有其实际意义。在杰文斯所处的年代，农业是整个国民经济的主导部门，天文状况变化会对气候条件产生影响，进而影响到农业，农业波动总会带来整个宏观经济的波动。

许多经济学家在其经济周期理论中将心理因素作为解释波动的一种辅助因素，很少将其作为单一影响周期的因素。单独强调心理因素的学者主要是庇古和米尔斯。这种观点强调了当经济扩张时，强化了乐观主义，这种乐观主义刺激投资并进一步强化了扩张，使经济走向繁荣。而衰退引发悲观主义，悲观主义又进一步抑制投资，加剧了衰退，使经济走向萧条。因此心理因素有放大宏观经济波动的重要作用。当前经济周期理论中对心理因素的强调主要侧重于预期在影响经济决策方面的作用。

纯货币因素周期理论是由英国经济学家霍特里提出来的。他运用货币信用体系的不稳定来说明经济周期性波动。他认为经济周期纯粹是一种货币现象，货币流通量、货币供应量以及货币流通速度的波动直接导致名义国民收入的波动。当银行体系降低利率，扩大信用时，就会引起投资增加、生产扩张，进而导致收入增加，刺激整个需求增加。当经济活动的累积性扩张达到一定程度，就会使经济走向繁荣阶段。现代货币体系建立在部分准备金的基础上，因此银行信用扩张是有限度的，当银行体系被迫紧缩货币信用而提高利率时，投资开始回落，生产收缩，从而需求减少，收入减少，这样经济的累积性收缩过程会使经济走向萧条。

三、实业周期理论

实业周期理论中的一方面是强调成本价格关系和利润率变动因素，其代表人物是米切尔。他认为正是使得实业有利可图的同一条件逐步变成了迫使利润减少的条件。经济活动的增长，起初是造成利润增长的原因，而后即是利润增长的原因，同时也成为其后果。当这种增长对现有产业设备的生产能力形成压力时，起初每一单位产出追加成本的下降就会逐步趋于稳定，同时，对合意利润的期望诱使企业间相互哄抬原材料、劳动力和借贷资金的价格，因而从事实业的主要成本变高，这样的过程累积到一定时候，通过加速提高售价而避免因成本侵蚀而导致的利润减少就变得困难了。扩张来自基于期望提高利润的实业需求的增长,这迟早不可避免地导致短缺和价格上涨,进而降低了利润率。当利润不再增长时,实业和扩张最终也就带来了衰退。在衰退中减少成本的措施如解雇、缩短工时以及削减非人工支出等,逐渐增多并成为普遍现象。接着便提高了生产率和利润率。企业寻求利润机会的改观加速了资本的使用和劳动力的雇用。这一系列连续发生的情况造成了利润率的增减,结果企业就会对此作出反应,从而引起了经济波动。

实业周期理论的第二个方面是强调存货的周期性变动带来了经济周期。这种理论认为企业对他们所期望的存货销售比率有一个固定的认识。当扩张中对其需求增加时,他们发现其存货减少。将其存货水平恢复到预定比率的努力导致新订单的增加,进而增加就业和收入。由于后一效应也增加销售,存货销售比率仍会保持下降的水平。由于边际消费倾向为正但小于1,因此,销售的增加将小于收入的增加。在扩张的后期,所期望的存货销售比率可以逐渐恢复,消除了通过增加存货水平对经济的刺激。在经济收缩期则发生相反的过程,企业力图降低其存货水平,同时其销售下降,这种努力进一步使收入下降并阻止比率的下降。然而,销售的下降率低于收入的下降率,所以经过一段时间,企业便可重新设定所期望的存货销售比率,结果紧缩期达到最低点。

四、储蓄投资过程周期理论

许多经济学家强调了储蓄投资过程的不稳定性导致了周期性经济波动。大致有货币因素的投资过度理论、非货币因素投资过度理论、“创新”周期理论、消费不足周期理论等。此外,凯恩斯主义及后凯恩斯主义的经济周期理论也强调储蓄和投资过程,对此后面章节会进行较详细的介绍,这里就不再重复。

1. 货币因素的投资过度周期理论

货币因素的投资过度周期理论的代表人物是奥地利学派的哈耶克、米塞斯和罗宾斯等人。这种理论认为,货币金融当局的信用膨胀政策是干扰经济体系均衡,并引起经济扩张,进而导致繁荣和萧条交替变动的根本原因。即认为如果没有信用扩张,那么生产结构失调以及由此产生的波动就不会出现。货币因素的投资过度理论认为只要银行扩张信贷,导致市场利率低于自然利率,工商企业贷款的投资对厂房、机器设备的需求增加,这时银行信用扩张引起的投资和生产资料需求的增加,只能是把原来用来制造消费品的生产要素转用于制造资本品,这样势必相应地引起消费品产量的减少和价格的上涨。这时,那些货币收入不变或货币收入的增长落后于消费品的价格上涨的消费者,将因消费品价格的上涨而非自愿地减缩了他们的消费,称为“强制储蓄”(Forced Saving),而借助信用扩张扩大投资所形成的新的实物资本如厂房、机器设备等是由这种“强制储蓄”提供的。

哈耶克认为这种人为地扩张信用的政策所引起的经济扩张是不能持续下去的，迟早会出现萧条和反方向的累积的衰退过程。当银行扩张的信用通过企业的投资转化为人们的货币收入后，消费者势必会恢复他们原有的消费，于是引起消费品的需求比生产资料的需求增长得更多，消费品的供给减少，需求反而增加，消费品价格进一步上涨。银行受法律或营业习惯的限制而不能无限地扩张信用，由此表现为货币资本供给的短缺，货币资本短缺将引起两种结果：或者是工商企业在繁荣阶段进行的投资（建造厂房购置设备）半途而废，不能完成；或者是已经生产出来的资本财货因需求不足而价格下落，存货积压，从而造成经济萧条。

2. 非货币因素投资过度周期理论

非货币因素投资过度周期理论的代表人物是图冈—巴拉诺斯基、斯皮特霍夫和卡塞尔。这种理论认为投资过度是经济周期性波动的主要因素。非货币投资过度理论与货币因素的投资过度理论的主要差别在于是着重从生产过程本身来解释周期，而不把货币因素视为引发经济周期的最初动因。在这一理论中，货币信贷扩张是经济扩张的必要条件，但货币因素仅处于从属的被动的地位。斯皮特霍夫认为消费品生产相对不足，才是周期真正的原因。他认为，引起高涨的主要动因，是新技术的发明、新市场的开拓以及萧条阶段利率的低落。这些因素促进投资活跃，于是生产资料尤其是钢、铁、机器和建筑材料等和耐用消费品包括住宅、汽车、家具等的生产大量增加，这就是经济高涨阶段。在复苏阶段和高涨阶段，扩大投资所必需的货币资本，开始来自于萧条阶段所积累的大量闲置资本，继之则主要来自银行的信用扩张和企业未分配利润转用于投资，当经济高涨达到一定程度后，由于货币工资上涨和使用生产效率较低的生产要素，成本提高，利润下降，这样，货币资本的供给减少，从而形成对生产资料的需求减少。另一方面，由于高涨阶段进行的投资所扩大的生产能力逐渐向市场上提供日益增多的钢、铁、建筑材料和耐用消费品，生产资料和耐用消费品供给大大增加了。这样，生产资料和日用消费品的供给增加而其需求逐渐减少，终必出现因货币资本供给不足以致使生产资料和耐用消费品生产部门生产过剩的经济周期。

3. 熊彼特“创新”周期理论

熊彼特于 1912 年出版的《经济发展的理论》一书中提出了“创新”经济周期理论。他发现大规模扩张的原因在于由重大技术突破所提供的投资机会。熊彼特将“发明”和“创新”两个术语区别开来，他把发明定义为生产新方法的发现。

在现代市场经济中这种情况或多或少在不断地发生，人们总是在发现生产的新方法、更好的生产方法，然而只有在发明真正引入经济活动时，它才是具有经济意义的“创新”。“创新”(Innovation)一词被定义为：“新的生产函数的建立”，即“企业家对生产要素之新的组合”，它包括引入一种新产品或提供一种产品之新的质量；采用一种新的生产方法；开辟一个新的市场；获得一种原料或半成品的新的供给来源；实行一种新的企业组织形式。创新只是间断地发生，它们趋于成串或成组发生时，一组投资机会或多或少同时被利用，于是便产生了扩张。由于富有创新精神的企业家，借助银行扩大信用贷款的帮助，增加劳动力投入，新建厂房增添设备，推动国民收入的增长，促进消费品生产的增加，随后，由于企业的“创新”利润，刺激其他企业也在银行信贷的帮助下模仿，这就是经济周期的复苏和高涨。当经济扩张经历一段时间，“创新”扩散到较多企业时，利润逐渐消失，扩张趋向终结。熊彼特理论最具特点的是对扩张如何开始的解释，创新及其所带来的投资使经济的适应力过度紧张，创新刺激了扩张，为了适应创新结果所作的调整又带来的紧缩。

熊彼特认为，在经济高涨阶段，厂商在乐观情绪支配下，投机盛行，借助银行贷款扩大的投资高估了社会对产品的需求。此外，消费者的乐观情绪高估了可能的收入，常用抵押贷款方式购买耐用消费品，消费者负债购买反过来促进企业的过度投资。所以，经济周期的衰退与萧条，意味着新产品新技术对旧的厂商和部门的冲击，那些在经济高涨期间过度扩大的投资在萧条阶段的毁灭是社会经济从失衡趋向新的均衡之必然的有益的过程，一旦萧条到达底谷，新的“创新”引致的复苏和高涨推动经济在更高水平上向前发展，均衡—失衡—在更高水平上的均衡，如此循环往复、周而复始。

熊彼特指出，推动经济周期地循环往复上下波动向前发展的“创新”是多种多样的，有的“创新”影响大，有的“创新”影响小，有的需要相当长的时间才能实现，有的只需要较短的时间就能引进经济之中。这就势必出现各种周期都可与特定的创新联系起来，影响深远和实现期限较长的创新是长周期的根源，影响较小和实现期较短的“创新”则是短周期的根源。

4. *消费不足周期理论*

消费不足理论是周期性不稳定的较为古老的解释之一。19世纪初，法国西斯蒙第(Simonde de Sismondi)认为，一个社会之所以耗费劳动从事生产的唯一目的是满足人们的消费需要。但在资本主义社会，生产是由那些不劳动的人的需要来决定，而不是根据生产者自己的需要来决定，这既破坏了生产与消费之间的自然的直接的联系，也引起了生产无限扩张的可能性。但他认为更重要的是在资本主义制度下减少了消费者的消费能力。大规模机器生产使许多小生产者破产，从而减少了他们的收入和消费，劳动者尤其是工人阶级情况，随机器生产的发展而愈来愈坏。他认为随着生产的发展和社会财富的增长，富人的消费虽将增加，但比起破产和贫困化的人所减少的消费要少得多，由此造成消费不足。当消费不足累积到一定程度会诱发经济衰退，甚至发生经济危机。

美国福斯特和凯庆斯在其合著的《货币》、《利润》和《节俭的进退维谷》等著作中，提出了储蓄过度—消费不足—消费品生产过剩的经济危机理论。他们认为，推动资中主义生产的最终因素是消费者手中有足够的货币购买市场上的消费品，以使得企业家不仅能收回垫支的成本，还能赚得一定的利润。假如企业把全部利润分配给股东，而消费者又把他们全部收入花费于消费品，则企业以成本和股利形式付给消费者的货币，可在出卖消费品时全部收回，这样，生产将在每一年度以相同规模反复进行下去，不会出现生产过剩现象。当企业只是把一部分利润分配给股东，其余的未分配利润转化为新的投资，或者假设消费者以一部分收入用于储蓄和投资。开头，这部分用于储蓄和投资的货币，成为增雇工人的收入，因而用于购买消费品的货币没有减少；另一方面，由于储蓄引起的新增投资表现为新建厂房新增设备和原料在制品等等，因而消费品的供给也没有增加，所以消费品的供需能保持平衡。但是，等到这笔新投资转化为待售的消费品后，消费品的供给增加了，但消费者手中的货币依然如故。这样，市场疲软，物价下跌，利润减少以致货币流通量减少，生产减缩，失业增加，消费品生产过剩的经济萧条随之出现。

银行增发货币或扩张信用，通常不是贷给消费者以吸纳市场上的消费品，而是贷给生产者以生产出更多产品。在此，最初增加的货币成为企业扩大生产新增雇工人的工资收入，货币流通量增加了，消费品还未相应增加，于是引起物价上涨。一旦扩大的生产终于转化为消费品以后，由于生产者以成本因素支出的货币所制造出来的消费品，需要加上利润卖出去，所以除非银行续续扩大货币流通量，增多的消费品将因消费者缺乏足够的货币购买力，以致无法按包含成本与必要的利润的价格售卖出去。

五、新古典主义周期理论

1936 年凯恩斯《就业、利息和货币通论》一书出版后，经济周期的发展集中在建立各种凯恩斯主义式的模型，例如本章后两节介绍的卡尔多模型和萨缪尔森模型。20 世纪 50 年代以后，宏观经济学领域开始有不少学派的理论或其政策主张向凯恩斯前的理论回归，称为新古典主义周期理论，主要有货币主义、实际经济周期、政治经济周期、理性预期、供应学派等。

货币主义代表了对纯货币理论所采用的基本观点的回归，对传统的货币数量论中的交易方程式 $MV = PT$ 的重新考虑。交易方程式指出一段时期内的平均货币供应量乘以货币流通速度,等于所生产的平均产出量乘以平均价格。传统货币数量论认为货币供应是外生的,V 和 T 仅有很慢的变化,而 P 总是正的。因此,货币供应上小的变化将导致价格一个完全成比例的变化。现代货币主义认为货币供应是外生的,其变化是总量经济活动系列变化的主要决定因素。

实际经济周期(也译作真实经济周期)理论认为经济波动的首要原因是对经济的实际(而不是货币的)冲击。实际经济周期理论是从 1973 年和 1980 年石油价格冲击以及 1972 年食品冲击的后果中发展起来的,实际上早期非货币因素的投资过度理论的现代翻版,将增长和周期结合在同一种理论中的一个重要的尝试。

供应学派是基于对萨伊市场法则的修正,代表人物是拉弗,他认为取得稳定增长的最佳途径是使企业家增加总供给尽可能地容易,这意味着增加对企业家投资的刺激。他认为造成抑制投资的主要因素是高的公司税率,适中的税率取得更多的收入,而由于高税率对工作和投资的抑制,高税率并不会得到比低税率更多的收入。

政治经济周期的基础是政府采取政策,如各种财政和货币政策,以使其重新获得选举胜利的机会最大。经济周期大体上与政策制定者的执政期相同。在大选之前,政府会运用其所有力量来刺激经济。然而,刺激行动的消极后果直到选举一年之后才会被感受到,所以政策必须转向。这种观点的主要结论是,选举型经济周期可以通过实际可支配收入和失业率来确定。

理性预期学派提出了“均衡经济周期”观点,他们认为,经济周期是完全正常的过程表示形式,通过它使经济适应于变化,经济周期绝不是需要干预的扰乱,而是经济正常增长过程的一部分。这种观点根植于两个重要假定,一是市场出清,即认为价格和工资是高度的,二是经济主体可能有效地利用所掌握的所有信息,经济主体不会犯一贯性的错误。由此得出政策对经济的干预是无效的,这是因为这些政策已经被经济活动的参与者预见到了。因此,经济周期是经济发展变化的正常表现。

第三节　卡尔多经济周期模型

一、投资函数和储蓄函数的扩展分析

卡尔多经济周期模型是建立在凯恩斯的国民收入决定理论基础上的。前面

的理论分析中曾经指出，投资分为计划投资（意愿投资、事前投资）和实际投资（非计划投资、事后投资），二者之间可能是不同的。同样，储蓄也可以分为计划储蓄（意愿储蓄）和实际储蓄（非计划储蓄）两类，二者也可能是不同的。在这种情况下，前面的均衡条件只研究了计划投资等于计划储蓄，如果考虑到计划和实际储蓄及投资的相互关系，情形会复杂一些，也能得出经济扩张与衰退的含义。如果计划投资大于计划储蓄时，那么实际投资一定小于计划投资量，或者实际储蓄大于计划储蓄，意味着经济中总需求大于总供给，这种情况下会出现经济扩张，扩张到一定程度会达到充分就业状态，超过这一状态后就会出现通货膨胀，而产出水平不再增加。也就是说，起初经济在非充分就业状态下达到均衡，当总需求扩张时沿着向右上方倾斜的总供给曲线向上移动，到达充分就业状态后，总供给曲线变成一条垂线，总需求的进一步增加只会造成物价上涨。反之，假如计划投资小于计划储蓄，那么实际投资一定大于计划投资，也即实际储蓄小于计划储蓄，这会引起经济紧缩，出现失业增加，物价下降的情况。

前面分析的投资函数主要看作是利率的函数，现在我们将投资看做是收入的函数，在分析加速原理时，我们用到资产产出比率，即有：

$$\theta=\frac{K}{Y}$$

而投资是资本存量的增加或替换，则有 $I_t=K_t-K_{t-1}$，因此，可得：

$$I_t=\theta Y_t-\theta Y_{t-1}=\theta(Y_t-Y_{t-1})$$

即投资是收入的函数。

由此，投资函数和储蓄函数分别是：

$$I=I(Y)$$

$$S=S(Y)$$

若投资函数和储蓄函数均为线性函数，为了与前面模型有所区别，这里使用不同的参数形式，即有：

$$I=\alpha_1+\beta_1 Y$$

$$S=\alpha_2+\beta_2 Y$$

若 $\beta_1<\beta_2$，即边际投资倾向小于边际储蓄倾向，如图 11.3 所示，这时的均衡是稳定的，收入向 Y^* 收敛。即当实际收入为 Y_1 时，计划投资大于计划储蓄，经济扩张，向 Y^* 收敛，当实际收入为 Y_2 时，计划投资小于计划储蓄，经济紧缩，

向 Y^* 收敛。

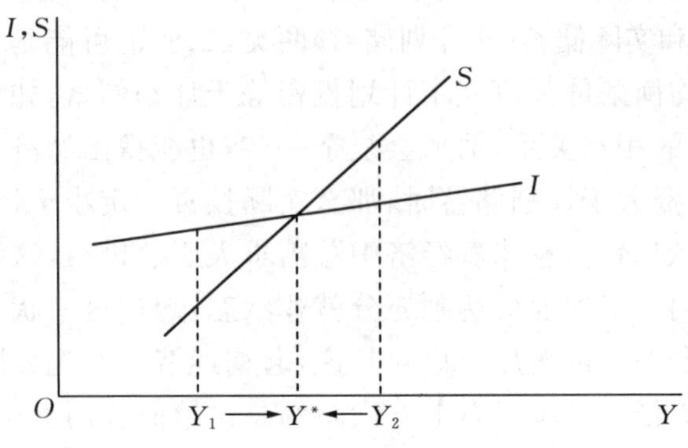

图 11.3　$\beta_1 < \beta_2$ 时的稳定均衡

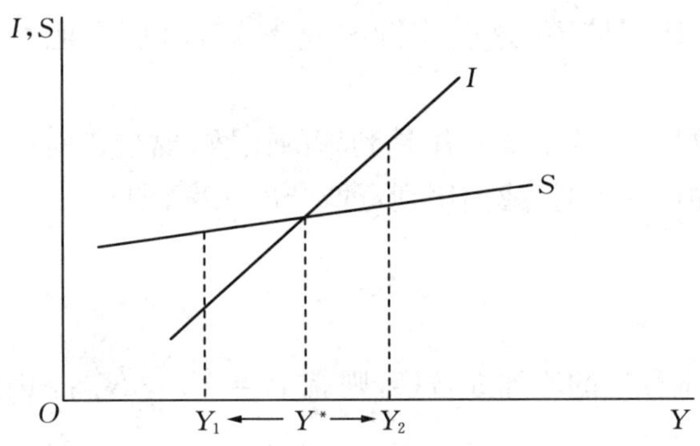

图 11.4　$\beta_1 > \beta_2$ 时的不稳定均衡

反之,若 $\beta_1 > \beta_2$,即边际投资倾向大于边际储蓄倾向,如图 11.4 所示,这时的均衡是不稳定的,收入偏离 Y^* 向外扩张,或者向内紧缩。当经济中实际收入为 Y_1 时,计划投资小于计划储蓄,经济继续紧缩,向内进一步紧缩,偏离 Y^*,当实际收入为 Y_2 时,计划投资大于计划储蓄,经济继续扩张,向外进一步扩张,从而也越来越偏离 Y^*。

考虑到经济中的实际情况,投资函数和储蓄函数是非线性的。当经济活动水平高于或者低于正常水平时,边际投资倾向较小。当经济活动低于正常水平时,生产能力出现闲置,在经济扩张的初期,投资并不需要增加。反之,当经济活动高于正常水平时,投资成本上升,也会抑制企业投资。因此,只要经济偏离正常活动水平,边际投资倾向均较小,如图 11.5 所示,在经济活动低于 Y_1 和高于 Y_2 的区域,投资曲线均较为平坦。

对于储蓄函数来说,当经济活动水平高于正常水平时,人们名义收入水平较高，会促使人们大量储蓄，这时边际储蓄倾向较高；反之，当经济活动水平低于正常水平时，人们的名义收入水平较低，或者减少，人们需要依赖以往储蓄进行消费，这时边际储蓄倾向也较高。如图 11.6 所示，当经济活动位于低于 Y_3 和高于 Y_4 区域时，储蓄曲线的倾斜程度均较大。

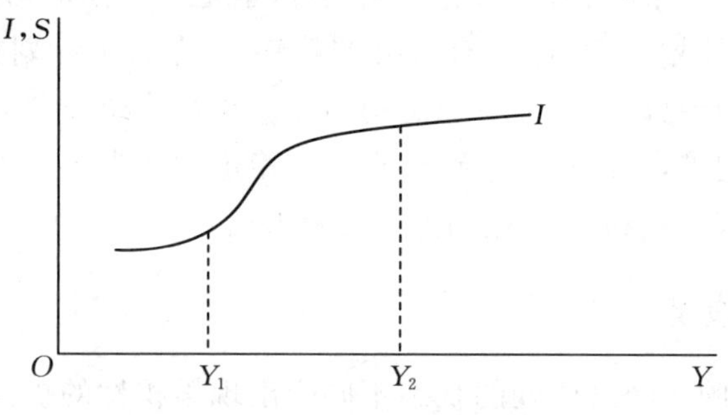

图 11.5　非线性投资函数

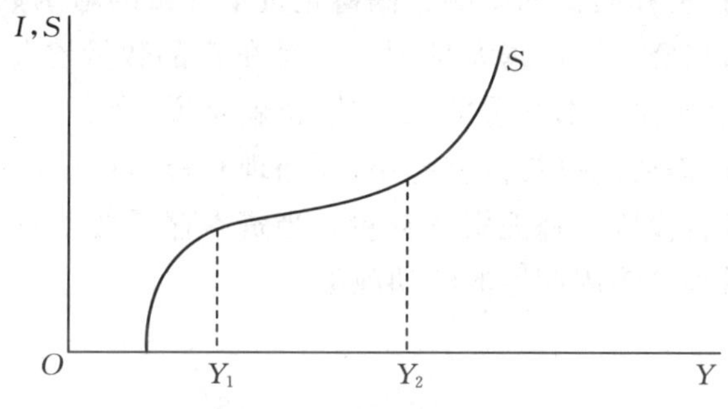

图 11.6　非线性储蓄函数

二、投资和储蓄的多重均衡

当我们将图 11.5 和图 11.6 非线性投资函数和储蓄函数放置在图 11.7 中

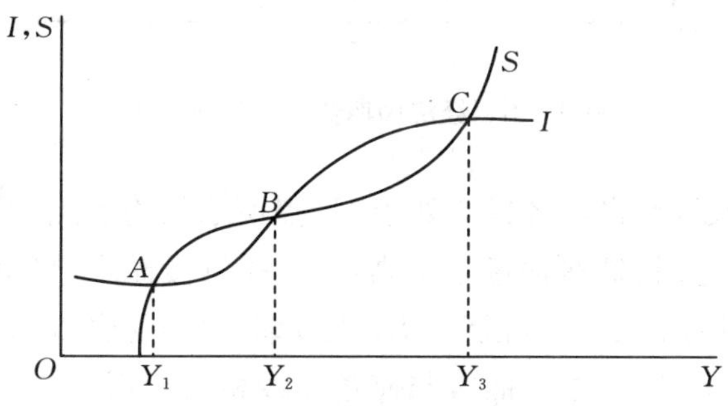

图 11.7　投资和储蓄的多重均衡

时，会出现储蓄函数和投资函数有几个交点的情形，图中两条曲线相关于 A、B 和 C 三点，对应的收入水平为 Y_1、Y_2 和 Y_3。从图 11.7 中可见，当经济处于 A 点的状态时，在 A 点左边，计划投资大于计划储蓄，经济有扩张的趋势；在 A 右边，计划投资小于计划储蓄，经济有收缩的趋势，因此 A 点是一个稳定均衡点。同理，C 点左边有扩张趋势，右边有收缩趋势，也是一个稳定均衡点。而 B 点左边计划投资小于计划储蓄，经济有收缩的趋势，B 点右边计划投资大于计划储蓄，经济有扩张的趋势，是一个不稳定均衡点。B 点的经济含义在于，当经济处于该点之上，出现扩张过程，一直到 C 点达到稳定均衡为止。而在 B 点以下，则会出现收缩过程，一直到 A 点达到稳定均衡为止。

三、经济周期模型

上述分析反映了经济所处的状态不同会出现累积性的扩张或收缩过程，那么经济如何一步步地出现扩张、收缩的动态变化过程呢？卡尔多认为还要考虑资本存量本身对投资和储蓄的影响。储蓄是资本存量的增函数，即对于任意经济活动水平而言，当资本存量越大时，生产出来的产品数量越大，收入越高，储蓄量也越大。而投资则是资本存量的减函数，也就是说，当资本存量越大，达到一定经济活动水平所需要的投资量就越小，即当现有资本存量足以提供既定产品时，就不需要再进行投资以补充资本存量。当资本存量变动时会引发经济均衡点的移动，从而带来经济周期性的波动现象。

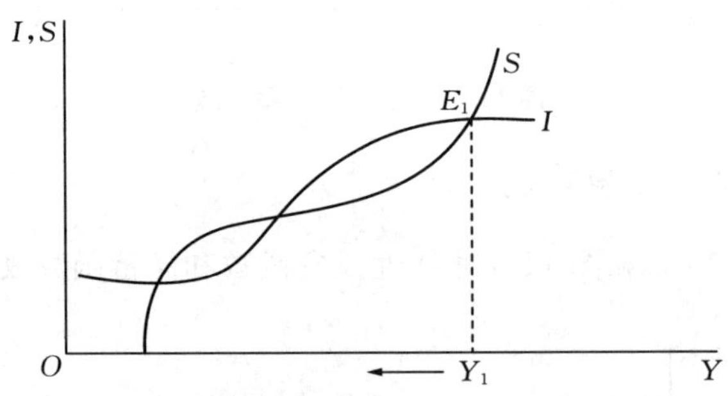

图 11.8　经济周期变动的第一阶段

如图 11.8 所示，假设经济目前处于 E_1 点所示的均衡点，经济处于高水平，收入水平为 Y_1。这时，资本存量处于高水平，投资量减少，投资曲线向下移动，对应的，储蓄曲线向上移动。经济从 E_1 点收缩，比如到达图 11.9 所示的第二阶段，收入调整到 Y_2，这时，投资曲线与储蓄曲线相切于 E_2。在 E_2 点，计划投资小于计划储蓄，E_2 点不是一个稳定的均衡点，经济还有进一步收缩的趋势，投资曲线进一步下移，储蓄曲线进一步上移，经济向 E_3 点移动。到达 E_3 点，经济重新回到稳定均衡状态，也达到了经济收缩的低谷 Y_3 水平，见图 11.10。收入处于 Y_3 水平时，资本存量处于低水平，投资量开始增加，投资曲线转而开始向上移动，对应的，储蓄曲线向下移动，经济从 E_3 又开始扩张，比如到达图 11.11 中 E_4 位置。E_4 也不是一个稳定均衡点，投资曲线仍有向上移动的趋势，储蓄曲线也

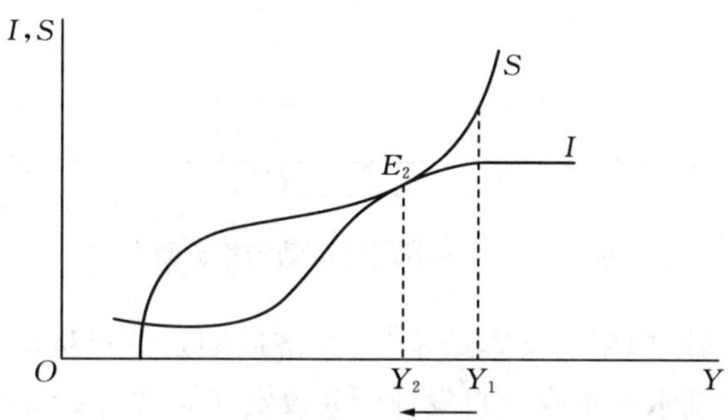

图 11.9 经济周期变动的第二阶段

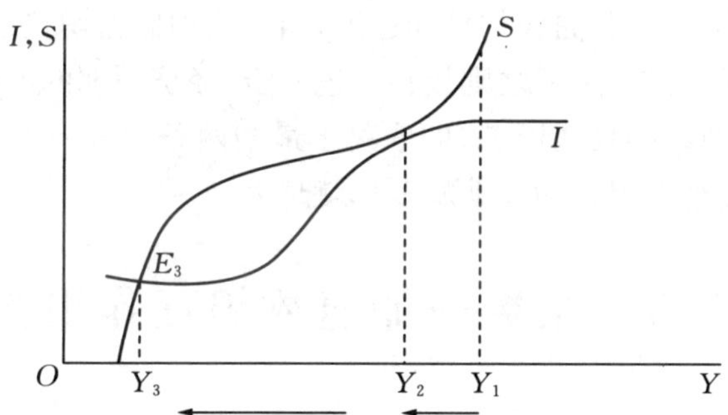

图 11.10 经济周期变动的第三阶段

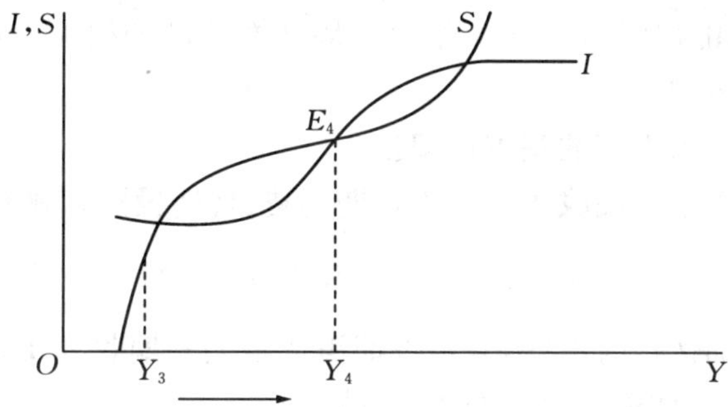

图 11.11 经济周期变动的第四阶段

有进一步下移的趋势，收入进一步提高，最终达到图 11.12 中 E_5 点，从而达到经济扩张的峰顶。由此又开始下一个经济周期。

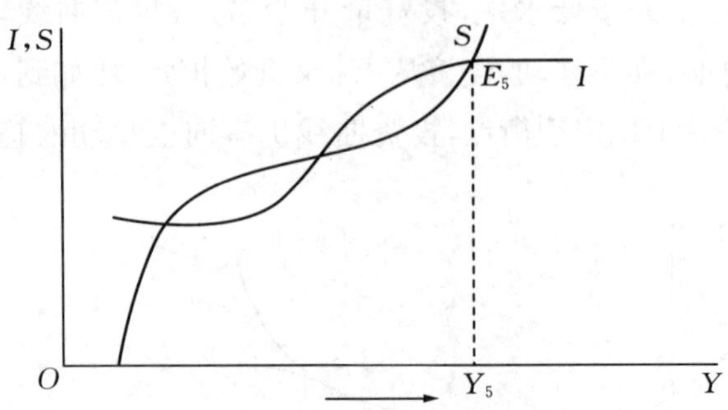

图 11. 12　经济周期变动的第五阶段

卡尔多经济周期模型的基本结论是：经济周期是由经济体系内在的一些因素造成的，经济活动水平本身会自发地引起投资和储蓄的变动，而投资和储蓄的变动又会进一步强化经济活动的变动，这些因素的相互强化和促进导致经济出现周期性的波动，收入从高到低，再由低到高波动性地变化。经济周期时间进程的长短取决于投资和储蓄曲线的移动速度，当投资和储蓄调整速度较快时，经济周期的时间期间就会较短，反之则较长。进一步，经济周期的波幅大小则取决于投资曲线和储蓄曲线的具体形态，即取决于最初两条曲线所形成的稳定均衡点之间的距离，距离越大引发的波动幅度也就越大。

第四节　乘数—加速数相互作用模型

一、模型框架

在前面章节我们分析了乘数和加速数原理，本节将结合乘数和加速数分析经济内部因素的相互作用，从而产生经济周期性波动的模型。这一模型也称为汉森—萨缪尔森模型。

汉森—萨缪尔森模型的基本框架是：

均衡条件为当期国民收入取决于现期消费、现期投资和政府支出，即：

$$Y_t = C_t + I_t + G_t$$

与前面分析加速数时相同，假定现期消费是上一期收入 Y_{t-1} 的函数。根据加速原理，投资为两期消费之差的函数，即：

消费函数：$C_t = bY_{t-1}$

其中,b 为边际消费倾向,为简化分析,假定自发性消费为零。

投资函数:$I_t=\alpha(C_t-C_{t-1})$

其中,α 为加速系数,在资本产出比率不变的情况下,加速系数与资本产出比率在数值上相等。

那么,汉森—萨缪尔森模型就是:

$$\begin{cases} Y_t=C_t+I_t+G_t & \text{均衡条件} \\ C_t=bY_{t-1} & \text{消费函数} \\ I_t=\alpha(C_t-C_{t-1}) & \text{投资函数} \\ G_t=\overline{G} & \text{政府支出} \end{cases}$$

将消费函数、投资函数和政府支出代入均衡条件,可得:

$$Y_t=bY_{t-1}+\alpha b(Y_{t-1}-Y_{t-2})+\overline{G}$$

由此形成关于收入的二阶差分方程,即当期均衡收入是前两期收入的函数。

二、国民收入的动态变化

下面以具体的数字例子来说明这一模型。假定边际消费倾向 $b=0.8$,加速系数 $\alpha=2$,为简化起见,假定前两期的均衡收入均为 0,每期政府支出为 1,那么,均衡收入、消费和投资的变化情况见下表 11.2。如果将表 11.2 中的消费、投资和均衡收入用图形表示出来,可见经济的周期性波动状况,见图 11.13。从图 11.13 中可见,当边际消费倾向和加速系数保持不变的情况下,经济自发地出现了扩张和衰退的上下交替变动。

表 11. 2 汉森—萨缪尔森模型例释

时期	消费	投资	政府支出	均衡收入	变化阶段
t_1	0	0	1	1	扩张
t_2	0.6	1.2	1	2.8	
t_3	1.68	2.16	1	4.84	
t_4	2.904	2.448	1	6.352	
t_5	3.811 2	1.814 4	1	6.625 6	繁荣
t_6	3.975 36	0.328 32	1	5.303 68	
t_7	3.182 208	−1.586 3	1	2.595 904	衰退
t_8	1.557 542	−3.249 33	1	−0.691 79	
t_9	−0.415 07	−3.945 23	1	−3.360 3	
t_{10}	−2.016 18	−3.202 22	1	−4.218 4	萧条
t_{11}	−2.531 04	−1.029 72	1	−2.560 76	
t_{12}	−1.536 45	1.989 173	1	1.452 718	复苏

(续表)

时期	消费	投资	政府支出	均衡收入	变化阶段
t_{13}	0.871 631	4.816 171	1	6.687 802	
t_{14}	4.012 681	6.282 101	1	11.294 78	
t_{15}	6.776 869	5.528 376	1	13.305 24	繁荣
t_{16}	7.983 147	2.412 555	1	11.395 7	
t_{17}	6.837 421	−2.291 45	1	5.545 97	衰退
t_{18}	3.327 582	−7.019 68	1	−2.692 1	
t_{19}	−1.615 26	−9.885 68	1	−10.500 9	
t_{20}	−6.300 56	−9.370 61	1	−14.671 2	萧条

当边际消费倾向(决定了系数大小)和加速系数不同时对均衡收入会产生不变的影响,如表 11.3 所示。从表 11.3 中可见,当边际消费倾向越大,即系数越大时,经济的波幅越大,而加速系数越大时,经济的波幅也更大。

表 11.3　边际消费倾向和加速系数不同时对均衡收入的不同影响

时期	$b=0.6$, $\alpha=2$	$b=0.8$, $\alpha=2$	$b=0.6$, $\alpha=1$	$b=0.8$, $\alpha=1$
t_1	1	1	1	1
t_2	2.8	3.4	2.2	2.6
t_3	4.84	7.56	3.04	4.36
t_4	6.352	13.704	3.328	5.896
t_5	6.625 6	21.793 6	3.169 6	6.945 6
t_6	5.303 68	31.378 24	2.806 72	7.396 16
t_7	2.595 904	41.438 02	2.466 304	7.277 376
t_8	−0.691 79	50.246 05	2.275 533	6.726 874
t_9	−3.360 3	55.289 7	2.250 857	5.941 097
t_{10}	−4.218 4	53.301 6	2.335 709	5.124 256
t_{11}	−2.560 76	40.460 32	2.452 336	4.445 932
t_{12}	1.452 718	12.822 21	2.541 378	4.014 087
t_{13}	6.687 802	−32.963 2	2.578 252	3.865 793
t_{14}	11.294 78	−98.627 3	2.569 076	3.973 999
t_{15}	13.305 24	−182.964	2.535 939	4.265 765
t_{16}	11.395 7	−280.311	2.501 682	4.646 024
t_{17}	5.545 97	−379.003	2.480 455	5.021 026
t_{18}	−2.692 1	−460.109	2.475 536	5.316 823
t_{19}	−10.500 9	−496.858	2.482 371	5.490 096
	−14.671 2	−455.285	2.493 523	5.530 695

汉森—萨缪尔森模型的基本结论可以总结如下:

(1) 经济周期中波动的根源在于经济体内部,即宏观经济内在就存在着波动的趋势,乘数和加速数都有强化经济波动的趋势。

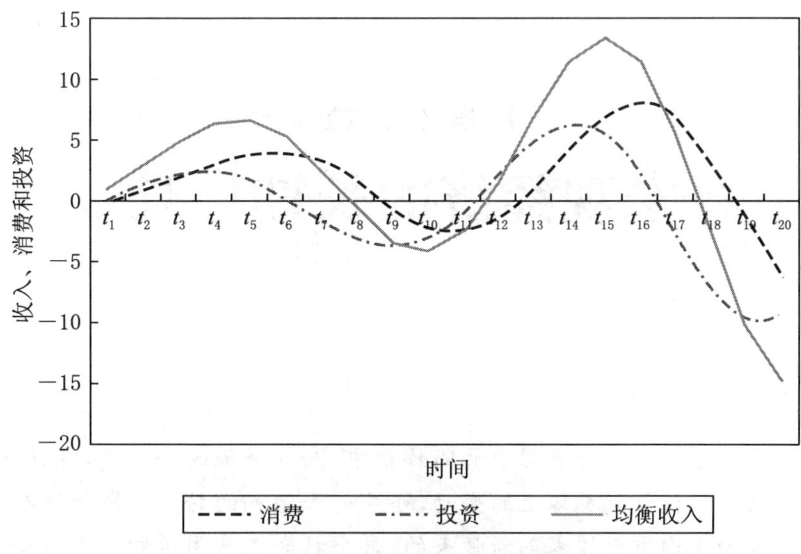

图 11.13 消费、投资和均衡收入的周期性变化

(2) 当只有乘数作用时,即加速系数为零,一定支出数额的增加只会使均衡收入增加,而不会造成经济波动,乘数和加速数相互作用才会导致经济波动。

(3) 宏观经济波动的幅度取决于边际消费倾向和加速系数的数值大小,当这两个参数较小,经济的波动幅度较小。

习题十一

1. 中周期的每个周期的平均年限约为(　　)。

A. 5 年　　B. 10 年　　C. 30 年　　D. 50 年

2. 50—60 年左右一次的经济周期是(　　)。

A. 基钦周期　　B. 朱格拉周期

C. 熊特特周期　　D. 康德拉捷耶夫周期

3. 乘数和加速数相互作用的模型说明了(　　)。

A. 宏观经济中存在自发的波动特性

B. 乘数是造成经济波动的主导因素

C. 加速数是造成经济波动的主导因素

D. 外部冲击对宏观经济的影响

4. 宏观经济中出现不同时间范围周期的主要原因是什么?

5. 有人认为经济周期是经济体本身内在的因素相互作用的结果,依靠人为干预不可能改变经济周期的趋势,只能造成经济波动更为剧烈。对此,你的看法如何?

第十二章
宏观经济的长期增长

在技术和社会因素共同作用中，必须强调的一点是，在任何时代，增长不仅仅是整体上的变动，还应包含结构的转变。即使这种增长的冲动是由重大技术创新带来的，每个社会在采用这种技术时必须调整现有的制度结构。这意味着社会组织的巨大变动——新制度的产生和旧制度的逐渐淘汰。

——库兹涅茨，1966 年，《现代经济增长》

学习目标

通过本章的学习，你应当能够：

1. 熟悉经济增长的基本概念；
2. 掌握实现经济增长的主要因素；
3. 了解哈罗德—多马经济增长模型；
4. 掌握新古典经济增长模型的基本框架；
5. 了解劳动力增长、资本增长及技术进步对经济增长的影响。

从图 12.1 和图 12.2 可以看到，美国实际 GDP 在 40 余年的变化情况，以 2009 年链式加权计算，1969 年美国实际 GDP 为 47 079 亿美元，而到 2012 年则达到 154 707 亿美元。从图 12.2 看，经济增长远不是那么一帆风顺的，其间经历了经济的大起大落。本章首先说明经济增长的基本概念，分析促成经济增长的主要因素，在此基础上介绍几种典型的经济增长模型，重点是新古典经济增长模型，在此模型框架下分析经济长期增长的基本条件。

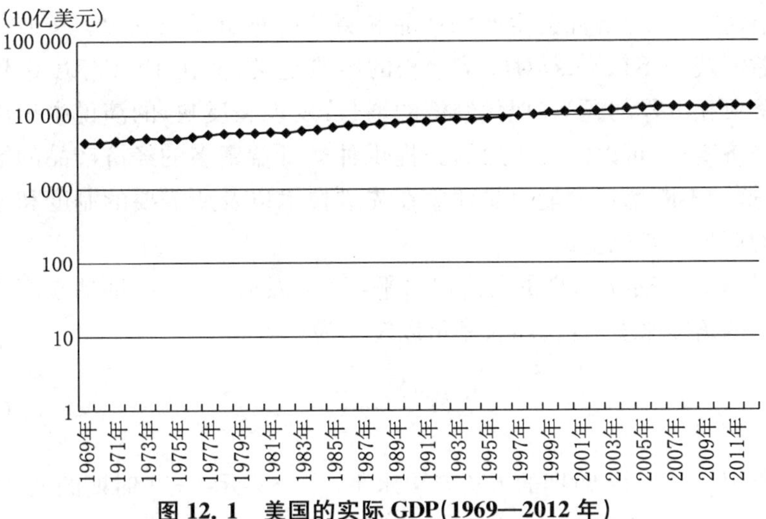

图 12.1 美国的实际 GDP(1969—2012 年)

资料来源:美国商务部经济分析局,www.bea.gov。

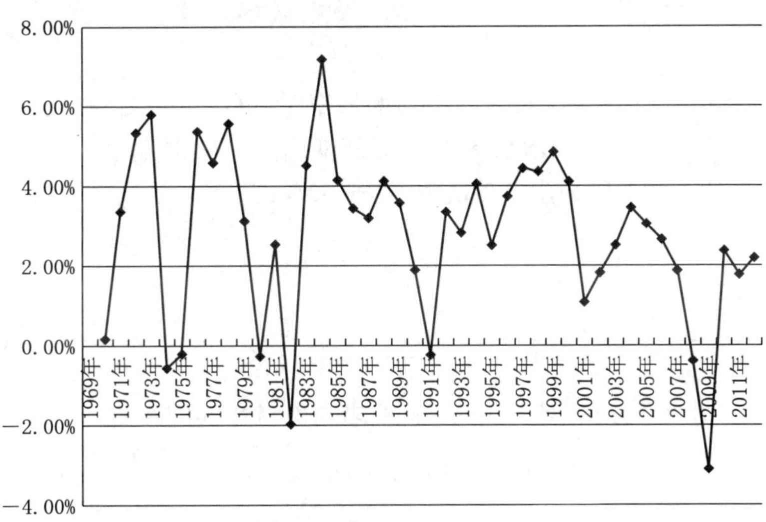

图 12.2 美国实际 GDP 增长率(1969—2012 年)

资料来源:美国商务部经济分析局,www.bea.gov。按链式加权,增长率以当年与上一年相比计算。

第一节 经济增长概述

一、经济增长和经济发展的含义

简单地说,经济增长(Economic Growth)是指一国长期的生产能力的上升状况，或者指一个经济社会生产的产品和劳务的总量增长状况。按照美国经济学家库兹涅茨(S.Kuznets)对经济增长的经典定义，他在1971年度诺贝尔经济学奖颁奖典礼上作的题为《现代经济的增长：发现和反映》的演说中指出："一个国家的经济增长，可以定义为给居民提供种类日益繁多的经济产品的能力的长期上升，这种不断增长的能力是建立在先进技术以及所需要的制度和思想意识之相应的调整的基础上的"。

如果用 Y_t 表示 t 时期的总产出水平，Y_{t-1} 表示 $t-1$ 时期的总产出，那么，从总产出的角度来看，经济增长率可以定义为：

$$G_t = \frac{Y_t - Y_{t-1}}{Y_{t-1}} \qquad \text{(式 12.1)}$$

如果用 y_t 表示 t 时期的人均产出水平，y_{t-1} 表示 $t-1$ 时期的人均产出，那么，从人均产出的角度来看，经济增长率可以定义为：

$$g_t = \frac{y_t - y_{t-1}}{y_{t-1}} \qquad \text{(式 12.2)}$$

如果我们要计算一段时期的平均增长率时，可以运用复利方法进行计算。假设国内生产总值年平均增长率为 r，时间期间为 t，t 时期第1年的国内生产总值为 Y_1，第 t 期的国内生产总值为 Y_t，那么有：

$$Y_t = Y_1(1+r)^t$$

可得，$r = \left(\frac{Y_t}{Y_1}\right)^{\frac{1}{t}} - 1$ (式 12.3)

或者利用对数方法，对上式两边同时求自然对数，可得：

$$\ln Y_t = \ln Y_1 + t\ln(1+r)$$

$$\ln(1+r) = \frac{\ln Y_t - \ln Y_1}{t} \qquad \text{(式 12.4)}$$

库兹涅茨总结了现代经济增长的基本特征，这里在他总结的基本特征的基础上进行适当扩展性说明。

从量上看，经济增长最显著的特点就是产量增长率(实际国民生产总值增长率、实际国内生产总值增长率)、人口增长率、人均产量增长率等，在1950年以后与此联系在一起的生活水平出现了巨大的增加。各国尤其是发达国家的劳动生产率还是包括其他生产要素的全要素生产率的增长率都达到相当高的水平。

从社会特征来看，经济结构或者说产业结构出现了渐进地变革，第一次产业的比重持续下降，第三次产业逐渐超过第二次产业成为经济结构中的主体产业部门。产业结构的渐进性变革还包括：生产单位规模的变化，劳动力就业状况的变化，消费结构的变化，国外供给与国内供给的相对比例的变化等。伴随着这些结构变化而来的是整个社会结构和意识形态迅速改变，城市化速度越来越快，大量人口向城市集中。

从国际间的扩散情况来看，不少发展中国家实现了经济增长，与发达国家趋同，但还有些国家经济增长缓慢，与发达国家的差距越来越大。

有些学者认为，经济增长更多的是研究发达国家人均产出的长期上升过程，，即注重经济总量的量的方面，而对于发展中国家应当使用经济发展的概念，除了人均产出增长之外，还需要有相应的经济体制、意识形态、制度结构等的相应转变。

二、经济增长的主要因素

在1940年以前，经济学家对于实现经济增长强调资本对长期增长的重要性，认为增长依赖于资本积累（储蓄和净投资）。1940年以后，经济学界开始将注意力从相对狭窄的资本积累概念扩展开来，认为增长的核心要素体现在资本、劳动和技术这一类投入。20世纪60年代以后，经济学家强调更好的教育和技能培训对经济增长的影响，不少学者将其归入到“人力资本”概念下。此后，经济学家发现随着人均收入水平的变化，产业结构的变迁状况也会对经济产生影响，由此增长因素中就增加了结构变迁要素。20世纪60年代开始新制度经济的兴起，又为经济增长增添了制度这一因素，恰当的制度安排能够优化经济增长中的实际投入要素的组合，提高效率，巩固人们交易的信任链条。

美国经济学家丹尼森（E.F.Denison）于1962年出版的《美国经济增长因素和我们面临的选择》一书中，根据美国的历史统计资料测算了各个增长因素对国民收入增长所作贡献，其后又对西欧各主要国家和日本战后经验作了测算。将各个增长因素划分为两大方面，一是要素投入量的增长，另一个是要素生产率的提高。具体地，他将经济增长的因素分为七类：(1)就业人数和它的年龄—性别构成；(2)包括非全日工作的工人在内的工时数；(3)就业人员的教育年限；(4)资本存量的大小；(5)资源配置的改进（如劳动力从低效率的传统农业转移到现代工业部门）；(6)规模经济（以市场的扩大来衡量）；(7)知识进展。其中，第1、2、3种因素可以归入人力资源要素，第4种因素就是资本要素，第5、6、7种因素就是技术进步因素。归纳起来看，实现经济增长的主要因素包括：

(1) 人力资源要素。其包括劳动力的数量和质量两个方面，从数量上来看，涉及可投入的劳动力人数，及劳动工时数。从质量方面看，涉及劳动力的受教育水平和劳动技能培训状况。

(2) 资本要素。即以往生产活动中积累的厂房、机器设备等物质资产，这些资产与劳动力结合起来可以为经济社会提供大量的产品和劳务，以满足人们的消费需求，同时许多资本品还是生产其他资本品的机器设备，从而提高生产的迂回程度，提高劳动生产率。

(3) 自然资源。其包括土地、石油、矿藏、森林、水力等资源，是整个世界经济增长的重要投入物，它是生产各种产品和劳务的必要投入品，当然对一国来说，它并不是经济增长的必要投入，可以通过贸易方式从世界其他国家获得。

(4) 技术水平。技术的发展和变化往往最终体现在劳动力技能提高以及各种资本品生产产品和劳务的效率上来。当前，发达国家的高经济增长主要是建立在持续不断的发明和技术创新上。技术进步表现为全部要素生产效率的提高，即表现为给定要素投入量的产量的增加，除了通常所理解的科学技术和组织管理的改进以外，还包括诸如规模经济(生产规模扩大，同量投入的产出会增加)和资源配置的改进(从劳动者生产效率低的传统农业转移到生产率较高的现代工业部门)等。

我们可以运用前述的总量生产函数来分析经济增长的主要因素问题，即通过总量生产函数进行分解来考察经济增长问题。

假定经济的总量生产函数为：

$$Y_t = A_t F(K_t, L_t) \qquad \text{(式 12.5)}$$

其中，Y_t 为总产出，K_t 为资本要素投入量，L_t 为劳动要素投入量，$F(\cdot)$表示劳动和资本投入与产出的函数关系。参数 A_t 为技术水平，如果总量生产函数采取上述形式，表示技术进步对整个生产函数起作用，也称为中性技术进步，当采取 $Y_t = F(A_t K_t, L_t)$ 形式时，称为资本增进型技术进步，当采取 $Y_t = F(K_t, A_t L_t)$ 形式时，称为劳动增进型技术进步。

那么，通过对总量生产函数求关于时间 t 的全导数，可得：

$$\frac{\mathrm{d}Y_t}{\mathrm{d}t} = F(K_t, L_t) \cdot \frac{\mathrm{d}A_t}{\mathrm{d}t} + A_t \cdot \frac{\partial F}{\partial K_t} \cdot \frac{\mathrm{d}K_t}{\mathrm{d}t} + A_t \cdot \frac{\partial F}{\partial L_t} \cdot \frac{\mathrm{d}L_t}{\mathrm{d}t}$$

上式两边同时除以 Y_t，并定义下述参数：

$\sigma_K = \dfrac{\partial Y_t}{\partial K_t} \cdot \dfrac{K_t}{Y_t}$ 为资本的产出弹性

$\sigma_L = \dfrac{\partial Y_t}{\partial L_t} \cdot \dfrac{L_t}{Y_t}$ 为劳动的产出弹性

前式可以改写为：

$$\frac{\mathrm{d}Y_t/\mathrm{d}t}{Y_t}=\frac{\mathrm{d}A_t/\mathrm{d}t}{A_t}+\sigma_K\frac{\mathrm{d}K_t/\mathrm{d}t}{K_t}+\sigma_L\frac{\mathrm{d}L_t/\mathrm{d}t}{L_t} \quad (式 12.6)$$

也就是：

产出增长率＝(资本份额×资本增长率)＋(劳动份额×劳动增长率)
＋技术进步率

假设总量生产函数仍为中性技术进步型生产函数，经济增长因素还可按下述方式分解：

$$\frac{\Delta Y_t}{Y_t}=\frac{\Delta A_t}{A_t}+(1-\theta)\cdot\frac{\Delta L_t}{L_t}+\theta\cdot\frac{\Delta K_t}{K_t} \quad (式 12.7)$$

上述分解是在变量离散的情况下，$\frac{\Delta Y_t}{Y_t}$ 表示经济增长率，$\frac{\Delta A_t}{A_t}$ 为技术进步率，$\frac{\Delta K_t}{K_t}$ 为资本增长率，$\frac{\Delta L_t}{L_t}$ 为劳动增长率，$1-\theta$ 为劳动在产出中的份额，θ 为资本在产出中的份额。

例如，当 $\theta=1/3$，则 $1-\theta=2/3$，如果劳动增长率为 3%，资本增长率为 1.8%，技术进步率为 1%，那么经济增长率就是：

$$G_t=1\%+\frac{2}{3}\times3\%+\frac{1}{3}\times1.8\%=3.6\%$$

第二节　哈罗德—多马经济增长模型

一、模型框架

哈罗德(Roy Forbes Harrod)于 1936 年出版的《经济周期》一书中提出了自己的经济增长模型，在 1939 年发表的《论动态理论》一文中对该模型进行了更加系统的分析，1948 年出版的《动态经济学导论》一书进一步系统化地提出一个稳定状态均衡增长的模型，在凯恩斯主义的基础上，将短期静态分析扩展到了长期的动态均衡分析理论。美国经济学家多马(Evsey David Domar)在 1946 年发表的《资本扩张增长率和就业》及 1947 年发表的《扩张和就业》两篇论文中，独立地提出了与哈罗德模型在理论构思与基本论点基本相同的增长模型，因此后来宏观经济学中一般地把他们的增长模型合称为哈罗德—多马增长模型。由于两个模型十分相似，这里只介绍哈罗德模型。

为简化分析，哈罗德经济增长模型建立在下述假定的基础上，其中包括：

(1) 只考虑资本和劳动两种投入要素，资本和劳动不可替代，而且劳动力是人口总量的一个固定组成部分，因此劳动力增长率与人口增长率相同；

(2) 假定经济社会中只生产一种产品，这种产品既能作为消费品也能作为投资品，因而该模型通常也被称为“一部门经济”模型；

(3) 储蓄倾向不变，且边际储蓄倾向等于平均储蓄倾向；

(4) 资本—劳动比率固定不变，资本—产出比率也固定不变，规模收益不定；

(5) 不考虑技术进步。

在这些假定下，哈罗德将经济增长归纳为三个宏观经济变量的关系：

(1) 经济增长率 $G=\frac{\Delta Y}{Y}$，反映了经济增长与收入之间的关系。哈罗德将经济增长率细分为三种类型：一是实际增长率 G_t，是指在一定时期内实际国民收入增量与原有国民收入水平之比，即实际国民收入的增长率。二是均衡增长率 G_w，也称为有保证的增长率，是指生产者整体意愿的并愿意维持下去的增长率。三是自然增长率 G_n，是指人口增长、技术进步条件下能够实现的经济增长率，或者称为长期增长率，是一个经济社会潜在的或最大可能的增长率水平。自然增长率为劳动力增长率与劳动生产率的增长率之和。

(2) 储蓄率 $s=\frac{S}{Y}$，反映了储蓄与收入之间的关系，该式可改写为 $S=sY$，由于没有常数项，由此可得边际储蓄倾向等于平均储蓄倾向。

(3) 资本—产出比率 $v=\frac{K}{Y}$，反映了增加一定数量的产出所需要的资本量，将资本与产出联系在一起。

由此，一国的经济增长率就可以表达为：

$$G=\frac{s}{v} \qquad \text{(式 12.8)}$$

其推理过程是：

当经济达到均衡时，计划投资等于计划储蓄，即 $I=S$，两边同时除以收入 Y，可得：

$$\frac{I}{Y}=\frac{S}{Y}\Rightarrow\frac{\Delta K}{Y}=s\Rightarrow\frac{\frac{\Delta K}{\Delta Y}}{\frac{Y}{\Delta Y}}=s\Rightarrow\frac{\frac{\Delta K}{\Delta Y}}{s}=\frac{Y}{\Delta Y}\Rightarrow\frac{\Delta Y}{Y}=\frac{s}{v}，即\ G=\frac{s}{v}$$

或者，先从资本—产出比率出发，即有：

$$v=\frac{\Delta K}{\Delta Y}\Rightarrow v=\frac{I}{\Delta Y}\Rightarrow I=v\cdot\Delta Y$$

又由 $S=sY$，可得达到均衡时，$I=S$。

$$v\cdot\Delta Y=sY\Rightarrow\frac{\Delta Y}{Y}=\frac{s}{v}$$

上述关系表明，一国的经济增长率与该国的储蓄率成正比，而与该国的资本—产出比率成反比。例如，某国的储蓄率为 15%，资本—产出比率为 2，那么，经济增长率就是 7.5%。当资本—产出比率不变，如果要将经济增长率提高到 10%，那么储蓄率应当提高到 20%。

二、经济增长的动态路径

结合哈罗德提高的三种增长率的含义，可以得出如下三个增长率公式：

实际增长率 $G_t=\frac{s_t}{v_t}$

均衡增长率 $G_w=\frac{s_w}{v_w}$

自然增长率 $G_t=\frac{s_n}{v_n}$

其中，s_t、s_w、s_n 分别表示实际储蓄率、均衡储蓄率及自然储蓄率，v_t、v_w、v_n 分别表示实际资本—产出比率、均衡资本—产出比率和自然资本—产出比率。

哈罗德分析了三种增长率之间的基本关系，认为如果三者不相等，会引起经济出现稳定或不稳定的增长路径。

(1) 当 G_t 与 G_w 不一致时，会导致经济短期波动。具体地可以划分为 $G_t>G_w$ 和 $G_t<G_w$。当 $G_t>G_w$ 时，实际增长率大于均衡增长率，在这种情况下，表明要么实际储蓄率大于均衡储蓄率，即 $s_t>s_w$，要么实际资本—产出比率小于均衡资本—产出比率，即 $v_t<v_w$。当出现前者的情况时，为使储蓄达到均衡水平，经济主体都要减少储蓄水平，储蓄减少使得消费增加，从而使经济趋向扩张。当出现后者的情形时，说明现有资本水平不足，为达到均衡水平，厂商会增加投资，在乘数的作用下，促使实际增长率更高，从而资本显得更为不足，投资会进一步扩大，经济处于累积性扩张状态。当 $G_t<G_w$ 时，实际增长率小于均衡增长率，在这种情况下，表明要么实际储蓄率小于均衡储蓄率，即 $s_t<s_w$，要么实际资本—产出比率大于均衡资本—产出比率，即 $v_t>v_w$。当出现前者的情况时，为使储蓄达到均衡水平，经济主体都要增加储蓄水平，储蓄增加使得消费减少，从而使经济趋向紧缩。当出现后者的情形时，说明现有资本出现闲置，为达到均衡水平，厂商会减少投资，在乘数的作用下，促使实际增长率缩小，从而资本闲置更为严重，投资进一步缩减，经济处于累积性收缩状态。

这样，由于实际增长率与均衡增长率不同，经济在短期内要么处于累积性扩张状态，要么处于累积性收缩状态，无法实现经济稳定增长，而体现为波动。

(2) 当 G_w 和 G_n 不一致时，会导致经济的长期波动。进一步可分为 $G_w > G_n$ 和 $G_w < G_n$ 两种情况。当 $G_w > G_n$ 时，均衡增长率大于自然增长率，这种增长是不能维持的，厂商的意愿投资水平超过了长期的人口增长和技术进步所能完全容纳的程度，因此增加的资本量无法得到相应的劳动力配合，生产能力的利用率不足，从而引发投资减少，经济处于长期停滞。当 $G_w < G_n$ 时，均衡增长率小于自然增长率，这时，厂商的意愿投资尚未达到人口增长的技术进步的上限，劳动力没有达到充分利用，经济资源闲置，投资将进一步增加，产出增加，经济处于长期增长的路径。

(3) 当 $G_t = G_w = G_n$，即实际增长率等于均衡增长率也等于自然增长率时，经济才能达到稳定增长状态。这表明在既定的技术条件下，各种经济资源得到了充分利用，达到了理想的稳定长期增长状态。

从前面分析的三种增长率的决定因素来看，三者各不相同，如果三种增长率恰当处于相等的状态，是难以办到的，缺乏一种内在的机制促使三者达到一致，因此，哈罗德经济增长模型的长期稳定条件被称为“刃锋式”经济增长，在实践中是难以满足的。

第三节　新古典增长模型

1956 年美国经济学家索洛(Robert M.Solow)在一篇论文中把哈罗德—多马模型得出的极为狭窄的增长途径形象化为“刃锋”式的均衡增长。他认为，通过市场机制的作用调整生产中资本—劳动的组合比例，充分就业稳定状态经济增长是能够实现的，长期均衡增长率就是由劳动力增长率与技术进步决定的哈罗德所说的自然增长率 G_n。另外，经济学家斯旺、米德和萨缪尔森等也提出与索洛的论点基本一致的增长模型。由于这类模型强调了“凯恩斯革命”以前的古典(和新古典)经济学充分就业的必然趋势，因此，一般将之称为新古典增长模型。这里结合新古典增长模型对经济长期增长的基本条件进行一些分析。

一、集约形态的总量生产函数

在规模报酬不变的条件下，前述总量生产函数 $Y_t = A_t F(K_t, L_t)$，可以写成集约形态的总量生产函数。当规模报酬不变时，意味着资本和劳动同时增加 t 倍，产出也将增加 t 倍，即 $tY_t = A_t F(tK_t, tL_t)$，那么，令 $t = \frac{1}{L_t}$，总量生产函数可以写成：

$$\frac{Y_t}{L_t} = A_t F\left(\frac{K_t}{L_t}, 1\right) \tag{式 12.9}$$

如果暂时不考虑技术进步因素，总量生产函数为 $\frac{Y_t}{L_t} = F\left(\frac{K_t}{L_t}, 1\right) = f\left(\frac{K_t}{L_t}\right)$，由于 $\frac{Y_t}{L_t}$ 表示单位劳动力的产出水平，可将其定义为人均产出，$\frac{K_t}{L_t}$ 表示单位劳动力的资本水平，可将其定义为人均资本。上述总量生产函数就可以表示人均产出取决于人均资本的形式。如图 12.3 所示，当人均资本为 $\left(\frac{K}{L}\right)_1$ 时，人均产出为 $\left(\frac{Y}{L}\right)_1$。人均产出和人均资本之间呈同方向变动关系，生产函数曲线向右上方倾斜，由图 12.3 中可见，该曲线变得越来越平缓，反映了资本的边际产量递减，即人均资本量逐渐增加时，产出水平的增量越来越小。

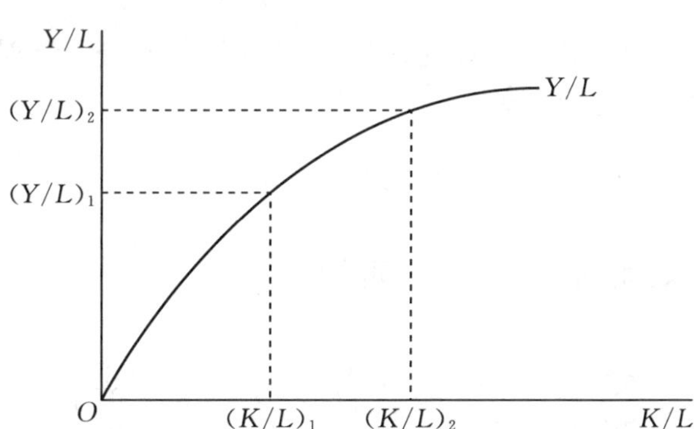

图 12. 3　人均产出、人均资本和总量生产函数

当出现技术进步时，集约形态的总量生产函数向上移动，如图 12.4 所示，生产函数向上移动到 $\left(\frac{Y}{L}\right)'$，这时，当人均资本仍为 $\left(\frac{K}{L}\right)_1$ 时，人均产出增加到 $\left(\frac{Y}{L}\right)_1'$。

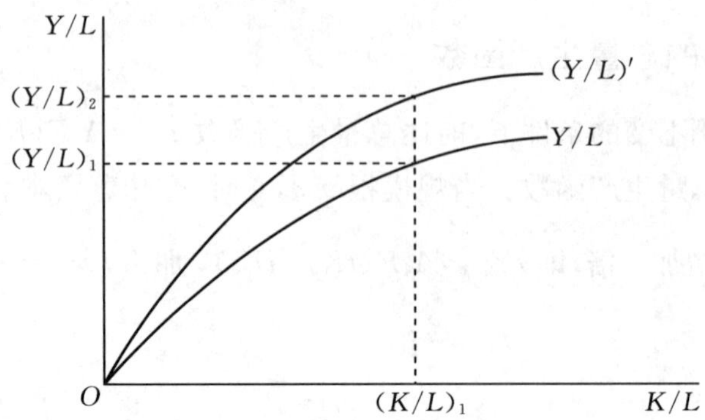

图 12. 4　技术进步和总量生产函数

二、新古典增长模型的基本框架

索洛新古典经济增长模型建立在如下假定的基础上，其中包括：

(1) 该经济社会只生产一种产品，这种产品既能作为消费品，也能作为投资品。

(2) 生产过程中使用两种生产要素，劳动和资本，且劳动和资本可以在一定范围内替代，资本—产出比率可以变化。

(3) 生产函数满足规模报酬不变条件，但要素的边际产量递减。

在这些假定下，我们考察均衡增长的基本条件。令 $y_t=\frac{Y_t}{L_t}$、$k_t=\frac{K_t}{L_t}$，那么上述集约生产函数 $\frac{Y_t}{L_t}=F\left(\frac{K_t}{L_t},\ 1\right)=f\left(\frac{K_t}{L_t}\right)$，可以写成：

$$y_t=F(k_t,\ 1)=f(k_t) \qquad \text{(式 12.10)}$$

根据国民收入决定的基本理论，收入取决于计划投资和计划消费，将均衡条件两边同时除以劳动量，可得：

$$\frac{Y_t}{L_t}=\frac{C_t}{L_t}+\frac{I_t}{L_t} \qquad \text{(式 12.11)}$$

将人均资本 k_t 对时间 t 求微分，可得：

$$\frac{\mathrm{d}k_t}{\mathrm{d}t}=\frac{\mathrm{d}\left(\frac{K_t}{L_t}\right)}{\mathrm{d}t}=\frac{1}{L_t^2}\left(L\cdot\frac{\mathrm{d}K}{\mathrm{d}t}-K\cdot\frac{\mathrm{d}L}{\mathrm{d}t}\right) \qquad \text{(式 12.12)}$$

假设人口增长率恒为 n，劳动力在人口中的比例固定，那么劳动力增长率也为 n。

劳动力增长率 $n=\frac{\frac{\mathrm{d}L_t}{\mathrm{d}t}}{L_t}$

由于随时间变化资本的变化量就是投资，因此有 $\frac{dK_t}{dt}=\Delta K_t=I_t$。

上式可写成：

$$\frac{dk_t}{dt}=\frac{1}{L_t^2}\left(\frac{I}{L}-nK_t\right)\Rightarrow\frac{dk_t}{dt}=\frac{I_t}{L_t}-nk_t\Rightarrow\frac{I_t}{L_t}=\frac{dk_t}{dt}+nk_t \quad (式 12.13)$$

把宏观经济均衡条件改写，可得：

$$\frac{I_t}{L_t}=\frac{Y_t}{L_t}-\frac{C_t}{L_t}=\frac{Y_t-C_t}{L_t}$$

由 $S_t=sY_t$ 及 $S_t=Y_t-C_t$，式 12.13 可以写成：

$$\frac{sY_t}{L_t}=\frac{dk_t}{dt}+nk_t \quad (式 12.14)$$

将式 12.10 代入，可得经济增长的基本公式：

$$sy_t=\frac{dk_t}{dt}+nk \text{ 或者 } sf(k_t)=\frac{dk_t}{dt}+nk_t \quad (式 12.15)$$

式 12.15 说明了当宏观经济达到均衡时，储蓄转化为两类投资，一类称为资本的深化 $\left(\frac{dk_t}{dt}\right)$，一类称为资本的广化($nk$)。资本的深化意味着人均资本的增加，即每个劳动力都拥有较多的资本量。资本的广化是指为每一新增劳动力提供资本。如图 12.5 所示，图中横轴表示人均资本量，纵轴表示人均产出，$f(k_t)$ 为总量生产函数，$sf(k_t)$ 为储蓄函数，它表明了在任一人均产出水平，储蓄都是人均产出的 s 份额，从曲线上看，对应于每一人均产出水平，储蓄曲线都是生产函数向下移动 $1-s$ 单位。在图 12.5 中，当人均资本量为 k_1 时，储蓄为 $sf(k_1)$，人均产出为 $y_1=f(k_1)$，用于资本广化的数量为 nk_1。

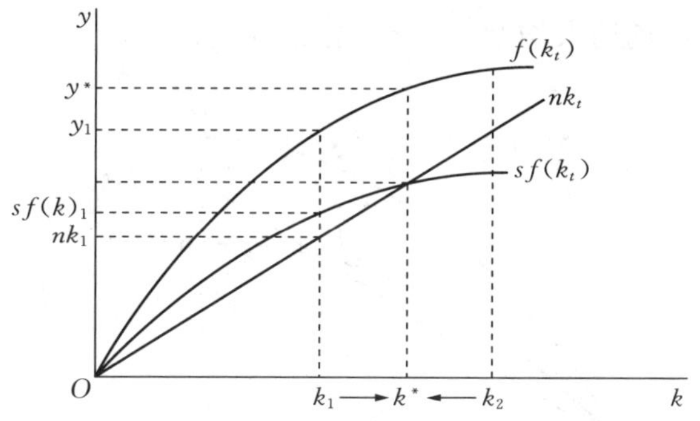

图 12.5　索洛增长模型

那么，人均资本会如何变化呢？由索洛增长模型的基本关系式 $sf(k_t)=$

$\frac{dk_t}{dt}+nk_t$ 可以得到：$\frac{dk_t}{dt}=sf(k_t)-nk_t$。

当 $\frac{dk_t}{dt}>0$，即 $sf(k_t)>nk_t$ 时，意味着人均资本量在增加，如图 12.5 人均资本量为 k_1 时，人均产出除了用于消费外，储蓄量的一部分使资本广化，满足新增劳动力对资本的需求，同时还能够使资本深化，人均资本量提高。随着时间的变化，人均资本持续提高，直到达到 k^*。

当 $\frac{dk_t}{dt}<0$，即 $sf(k_t)<nk_t$ 时，意味着人均资本量在减少，如图 12.5 人均资本量为 k_2 时，人均产出除了用于消费外，储蓄量尚不足以满足资本广化的需求，人均资本量减少。随着时间的变化，人均资本持续降低，直到达到 k^*。

只有在 $\frac{dk_t}{dt}=0$，即 $sf(k_t)=nk_t$，所有储蓄均用于满足新增劳动力的需求，人均资本不再进一步变化，经济在 k^* 达到均衡，这时的人均产出为 y^*。

人均资本量为 k^* 保持不变。因此，各变量的变化情况是：

(1) 劳动力以 n 速率增长，资本也以 n 速率增长。这是因为，$k^*=\frac{K_t}{L_t}$，即均衡状态下，L_t 以 n 速率增长，而 k^* 不增长，那么，资本量 K_t 也以 n 速率增长。

(2) 人均产出不变，为 y^*，总产出增长率也为 n，这是因为规模报酬不变，当劳动和资本均以 n 速率增长时，总产出当然也以 n 速率增长。

这时，当人口增长率不同时，不同 nk_t 曲线与 $sf(k_t)$ 相交，每种情况下的交点都是均衡增长点，总产量的增长率等于人口增长率，而与储蓄率无关。

三、储蓄率变动的影响

如图 12.6 所示，当储蓄率发生变化时，从 s_1 增加到 s_2，储蓄曲线向上移动，从 $s_1f(k_t)$ 向上移动到 $s_2f(k_t)$。那么，均衡点从 E_1 移动到 E_2，均衡人均资本则从 k_1 增加到 k_2，均衡人均产出从 y_1 增加到 y_2。

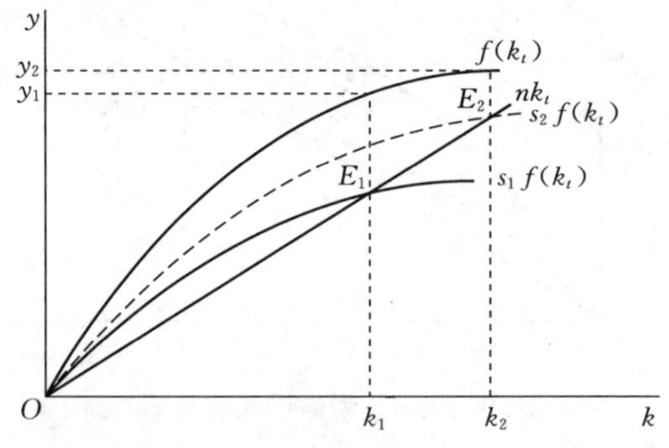

图 12.6 储蓄率变动对经济增长的影响

从均衡点的变动情况来看，人均资本和人均产出水平都增加了，但是达到均衡状态后，资本、劳动和总产出的增长率仍为 n。从图 12.7 可知，当储蓄率上升后会导致一段时期内人均产出的正增长（从 y_1 增加到 y_2），直到人均产出达到更高的稳定状态。

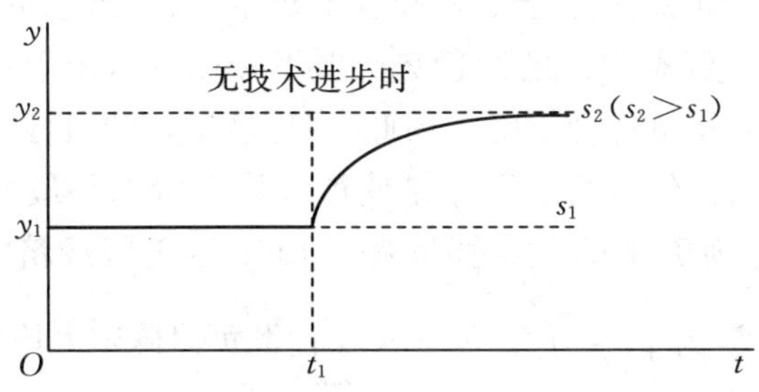

图 12.7　储蓄率变动对人均产出的影响

四、劳动力增长率变动的影响

当劳动力增长率变动后，会引起 nk_t 曲线变化，例如劳动力增长率从 n_1 提高到 n_2 时，nk_t 曲线变得更为陡直。如图 12.8 所示，它与 $sf(k_t)$ 曲线相关于 E_2 点，这时人均资本量从 k_1 下降到 k_2。从图 12.8 中可见，人均产出和人均资本量都下降了，这是因为新增劳动力速度加快，为了满足新增劳动力的需要，原有劳动力装备的资本量也要下降。

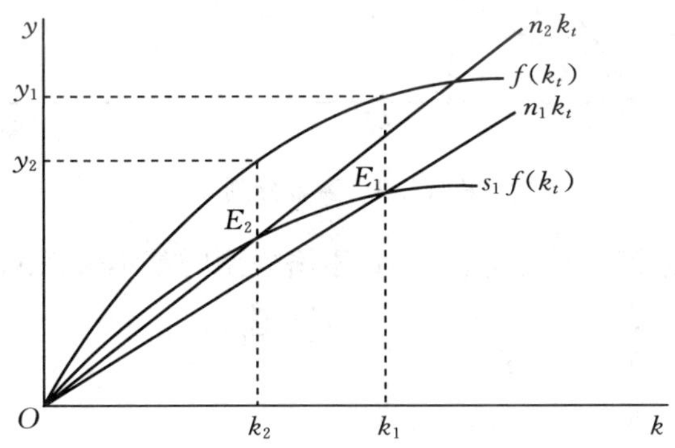

图 12.8　劳动力增长率变动对经济增长的影响

当然，劳动力增长率变化后，在一段时间内，人均产出水平下降，达到均衡点后，人均产出水平保持稳定，不再下降，下降率为零，但总产出将按更高的增长率 n_2 增长。这也说明，人均产出下降，生活水平下降，但为了保证包括新增劳动力在内的人均资本水平不变，达到稳定状态后，总产出水平必须按照更高和速度增长。

五、资本的黄金律水平

一个经济社会的储蓄率虽然对人均产出增长速率不会产生影响，但影响均衡时的人均资本量，人均资本量决定后，又会影响到人均产出水平。那么，从整个社会的角度看，产出总是用于消费和资本积累，当产出总量给定时，用于消费的数量提高，可用于资本积累的数量势必要下降；反之，用于资本积累的数量提高，能够用于消费的数量也会下降。因此，当经济增长的目标在于人均消费水平进而人们生活水平时，什么情况下才是使得人均消费水平最大化的人均资本水平呢？这一问题称为资本的黄金律问题。1961 年美国经济学家费尔普斯(E. Phelps)提出关系式，为 $\frac{C_t}{L_t}=f(k_t)-nk_t$，由此可以确定人均消费最大化的人均资本量的决定，一般称为黄金分割律，见图 12.9。如图 12.9 所示，当人均资本量较低时，如位于 k_1 水平，根据生产函数与储蓄曲线两者间的垂直距离为消费量，即图中 Ak_1 为人均产出量，Bk_1 为储蓄量，那么 AB 线段的长度就是人均消费量。

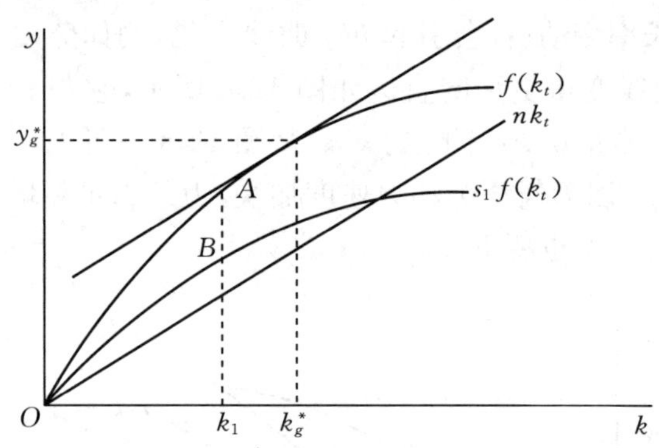

图 12.9　黄金分割率

我们可以从前面达到稳定状态后，索洛模型的基本关系 $sf(k_t)-nk_t=0$ 开始进行推导，由 $s=\frac{S_t}{Y_t}=\frac{Y_t-C_t}{Y_t}=1-\frac{C_t}{Y_t}$，可得：

$$\left(1-\frac{C_t}{Y_t}\right)f(k_t)=nk_t$$

经过代换得到：

$$\frac{C_t}{Y_t}f(k_t)=f(k_t)-nk_t$$

进一步得到：

$$\frac{C_t}{Y_t} \cdot \frac{Y_t}{L_t} = f(k_t) - nk_t$$

即
$$\frac{C_t}{L_t} = f(k_t) - nk_t$$

令 $c_t = \frac{C_t}{L_t}$，上式可写成：

$$c_t = f(k_t) - nk_t \quad \text{（式 12.16）}$$

求解使 c_t 达到最大时的人均资本量，即求上式关于人均资本量的一阶导数，并令其等于零，可得：

$$\frac{dc_t}{dk} = 0 \Rightarrow f'(k_t) = n \quad \text{（式 12.17）}$$

基本结论就是：使人均消费水平最大化的条件是人均资本量应当选择资本的边际产品等于劳动力增长率时的量，即生产函数上切线斜率等于劳动力增长率所对应的人均资本量就是黄金分割率时的人均资本量，见图 12.9 中 k_g^*。

六、技术进步对经济增长的影响

到现在为止，我们尚未考虑技术进步问题，为引入技术进步，使用劳动增进型的总量生产函数 $Y_t = F(K_t, A_tL_t)$，这种情况下当出现技术进步时，A_tL_t 增加，A_tL_t 称为有效劳动力。仍然假定规模报酬不变，有效劳动力和资本的边际产量递减。将上述总量生产函数同样改写成集约形式，即有：

$$\frac{Y_t}{A_tL_t} = F\left(\frac{K_t}{A_tL_t}, 1\right) = f\left(\frac{K_t}{A_tL_t}\right) \quad \text{（式 12.18）}$$

引入技术进步的总量生产函数的图形，如图 12.10 所示。

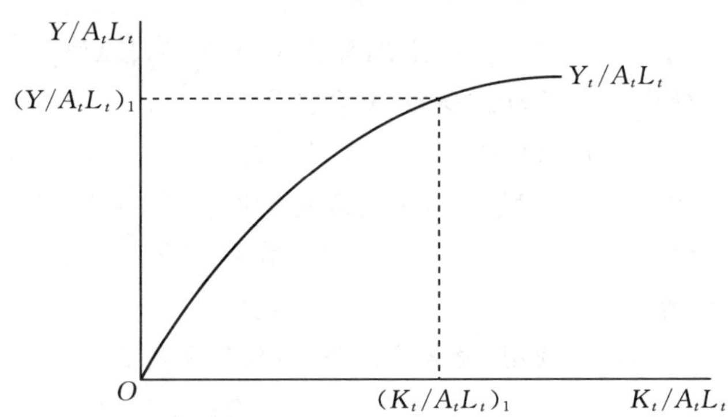

图 12. 10　劳动增进型技术进步下的总量生产函数

令 $y_t=\frac{Y_t}{A_tL_t}$，$k_t=\frac{K_t}{A_tL_t}$，式 12.18 可写成：

$$y_t=f(k_t) \quad \text{（式 12.19）}$$

形式上与前面没有多大区别，假设技术进步率恒定为 e，那么有效劳动力的增长率就是 $n+e$。这是因为有效劳动力为劳动力与技术水平的乘积，乘积的增长率等于各自增长率的和。因此，当达到均衡增长状态时，人均产出和人均资本的增长率为零，但总产出、资本的增长率为 $n+e$。表 12.1 归纳了均衡增长状态下各经济变量的变化特征。

表 12. 1 劳动增进型技术进步下均衡增长的特征

序号	变　量	增长率
1	单位有效劳动力占有资本量	0
2	单位有效劳动力产出水平	0
3	单位劳动力资本	e
4	单位劳动力产出	e
5	劳动力	n
6	资本	$n+e$
7	产出	$n+e$

由表 12.1 可知，在均衡增长状态，产出、资本和有效劳动力都按 $n+e$ 比率增长，即与劳动力增长率和技术进步率有关，与储蓄率是无关的。不过，储蓄提高会使单位有效劳动力产出水平和单位有效劳动力占有资本量提高，经济增长率在达到下一个稳定状态后仍保持不变。

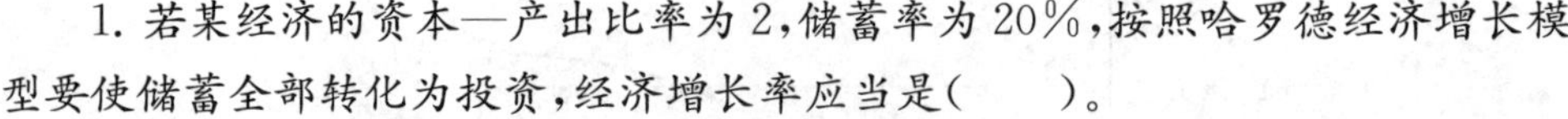

习题十二

1. 若某经济的资本—产出比率为 2，储蓄率为 20%，按照哈罗德经济增长模型要使储蓄全部转化为投资，经济增长率应当是(　　)。

A. 10%　　B. 20%　　C. 5%　　D. 18%

2. 根据索洛经济增长模型，当经济达到均衡增长时，资本(　　)。

A. 按劳动力增长率增加　　B. 不变

C. 按劳动力增长率减少　　D. 减少

3. 根据索洛经济增长模型，储蓄率提高，达到均衡增长时，(　　)。

A. 人均资本减少　　B. 人均产出不变

C. 人均产出增加　　D. 人均产出减少

4. 根据索洛经济增长模型，劳动力增长率提高时，达到均衡增长时，（　　）。

A. 人均资本增加　　B. 人均资本减少

C. 资本不变　　D. 资本减少

5. 经济增长的主要因素有哪些？为什么制度是经济增长的必要条件？

6. 资本的黄金律的经济含义是什么？它对宏观经济的稳定增长有何意义？

7. 技术进步有哪些主要因素？它们是如何影响一国经济增长水平的？

8. 从各国的经验研究来看，一国政治稳定能够促进经济增长，你认为其中的机制如何？试结合政变迭起的拉美国家和政治稳定的欧洲各国的情况分析这一问题。

参考文献

[美]Michael P.Niemira and Philip A.Klein:《金融与经济周期预测》,邱东等译,中国统计出版社 1998 年 2 月第 1 版。

[美]N·格里高利·曼昆:《宏观经济学》(第 7 版),卢远瞩译,中国人民大学出版社 2011 年 9 月中文版第 1 版。

[美]阿维纳什·迪克西特、罗伯特·平迪克:《不确定条件下的投资》,朱勇等译,中国人民大学出版社 2002 年 11 月第 1 版。

[美]奥利维尔·布兰查德(Olivier Blanchard):《宏观经济学》(第 4 版),刘新智译,清华大学出版社 2010 年 4 月中文版第 1 版。

[美]保罗·萨缪尔森(Paul A. Samuelson)、威廉·诺德豪斯(William D.Nordhaus):《经济学》(第 19 版),萧琛译,人民邮电出版社 2012 年 1 月中文版第 1 版。

[美]鲁迪格·多恩布什(Rudiger Dornbusch)、斯坦利·费希尔(Stanley Fischer)、理查德·斯塔兹(Richard Startz):《宏观经济学》(第 10 版),中国人民大学出版社 2011 年 1 月中文版第 1 版。

[美]杰弗里·萨克斯、费利普·拉雷恩:《全球视角的宏观经济学》,费方域等译,上海三联书店、上海人民出版社 2012 年 12 月第 1 版。

[美]劳伦斯·H.怀特:《货币制度理论》,李扬、周素芳、姚枝仲译,中国人民大学出版社 2004 年 4 月第 1 版。

[美]罗塞·罗伯茨:《抉择——关于自由贸易与贸易保护主义的寓言》,中国人民大学出版社、北京大学出版社 2001 年 10 月第 1 版。

[美]米尔顿·弗里德曼:《货币数量论研究》,瞿强、杜丽群译,中国社会科学出版社 2001 年 1 月第 1 版。

[意]尼古拉·阿克塞拉:《经济政策原理:价值与技术》,郭庆旺、刘茜译,中国人民大学出版社 2001 年 1 月第 1 版。

[英]布赖恩·斯诺登、霍华德·文:《现代宏观经济学发展的反思》,商务印书馆 2000 年 6 月第 1 版。

[英]布赖恩·斯诺登、霍华德·文、彼得·温纳齐克:《现代宏观经济学指南——各思想流派比较研究引论》,商务印书馆 1998 年 4 月第 1 版。

[英]约翰·F.乔恩:《货币史——从公元 800 年起》,商务印书馆 2002 年 9 月第 1 版。

[英]约翰·梅纳德·凯恩斯:《就业、利息和货币通论》(重译本),高鸿业译,商务印书馆 1999 年 4 月第 1 版。

曹立瀛:《西方财政理论与政策》,中国财政经济出版社 1995 年 6 月第 1 版。

冯金华:《新凯恩斯主义经济学》,武汉大学出版社 1997 年 12 月第 1 版。

高鸿业:《西方经济学宏观部分》(第 5 版),中国人民大学出版社 2011 年 1 月。

李念斋:《中国货币政策研究》,中国统计出版社 2003 年 3 月第 1 版。

宋承先:《现代西方经济学(宏观经济学)》,复旦大学出版社 1994 年 11 月第 1 版。

吴易风、王健、方松英:《市场经济和政府干预——新古典宏观经济学和新凯恩斯主义经济学研究》,商务印书馆 1998 年 4 月第 1 版。

赵炳新、张立达:《西方经济学教程》,山东人民出版社 2002 年 12 月第 1 版。

图书在版编目（CIP）数据

宏观经济学/ 孙斌艺著. —上海：上海人民出版社,2014
ISBN 978－7－208－11928－4

Ⅰ. ①宏… Ⅱ. ①孙… Ⅲ. ①宏观经济学－教材
Ⅳ. ①F015

中国版本图书馆 CIP 数据核字(2013)第 276350 号

责任编辑 李 莹
封面设计 陈 楠

宏观经济学
孙斌艺 著

出　　版 上海人民出版社
（200001　上海福建中路 193 号）
发　　行 上海人民出版社发行中心
印　　刷 上海商务联西印刷有限公司
开　　本 720×1000　1/16
印　　张 17.5
插　　页 2
字　　数 310,000
版　　次 2014 年 2 月第 1 版
印　　次 2019 年 8 月第 3 次印刷
ISBN 978－7－208－11928－4/F·2201
定　　价 55.00 元